Ich hab da eine Frage

Wolfgang Beinert

Ich hab da eine Frage ...

Auskunft zum Glauben der Christen

Verlag Friedrich Pustet
Regensburg

Die Deutsche Bibliothek – CIP-Einheitsaufnahme
Ein Titeldatensatz für diese Publikation ist bei
Der Deutschen Bibliothek erhältlich.

ISBN 3-7917-1791-X
© 2002 by Verlag Friedrich Pustet, Regensburg
Umschlagmotiv: © ZEFA/Hackenberg, Düsseldorf
Umschlaggestaltung: Atelier Seidel, Altötting
Gesamtherstellung: Friedrich Pustet, Regensburg
Printed in Germany 2002

Vorwort

„Ich hab da eine Frage" – aus verlegenem oder selbstbewusstem Mund, bald ungeduldig, bald zögerlich, so ist dem Verfasser der folgenden Seiten dieser einleitende Satz ungezählte Male in den letzten dreißig Jahren bei über fünfzehnhundert Diskussionsabenden, Glaubensgesprächen, Vortragsveranstaltungen im Rahmen der Erwachsenenbildung entgegengeklungen, an den sich dann eine Problemanzeige aus dem weiten Gebiet der Theologie anschloss, vornehmlich natürlich sein eigenes Fachgebiet, die Dogmatik und Dogmengeschichte, betreffend.

Ich hab da eine Frage – so sagte er selber, als er noch das Gymnasium besuchte und von Glaubens- und Kirchenproblemen umgetrieben war. Er fand seinerzeit zwar den einen oder anderen Gesprächspartner, besonders aber gaben ihm verständliche und für die Anfangsinformation hinreichende Antworten die kurzen Artikel eines Buches, das im gleichen Verlag wie das vorliegende erschienen ist und mehrere, immer wieder ergänzte und aktualisierte Auflagen erzielte: *Alfons M. Rathgeber, Wissen Sie Bescheid?* Da konnte man auch nachschlagen, wenn gerade kein Diskussionspartner verfüglich war.

Ich hab da eine Frage: Das Interesse an Religion und theologischer Information ist, scheinbar paradox, im Wachsen begriffen, obschon alle anderen Parameter des kirchlichen Lebens absteigende Tendenz aufweisen. Man braucht an dieser Stelle nicht nach den Ursachen zu suchen, viel wichtiger ist es, diesem Bedürfnis Genüge zu leisten. Dabei zeigt sich, dass es zwar reiche und vorzügliche Angebote gibt, dass sie aber sehr oft den Erwartungen der Adressaten aus verschiedenen Gründen zwar, jedoch tatsächlich nicht entsprechen können – meist wohl schon wegen ihrer schieren Länge. Sie bieten den raschen Zugriff auf eine Erläuterung des aufgeworfenen Problems nicht mehr.

Ich hab da eine Frage, begann ich bei einem zufälligen Gespräch mit dem Chefredakteur des „Regensburger Bistumsblattes" und legte die Idee vor, zwar keine Neuausgabe jenes Buches zu versuchen, wohl aber dessen Grundanliegen aufzunehmen und ihm mit den Mitteln und unter dem Horizont von heute gerecht zu werden. Seine Antwort war rundum positiv: Eine Serie unter dem Titel „Der Glaube der Christen" wurde erarbeitet, die im Abstand von vierzehn Tagen auf ein Jahr hin seit dem Herbst 2000 in der Kirchenzeitung veröffentlicht worden ist. Das Echo war so ermutigend und so breit gestreut, dass eine weitere Jahresreihe konzipiert wurde, die im Herbst 2001 anlief.

„Ich hab da eine Frage" – unter diesem Titel wird das Ergebnis, leicht überarbeitet und ergänzt, hiermit einem weiteren Kreis von Leserinnen und Lesern vorgelegt. Der Verfasser dankt dem „Regensburger Bistumsblatt", vertreten durch *Klaus Christian Reiter,* und dem Verlag Friedrich Pustet, dessen Lektor *Dr. Rudolf Zwank* die Herausgabe sachkundig betreut hat, dafür, dass sie das Werk, je auf ihre Weise, ermöglicht haben. Sein Wunsch geht nunmehr nicht eigentlich dahin, dass bei Leserin und Leser nach der Lektüre das Fragen eingestellt, sondern dass noch leidenschaftlicher die Frage nach Gott geweckt und herausgestellt wird – denn ohnehin ist unser Herz, wie der große Denk- und Sprachmeister Augustinus geschrieben hatte, unruhig auf Ihn hin, bis Er selber zur Erfüllung wird. Der Weg dahin, auf dem ein Stück weit diese Seiten aus der Perspektive der römisch-katholischen Theologie geleiten wollen, führt vom immer abstrakten Wissen zum stets konkreteren Verkosten der Schönheit und der Güte des absoluten Gottes und damit vom Suchen zum Finden, von unstetem Fragen zu gelassener Antwort.

Wolfgang Beinert

Inhaltsverzeichnis

Einführung

Ein *Seminar* ist dem lateinischen Wortsinn nach eine Pflanzstätte, dem universitären Sprachgebrauch zufolge eine fachbezogene Forschungsstätte, die Veranstaltungen, die in Kurzform ebenfalls so heißen, anbietet, um die Ergebnisse der Arbeit den Hörerinnen und Hörern zu vermitteln. Das Angebot dieses Werkes lässt sich zwar von akademischer Verantwortung leiten, hat aber beileibe keine hohen akademischen Ziele. Es ist aber so etwas wie ein *kleines* Seminar. Als seine Aufgabe erachtet es, dem Stand der gegenwärtigen *Theologie* entsprechend, zu wesentlichen Themen aus der Forschungsarbeit dieser Disziplin Informationen vorzulegen, um gewisslich nicht vollständigen, wohl aber grundlegenden Einblick den Menschen zu vermitteln, die sich davon wesentliche Aufschlüsse für ihren Glauben selber oder für das Verständnis glaubender Mitmenschen erwarten.

Das erste Problem bei einem solchen Unterfangen ist bereits die Frage, *welche Themen* aus der unübersehbar großen Fülle der wissenschaftlichen Theologie mit ihren zahlreichen Unterdisziplinen auszuwählen, welche verzichtbar seien. Ein unabhängiges Kriterium lässt sich kaum beibringen. So wurde mit Unbefangenheit ein sehr subjektives aufgestellt: Es werden *die* theologischen Themen besprochen, die nach der Erfahrung des Verfassers heutzutage besondere Aufmerksamkeit erfahren oder die in der gegenwärtigen Situation des Christentums von vorzüglicher Bedeutung sind. Dabei ergaben sich von selber Schwerpunkte und eine gewisse Gliederung. Ausgehend von den Bezeugungsinstanzen des Glaubens (Kap. 1–6) werden Fragen der Gotteslehre (7–10), der Christologie im weiten Sinn (11–16) und der Anthropologie (17–26) erörtert. In einem neuen Anlauf werden sodann einige prinzipielle ekklesiologische Fragen (nochmals in einem sehr großzügigen Verständnis) erörtert (27–38). Der Blick richtet sich von der Kirche auf die reale Gespaltenheit der religiösen Szene, erfahrbar schon seit eh und je in unserer Region durch die konfessionellen Kirchentümer, seit der Globalisierung auch in der ebenda unmittelbar gewordenen Greifbarkeit der Weltreligionen; immer mehr von deren Anhängern werden unsere Mitbürgerinnen und Mitbürger (39–46). Ein abschließender Kreis von Themen befasst sich mit Basisthemen jeder Religiosität – mit der Geschichtlichkeit des Glaubens, mit den Dimensionen von Schuld und Heiligung (47–52).

Die Gerichtetheit der Theologie auf Gott und Menschen führt von selbst dazu, dass in jeder speziellen Fragestellung viele andere sich zu Worte melden.

9

Das gilt auch von diesem Unternehmen. Wer also eine Frage hat, die dem Inhaltsverzeichnis zufolge nicht angesprochen wird, der sei an das ausführliche Register verwiesen – in vielen Fällen, so ist erwartbar, wird ihm Auskunft gegeben werden. Man muss daher dieses Buch nicht wie einen Roman oder ein thematisches Sachbuch von der ersten bis zur letzten Seite hintereinander lesen. Vielmehr kann man heute diese und morgen eine andere Folge des *„Kleinen theologischen Seminars"* zur Kenntnis nehmen. Das eine oder andere Mal werden auch die Verweise innerhalb der Kapitel anregen, den Kreis des Informationsinteresses weiter zu ziehen.

Die einzelnen Folgen bilden gleichwohl in sich eine Einheit. Sie bestehen jeweils aus drei Elementen, die eine eigenständige, wenn auch auf die anderen sehr wohl bezogene Funktion besitzen. Das Präludium ist stets eine Illustration – ein Photo, die Wiedergabe eines Kunstwerkes aus den verschiedensten Perioden der Geschichte. Sie will aber nicht nur die Aufmerksamkeit für die Thematik wecken, sondern ebenso nach deren Studium zur Meditation des geistlichen Inhaltes anregen. Diesem Zweck dient auch das zweite wiederkehrende Element: Jede Folge des Seminars wird begleitet, unterstützt und gleichzeitig fortgeführt von einem graphisch hervorgehobenen Text, der in (nicht immer unbedingt ganz enger) Beziehung zum Thema steht. Es handelt sich einmal um kirchliche Dokumente, dann um ein Gedicht; hier um eine eher provozierende Stellungnahme, dort um eine reife Zusammenfassung des Kerns der vorgelegten Antwort. Illustration und Dokumentation haben ihre Mitte selbstverständlich in der theologischen Erörterung des je angeschnittenen Fragepunktes.

Diese Erörterung ist weitab von systematischer Vollständigkeit, selbst jener einer lexikalischen Auskunft. Das ist im gezogenen Rahmen nicht anders zu erwarten, bietet aber auch eine wichtige Chance für Leserin und Leser. Sie dürfen und sollen sich anregen lassen zum Weiterdenken, zur geistlichen Meditation, zum Diskutieren, zum bedächtigen Gespräch mit anderen und nicht zuletzt zum Wunsch nach genauerer Information. Letzterer ist ohne große Probleme zu befriedigen: Eine große Zahl guter Bücher steht zur Verfügung, um einlässliche Auskunft zu ermöglichen – die Katechismen, die monographischen Werke zu Einzelthemen, die umfassenden Handbücher und Sammelwerke. Internet und Buchhandel helfen dem weiter, der weiterlesen will. Dieses Buch ist nur wie ein Portal: Es möchte aufmerksam machen, zum Eintreten laden, Zugang verschaffen in ein weites und unsagbar schönes Gelände. Vor ihm und angesichts seiner kann es sich bescheiden überholen lassen von denen, die suchend finden.

1. Was heißt Glauben?

Glauben heißt: Die Hand ausstrecken, damit Gott sie ergreifen kann.

Wer mit dem Schraubenzieher Nägel in eine Kiste rammen wollte, würde kläglich scheitern. Wenn er dann dem Werkzeug die Schuld gäbe, nennte man ihn einen Narren. Nicht der Schraubenzieher ist schuld, sondern seine falsche Verwendung. Wer Gott und Gottes Pläne *wissen* will, das nicht schafft und meint, man könne eben „nur" *glauben*, handelt ähnlich wie der technische Versager. Glauben ist nicht eine Minderform des Wissens, sondern ein ganz anderes Erkenntnisinstrument als das Wissen.

Glaubens-Geschichte
Eines Nachts hatte ich diesen Traum: Ich war am Strand, Gott war bei mir. Vor meinem Auge zogen Bilder aus meinem Leben vorüber. Und immer waren Fußspuren im Sand zu sehen, manchmal von einem Fußpaar, manchmal von zweien. Bald merkte ich: Immer als ich Angst hatte, in Sorge war, mit Depressionen rang, waren nur die Abdrücke eines Paares zu sehen. Ich war verwirrt – und so wandte ich mich an Gott: „Hattest du nicht versprochen, immer mit mir zu gehen, wenn ich nur zu dir halten würde? Aber wenn es schwierig wurde, musste ich offenbar stets alleine gehen. Wo bist du gewesen?" Da antwortete der Herr: „Immer wenn du nur eine Fußspur im Sand gesehen hast, mein Kind, habe ich dich getragen."
Quelle unbekannt, hier verkürzt nach Evangelisches Gesangbuch, 667.

Wie erkennt man Wirklichkeit?

Ein Blick in die Sprachgeschichte hilft uns weiter. *Wissen* kommt von einer indogermanischen Wurzel, die *sehen, erkennen* bedeutet (vgl. lat. Vision). Wir beziehen dieses Wort daher in erster Linie auf das Ergebnis unserer Bemühungen, mittels unserer Sinne (und der für sie konstruierten Hilfsmittel) die Wirklichkeit zu erfassen. *Die Wissenschaft* schlechthin ist daher die Naturwissenschaft. Sie befasst sich mit dem, was man wägen, zählen, messen kann. Ihre Ergebnisse sind durch das Experiment überprüfbar.

Es gibt aber noch eine andere Art von Wirklichkeit, die der Liebe beispielsweise. Man kann sie wahrnehmen, man kann sie erkennen, aber nicht auf die gleiche Weise wie den Verlauf einer chemischen Reaktion. Man muss sich auf den geliebten Menschen einlassen, man muss sich ihm selber liebend nahen, man muss ihn *für lieb* halten. Das germanische Wort dafür lautet *galaubjan*. Die Lateiner empfanden ähnlich: Man muss sein Herz (*cor*) schenken (*dare*). Aus

12

galaubjan ist *glauben*, aus *cor dare* ist *credere* geworden, was das Gleiche heißt (vgl. Credo = Glaubensbekenntnis). Glauben ist also die Weise des Vertrauens in der Wirklichkeitssphäre der Liebe. Die Bewährung der Liebe des Geliebten ist die Überprüfung des Vertrauens.

Glaubens-Weisen

Gott kann man nicht wägen, zählen oder messen – sonst wäre er ein Teil der Welt und nicht mehr Gott. Also ist die Weise, wie man ihn erkennt, nicht das Wissen, sondern der Glaube. Alle anderen Erkenntnisweisen versagen notwendig wie der Schraubenzieher vor den Nägeln. Diese Grundform des Glaubens als des unbedingten Vertrauens gegenüber Gott wird im Deutschen mit *an* gekennzeichnet: Wir glauben *an* Gott. Streng genommen ist sie nur ihm vorbehalten: Man kann also nicht *an* den Teufel, *an* die Kirche, *an* den Himmel glauben. Dass diesem Glauben die Wirklichkeit „Gott" entspricht, muss sich in der Geschichte der Welt wie in der Biographie des Einzelnen bewähren. Hier werden wir allerdings sehr oft verunsichert, vor allem wenn uns Böses trifft (Kap. 8). Vielleicht hilft die Gotteserfahrung, von der der Erzähler im Kasten berichtet, die eigentümliche Weise der Liebe Gottes zu erahnen. Wer glaubt, der streckt mutig und fröhlich die Hand dem Licht entgegen wie das kleine Kind auf unserem Photo.

Aus der Haltung des Vertrauens folgen aber zwei Dinge. Zum Ersten: Wem ich Liebe schenke, *dem* vertraue ich, *dem* glaube ich. Er wird mich nicht belügen, er wird mich nicht täuschen: Er ist glaubwürdig (= des Glaubens wert). In einzigartigem Maß dürfen wir, wenn wir ihn lieben, *dem Gott* unseres Glaubens vertrauen, wenn er uns etwas mitteilt. Weil er absolut vollkommen ist, kann er weder irren noch täuschen. Das anzunehmen, was er kundtut, bietet absolute Gewissheit. „Glauben" kann den Dativ regieren (*einem glauben*).

Zum Christenglauben gehört (das ist der zweite Punkt) die Überzeugung, dass sich Gott sowohl durch seine Schöpfung wie auch in der Offenbarung, die in der Bibel ihren Niederschlag gefunden hat, mitgeteilt hat. So existiert auch ein Gegenstand des Glaubens – „glauben" wird in diesem Fall mit dem Akkusativ verbunden (*etwas glauben*). So kann man *den* Teufel, *die* Kirche, *den* Himmel glauben. In diesem Bereich ist auch eine Verbindung mit dem Wissen möglich. So wie man aus dem Wissen um chemische Vorgänge ein Medikament entwickeln kann, vermag man aus der Glaubenserkenntnis logische oder praktische Ableitungen zu machen, die man durch wissenschaftliche Mittel überprüfen kann. Wenn z. B. die Offenbarung sagt, dass der Mensch für sein Tun verantwortlich ist, dann ergibt sich logisch daraus, dass er sich gegen Gott entscheiden und die Gottesferne, die man *Hölle* nennt, wählen kann (Kap. 24). Es existiert also in diesem Sinn ein Glaubenswissen. Es unterliegt der kritischen Betrachtung und ist der Reinigung, der Klärung, der Neuformulierung, aber auch der logischen Erweiterung fähig und bedürftig. So kann man sich heute die Hölle nicht mehr vorstellen als Feuer- und Marterort, an dem die Verdammten mit glühenden Zangen gezwickt werden. Das sind Märchen, woraus *gerade nicht* folgt, dass auch die Lehre von der Hölle ein Mythos sei.

Glauben			
– *an jemanden*	absolutes Vertrauen schenken	Gott vorbehalten	
– *jemandem*	sich auf die Wahrheit der Mitteilung verlassen	Gott und Menschen gegenüber möglich	
– *etwas*	auf Vertrauen hin eine Mitteilung annehmen	Gott und Menschen gegenüber möglich	

Rangordnung der Glaubenswahrheiten

Daraus ergibt sich, dass verschiedene Stufen der Wichtigkeit von Glaubenssätzen, also von Formulierungen jener Gegenstände durch die Sprache, existieren. Sie sind zwar einer wie der andere *wahr*, aber nicht einer wie der andere für unser Gottesverhältnis entscheidend. Das Kriterium für diese *Hierarchie der Glaubenswahrheiten*, wie man diese Tatsache seit dem Zweiten Vatikanischen Konzil nennt, ist die Nähe einer Aussage zur Zentralaussage von der offenbarten Liebe Gottes. So ist die Wahrheit von der Dreifaltigkeit des einen Gottes „ganz oben" – denn damit wird die Liebe Gottes auf den Begriff gebracht; die Wahrheit von der Unfehlbarkeit des Papstes „ganz unten", sofern sie eine Ableitung aus dem Erkennen des Heilshandelns Gottes ist, der in der Geschichte gegenwärtig durch eine Kirche sein will, die das Fundament der Wahrheit sein soll; was gesichert werden muss – durch jene unter bestimmten Voraussetzungen gegebene Qualität des obersten Kirchenleiters. Es liegt auf der Hand, dass die Einsicht in diese Rangordnung große Bedeutung für das ökumenische Gespräch, also für das Verhältnis der christlichen Konfessionen hat (Kap. 40). Die Übereinstimmung in der „Spitze" erlaubt es überhaupt erst, von einer gemeinsamen Christenheit zu reden.

14

2. Ur-Kunde — Die Bibel

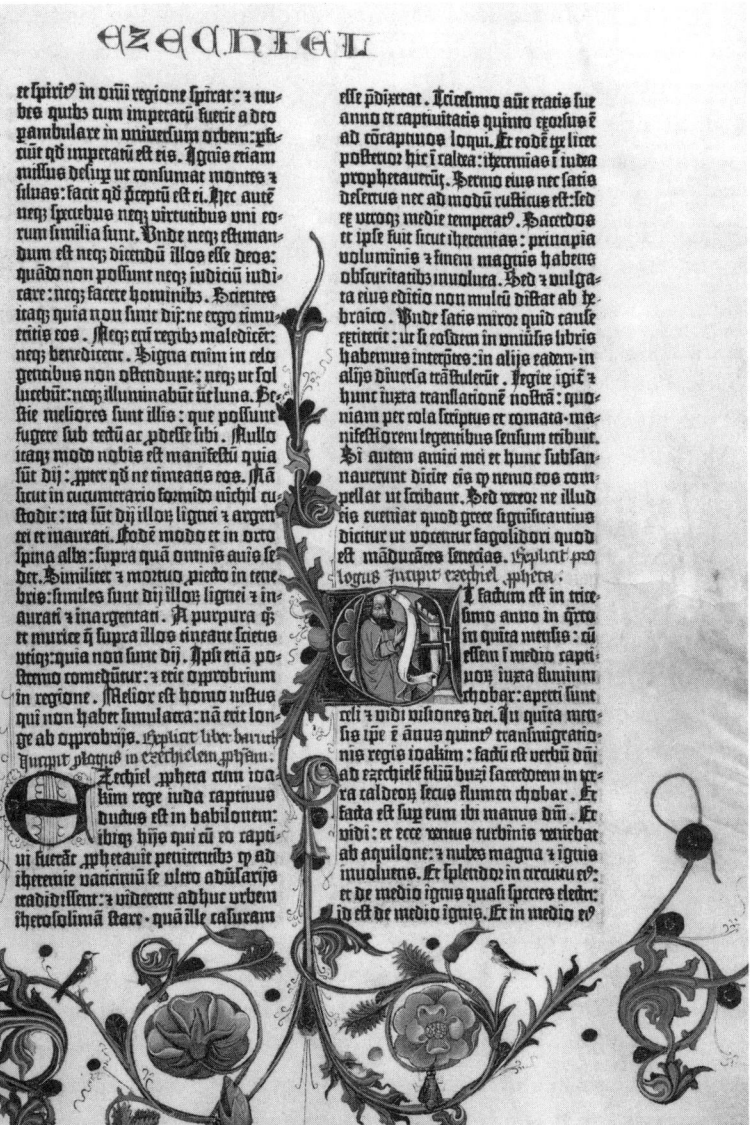

Das erste gedruckte Buch der Welt: Gutenberg-Bibel mit handgemalten Initialen und Randornamenten, Mainz 1455/56, Seite 105r, Buch Ezechiel. (Staatsbibliothek Preußischer Kulturbesitz)

Wenn Mose oder Paulus Autorenhonorar bekommen würden, wären sie die reichsten Männer der Welt. Sie haben beträchtliche Teile der Bibel verfasst; kein Buch ist so oft verkauft, so vielfach übersetzt worden wie dieses. 1993 nennt eine Statistik rund 3000 Sprachen, nicht nur lebendige, sondern wenigstens auch drei Kunstsprachen (z. B. Esperanto), in die es ganz oder teilweise übertragen worden ist. Reicher wären allenfalls noch die biblischen Personen, die für jede von ihnen gemachte künstlerische Darstellung Prozente einstreichen dürften, Maria beispielsweise oder Petrus. Und Paulus bekäme noch einen ansehnlichen Aufschlag auf die Bibeltantiemen!

> Die Bibel ist alles andere als eine Masse zusammengewürfelter Texte; sie ist ein Gebäude, das aus sinnvollen Baustoffen besteht; mehr noch, sie ist ein lebendiges Wesen, das wir unter unsern Augen wachsen und sich entwickeln sehen, wie die Eichel, die von Anfang an weiß, dass sie eine Eiche wird und unmöglich etwas anderes werden kann als eine Eiche. Überall, aus verschiedenen Sprechweisen, verschiedenen Sprachen, verschiedenen Formen, verschiedenen Umständen hören wir denselben Autor heraus, der über dasselbe mit uns zu sprechen hat, der sich desselben Schatzes bewusst ist, der denselben Sprachschatz benutzt. Dieser Autor – als gläubige Katholiken wissen wir es – ist der Heilige Geist.
>
> Paul Claudel, Die Bibel, 1949

Entstehung

Was hat es mit diesem Buch auf sich? Es ist kein Werk aus einem Guss, vielmehr eine Sammlung von 72 Schriftteilen („Bücher"). Davon entfallen 45 auf das Alte oder Erste Testament, der Rest aufs Neue Testament. Diese Texte gehören den unterschiedlichsten Gattungen an: Wir finden in der Bibel Geschichtswerke, Gedichtsammlungen, Romane, Briefe, Zukunftsbücher – sogar ein richtiges Liebeslied mit einer ziemlich unverstellten Erotik gehört dazu. Manche Texte sind ihrerseits in einem Zug entstanden, andere in der heute vorliegenden Fassung das Ergebnis einer gelegentlich sehr langen Redaktionsgeschichte. Die ältesten gehen auf das 13./12. Jahrhundert v. Chr. zurück, die jüngsten stammen aus dem ersten Jahrzehnt des 2. Jahrhunderts n. Chr. Die Juden vereinen um diese Zeit die heute Altes Testament genannten „Bücher"; die Christen brauchen rund dreieinhalb Jahrhunderte, bis feststeht, was „Neues Testament" heißt. 367 führt *Athanasius* alle entsprechenden Texte erstmals auf. Für die katholische Kirche erfolgt die verbindliche dogmatische Festlegung erst 1546 auf *dem Konzil von Trient*. Sie war unumgänglich in der Auseinandersetzung mit den Reformatoren, die die Bedeutung der Heiligen Schrift gegen mittelalterliches Vergessen wieder hervorheben wollten und dabei massive Angriffe gegen die katholische Lehre starteten. Da war es wichtig zu wissen, welches die allseits akzeptierte „Geschäftsgrundlage" der Debatten sein sollte. Die Antwort: Der Kanon der Bibel, eben jene Sammlung, die seit alters als *Heilige Schrift* bezeichnet worden ist. Man kann sich leicht kundig machen, was dazu gehört: Ein Blick ins Inhaltsverzeichnis einer Bibel genügt.

Gottes Buch

Die Bezeichnung *Heilige Schrift* führt uns der Antwort auf die nun noch dringlicher gewordene Frage zu: Warum hat diese Schriftensammlung eine so ungeheure Bedeutung für die Christenheit? Sie ist *heilig*. Was darunter verstanden wird, hat der französische Dichter *Paul Claudel* gut beschrieben (Kastentext): Aus ihr spricht der Geist Gottes. Die ersten Christen machten die Erfahrung, dass in bestimmten literarischen Zeugnissen sich die göttliche Offenbarung seines Planes mit den Menschen verbindlich und maßgebend niedergeschlagen hatte. Das trifft für die Zeit vor dem Leben Jesu bei den Grundtexten der jüdischen Religion zu, das gilt für die Evangelien, die paulinischen Briefe und einige andere Schriften aus der nachösterlichen Epoche. Die spätere Theologie hat dafür den Ausdruck *Inspiration* geprägt (inspirare, lat. *hauchen* für das dem Hl. Geist zugeschriebene Tun). Damit soll gesagt sein: Gott selber steht hinter der Bibel; er verbürgt ihren Inhalt. Weil Gott nicht irrt noch täuscht, folgt daraus: Was in der Bibel zu lesen steht, ist wahr. Die Theologen sprechen von der *Inerranz* oder Irrtumslosigkeit der Heiligen Schrift. Deswegen ist sie die oberste theologische Erkenntnisquelle und die letzte Norm christlichen Glaubens. Hinter sie zurückzufragen ist unmöglich; sie nicht als Maßstab zu nehmen, unchristlich. Daher sind Aussagen über den Glauben, die nicht schriftgemäß sind, Christen als Christen auch nicht zuzumuten. Jedes Dogma, jede theologische Aussage, jede lehramtliche Weisung müssen wenigstens insoweit von ihr gedeckt sein, dass sie der Bibel nicht widersprechen, ihren Absichten nicht zuwiderlaufen und in der Linie ihres Denkens liegen.

Was ist verbindlich?

Damit entstehen allerdings zahlreiche Probleme, mit denen sich die Christen zu allen Zeiten auseinandersetzen mussten. Vor allem seit dem Beginn der naturwissenschaftlichen Entdeckungen stellte sich die nicht abzuleugnende Einsicht heraus: Vieles ist ja in der Bibel gar nicht wahr. Die Sonne dreht sich nicht um die Erde, die Hasen sind keine Wiederkäuer, ein Paradies hat es nie in der Geschichte gegeben, höchstwahrscheinlich hat sich das Ereignis der Hominisation (Übergang vom Tier zur menschlichen Person) an mehreren Stellen des Globus ereignet und passierte nicht am sechsten Schöpfungstag, sondern in einem jahrmillionenlangen Entwicklungsprozess (Evolution). Auch vor dem Neuen Testament machte die Kritik nicht Halt. Heiß diskutiert wurde der Geburtsort Jesu (Betlehem oder wahrscheinlicher Nazaret?), die Dauer seines öffentlichen Wirkens (zwischen einem und drei Jahren), die Historizität der Wunder (vgl. Kap. 11 und 12) … Die Liste ist lang und wird immer länger.

Aber auch die Ergebnisse der Forschung wurden immer klarer. Für den heutigen Stand bietet eine ausgezeichnete Übersicht ein unter der Leitung von Kardinal Joseph Ratzinger entstandenes, vom Papst gutgeheißenes und 1993 veröffentlichtes Dokument der Päpstlichen Bibelkommission mit dem Titel „Die Interpretation der Bibel in der Kirche" (= Verlautbarungen des Apostol. Stuhles 115). Im Wesentlichen ist zu sagen: Die Bibel ist Gottes Wort, gewiss, aber sie ist es im Wort der Menschen, die die Texte geschrieben haben. Diese waren, wie wir auch, eingebunden in ihre Zeit und Kultur und teilten mit den Zeitgenossen Denken, Wissen, Fühlen – kurz die ganze Lebenswelt. Und wenn sie schrieben, verloren sie nichts von alledem, auch nicht von ihren persönlichen Grenzen (z. B. im Stil, im Sprachausdruck). Wenn sie etwa am Abend vor ihren Zelten saßen und die Nacht hereinbrach, sahen sie (wie wir heute noch ebenso), dass der feurige Sonnenball am Horizont tiefer und tiefer sank: Es war (das sagen wir auch noch so) *Untergang* der Sonne (die sich also um die Erde drehen musste, bis sie wieder aufging). Es dauerte Jahrhunderte, bis Kopernikus, Kepler, Newton und andere zeigten, dass das eine Täuschung ist. Und es ist erst wenige Jahrzehnte her, dass wir über Raumschiffkameras verfügen, die die wahren Verhältnisse unbestreitbar zeigen. Aber, Hand aufs Herz, spielt das für unsere Gottesgemeinschaft oder die Frage nach dem Sinn des Lebens eine Rolle, welcher Stern sich um welchen dreht?

Heilswahrheit

Gott überlässt den Menschen alles, was sie selber leisten können mit Hand und Verstand, auch wirklich zu leisten. Er stützt nicht menschliche Bequemlichkeit, sondern hilft – nicht anders als kluge Eltern bei ihrem Nachwuchs – nur und immer dort, wo wir nicht weiterkommen – also dann, wenn es um sein Geheimnis selber geht, wenn nicht unser Wissen, sondern der Glaube (vgl. Kap. 1) zur Debatte steht. Wir benötigen nicht Hilfestellung für astronomische Einsichten, wohl aber für die Erkenntnis, dass Jesus von Nazaret Gottes Sohn und unser Heiland ist. Das Zweite Vatikanische Konzil hat von den Büchern der Bibel erklärt, „dass sie sicher, getreu und ohne Irrtum *die Wahrheit* lehren, *die Gott um unseres Heiles willen* in heiligen Schriften aufgezeichnet haben wollte" (Dei Verbum 11). Und keine anderen, wie die Wahrheiten, für die die Naturwissenschaften zuständig sind.

So müssen die Christen auf der einen Seite unermüdlich herauszubekommen suchen, was die menschlichen Verfasser damals meinten und was nicht, auf der anderen Seite dürfen sie keinen Moment vergessen, dass die Bibel ein unerschöpfliches Lebens- und Glaubensbuch ist, das immer wieder neue Gotteserfahrungen schenkt. Es bringt zwar weder den Autoren noch den Lesern Geld, wohl aber den Lohn des Himmels: Gott sagt uns auf allen Seiten, dass und wie sehr er uns lieb hat.

3. Das gute Alte? — Die Tradition

Maria Magdalena verkündet den Jüngern die Auferstehung,
Albani-Psalter, vor 1123
(Dombibliothek Hildesheim HS St.God 1;
Eigentum der Pfarrgemeinde St. Godehard)

Jeder Mensch wird mit einem festgelegten Erbgut geboren, das alle seine Eigenschaften enthält. Im Laufe der Jahre macht er dann zunächst die Erfahrung, welches diese Eigenschaften sind – Sprachenbegabung, technisches Interesse, Freude an der Musik … Wenn möglich, wird er als Lebensberuf eine Beschäftigung anstreben, die seiner Begabung und Fähigkeit entspricht. Ist er dann in Amt und Brot, wachsen ihm mit der Zeit mehr und mehr Einsichten zu, die er aus der Ausübung des Metiers gewonnen hat. Ein Arzt beispielsweise wird ein umso besserer Operateur sein, je mehr Operationen der gleichen Art er schon gemacht hat. Das bedeutet nicht, dass er nun zum Routinier wird, der mechanisch schneidet. Hat er gemerkt, dass eine bisherige Technik Nachteile hat, die mit einer anderen vermieden werden können, wird er zum Wohl der Patienten die neue anwenden.

(Tradition und Fortschritt) bedingen sich gegenseitig. Fortschritt ist nur möglich, wenn eine Generation auf den Schultern der vorhergehenden steht und sich deren Erfahrungen und Leistungen zu Eigen macht. Die Tradition hat also eine wichtige Entlastungsfunktion. Sie entbindet uns davon, immer wieder von vorne anfangen und jede Erfahrung immer wieder neu machen zu müssen; erst dadurch werden wir frei für den Fortschritt …

Der Streit zwischen Konservativen und Progressiven (ist) vordergründig. Er lässt sich auf der rein linearzeitlichen Ebene von Vergangenheit, Gegenwart und Zukunft gar nicht entscheiden. Entscheidbar wird er erst, wenn man die qualitativ neue Dimension hinzunimmt …: die Frage nach der wahren Wirklichkeit. Sie ist weder mit dem Verweis auf die Tradition noch durch den auf den Fortschritt beantwortet. Denn wer sagt, dass das Ältere jeweils auch das Wahre, dass aber das Neue als Abfall und Zerfall zu beklagen ist? Die Autorität der Tradition kann nur die Autorität der Wahrheit sein. Wo dagegen die Tradition nicht der Wahrheit entspricht, da ist Veränderung als Fortschritt zu begrüßen.

Walter Kasper, Theologie und Kirche, 1987, 77.79.

Erfahrungsgemeinschaft Kirche

Auch die Glaubensgemeinschaft hat ihre Erfahrungen, nicht nur mit der Zeit und mit den Menschen, sondern auch mit ihrer Glaubensquelle, der Heiligen Schrift. Die Erfahrungen der Kirche nennen wir Tradition oder (heilige) Überlieferung. Sie werden nicht nur aus der Bibel selber, sondern ebenso aus der Begegnung mit der jeweiligen Lebenswelt gezogen. So gab es einige Jahrzehnte nach Tod und Auferstehung Jesu eine ganze Menge von Schriften, die sich mit seinem Leben beschäftigten. Die Gemeinden machten die Erfahrung: *Diese* Texte sprechen wirklich aus, was Gott uns sagen will, *jene anderen* nicht – sie sind unterhaltsame Romane, aber nicht der Niederschlag des Wortes Gottes. So entstand der Bibelkanon (Kap. 2). Es kann auch sein, dass die Christen einer Bibelstelle keine besondere Aufmerksamkeit schenken; man liest sie, man hört sie und vergisst sie. Dann tritt eine historische Konstellation ein, in die sie mit einem Male einschlägt wie der Blitz aus heiterem Himmel. In der Verfallszeit der Spätantike hört ein junger Bursche, dass Jesus will, einer solle alles verlassen, um ihm nachzufolgen. Er nimmt das wortwörtlich, gibt sein Geld (er hatte gerade geerbt) seiner kleinen Schwester, geht in die Wüste – und so gründet *Antonius* das christliche Mönchtum, das noch immer existiert. Im 20. Jahrhundert gehen die patriarchalischen Zeiten endgültig zu Ende. Die Frauen wehren sich gegen die Unterdrückung durch die Männer – und die Christinnen unter ihnen entdecken mit einem Male in der Bibel, dass dort zwar auch von der Unterordnung des Weibes die Rede ist, aber auch explosive emanzipatorische Texte stehen (Kap. 26). Die ganze Kirche sucht zu lernen.

Geistliche Impulse

Die kirchliche Tradition ist weithin ein sehr normaler Vorgang, der auf allen menschlichen Lebensgebieten gang und gäbe ist. In einem unterscheidet sie sich freilich vom gewöhnlichen Erfahrungslernen. Die Christen vertrauen dem Wort Jesu, dass er alle Tage bei ihnen sein und dass sein Geist sie in alle Wahrheit einführen werde (Mt 28,20; Joh 16,13). Die Erfahrungen, die die vergangenen Generationen mit dem Christusglauben gemacht haben, besitzen mithin einen ganz eigenen Stellenwert: Sie können auch Erfahrungen mit dem verpflichtenden Wort und Willen Gottes sein, die für alle künftigen Zeiten verbindlich sind. Die Tradition hat daher den Wert einer Bezeugungsinstanz des Glaubens. Sie ist von höchster Bedeutung für die Kirche. Vor allem in den Kirchen des Ostens und in der katholischen Kirche spielt sie eine große Rolle; aber alle anderen Kirchen halten sie gleichfalls in Ehren.

Unsere Erkenntnis veranlasst uns zu wichtigen Unterscheidungen. Im theologischen Sinn ist Tradition nicht schon *das Überkommene*. Sie hat nichts zu tun mit frommem Brauchtum, ehrwürdigen Riten, althergebrachten Ansichten. Die Sätze: „Das war schon immer so" und „Das war noch nie so" sind in sich nicht christlich. Wer etwas verteidigt, bloß weil es immer alle so gedacht oder gemacht haben, gleicht einem Chirurgen, der ohne Narkose operieren will, weil seine Vorgänger im Mittelalter es auch so gemacht haben. Auch der glühendste Traditionalist in der Kirche würde sich nicht unter sein Messer begeben! Aber dann muss er Konsequenzen ziehen für seine theologischen Ansichten.

Lebendige Tradition

In der Kirche geht es nicht um das Alte in sich, natürlich auch nicht um das Neue in sich. Es geht, wie *Walter Kasper* klar macht, um die Wahrheit (Kasten) – und die kann früher schon entdeckt und später vergessen worden sein; sie kann aber früher übersehen worden sein und jetzt erkannt werden. Die Theologen geben dem Begriff daher ein entscheidendes Beiwort zu: Echte kirchliche Tradition ist *lebendige Tradition*. Damit stellt sich die Frage nach den Maßstäben: Wann müssen wir denn das Alte bewahren und wann haben wir es beherzt über den Bord des Schiffleins Kirche zu werfen? Die Antwort gibt das Bild: Eine Frau belehrt Männer. Die Frau ist Maria Magdalena, die Männer sind die Apostel, die Lehre ist: *Christus ist auferstanden!* Das ist die Ur- und Grundbotschaft der christlichen Religion (Kap. 13). In sie münden, aus ihr gehen hervor alle anderen Lehren und Dogmen. Wo immer also ein Satz, eine Lebensform, eine Art der Frömmigkeit in Übereinstimmung mit dieser Botschaft und zugleich deren Entfaltung ist, sind sie notwendig zu beachten. Sie sind Ausdruck der kirchlichen Tradition, nicht schon hinsichtlich der Form, sondern erst und ausschließlich hinsichtlich des Sinnes. Sind sie als solche nicht zu erweisen, stehen sie zur Disposition. Das heißt nicht schon gleich und jeweils, dass man sich davon verabschieden solle, aber wie man damit umgeht, entscheidet sich nicht am Glauben, sondern an der Plausibilität in der Lebenswelt (je) von heute. Wir dürfen darauf vertrauen, dass auch heute wie in vergangenen Epochen der Gottesgeist am Werk ist und uns in die Wahrheit nach wie vor einführt. Dieses Kriterium war beispielsweise bestimmend bei der Liturgiereform nach dem Zweiten Vatikanischen Konzil.

Dynamik

Tradition ist also ein dynamisches Prinzip, dessen Kern nicht die Beharrung, sondern das Streben nach der Fülle der Erkenntnis des Wortes Gottes ist. Das eben genannte Konzil sagt: „Diese apostolische Überlieferung kennt in der

Kirche unter dem Beistand des Heiligen Geistes einen Fortschritt: es wächst das Verständnis der überlieferten Dinge und Worte durch das Nachsinnen und Studium der Gläubigen, die sie in ihrem Herzen erwägen, durch innere Einsicht, die aus geistlicher Erfahrung stammt, durch die Verkündigung derer, die mit der Nachfolge im Bischofsamt das sichere Charisma der Wahrheit empfangen haben; denn die Kirche strebt im Gang der Jahrhunderte ständig der Fülle der göttlichen Wahrheit entgegen, bis an ihr sich Gottes Worte erfüllen" *(Dei Verbum 8)*. Der Text vermittelt noch drei wesentliche Einsichten: Die Tradition als Erkenntnisquelle ist *apostolisch*, sofern sie ihre bleibende Grundlage in den Schriften der Apostel (also im Neuen Testament einschließlich seiner Verbindung mit dem Alten) hat. Träger der Tradition sind *alle Christen*, Mittel der Traditionswahrnehmung *alle in der Kirche gegebenen Möglichkeiten*. Schließlich stehen *Schrift und Tradition* weder als Parallelen nebeneinander noch erst recht als Konkurrenz gegeneinander: Tradition ist schriftbezogen, sofern sie die Sammlung der Erfahrungen ist, die die Christenheit in der Geschichte mit der Schrift gewinnt.

4. Wegweisung —
Das Lehramt der Kirche

Plenarsitzung des Zweiten Vatikanischen Konzils (1962–1965), Goldmedaille.
Umschrift: UBI SUNT DUO VEL TRES CONGREGATI IN NOMINE MEO
IBI SUM IN MEDIO EORUM (Wo zwei oder drei in meinem Namen versammelt sind,
bin ich mitten unter ihnen).

Die Verfassung der Bundesrepublik Deutschland ist für ihre Bürgerinnen und Bürger ein außerordentlich hohes Gut, das Zusammenhalt und Gedeihen des Gemeinwesens verbürgt und durch Beachtung fördert. Innerhalb dieses Gemeinwesens gibt es eine beständige Diskussion darüber, was genau dem Staat dienlich ist und was nicht. Immer wieder gibt es auch Meinungsverschiedenheiten, wie dieser oder jener Artikel auszulegen sei; manchmal können sie auch nach intensiver Diskussion nicht beigelegt werden. In diesem Fall sieht das Grundgesetz eine letztinstanzliche Institution vor, das Bundesverfassungsgericht. Gegen seine Urteile kann keine Berufung mehr erhoben werden; die Urteile sind an und für sich und für diesen Streitfall unabänderlich.

> Die Aufgabe des Papstes und der Bischöfe ist es, dafür Sorge zu tragen, dass die Kirche eine geordnete Gemeinschaft bleibt, wo alles zum Wohl von allen geschieht … Diese echte Autorität gegenüber den Gläubigen vollzieht sich in aufmerksamer Offenheit. Mehr als andere muss der Bischof auf die Zeichen der Zeit achten und sich darum kümmern, was die Menschen in der Kirche bewegt. Die Autorität der Hirten erfüllt sich ihrerseits im Gehorsam gegenüber dem Wort Gottes. Oft kann man hören: „Was die Kirche zu dieser oder jener Frage sagt, ist unhaltbar. Das kann ich nicht akzeptieren." Bevor wir uns fragen, ob alles, was Papst und Bischöfe sagen, richtig und unabänderlich sei, ist es gut, nach dem Maß des Vertrauens zu fragen, das wir zu den Nachfolgern der Apostel haben.
>
> Unser Glaube. Das Glaubensbuch der belgischen Bischöfe, 1987, 64.

Wie bleibt die Kirche dem Evangelium treu?

Die Verfassung der Gemeinschaft Kirche, die Grundlage ihrer Existenz und ihres Wohlergehens ist das Evangelium, das uns durch das Zeugnis der Apostel in der Heiligen Schrift (Kap. 2) und deren Auslegung in der Tradition (Kap. 3) für unseren Glauben (Kap. 1) vermittelt worden ist. Gerade die Auslegungsbedürftigkeit, die durch die Eigentümlichkeiten im Bibeltext und durch die sich wandelnden Lebenswelten in der Geschichte gegeben ist, macht ein beständiges Gespräch der Glaubenden erforderlich. Dabei kommt es ebenfalls wie im Gemeinwesen ab und an zu Differenzen, die den Zusammenhalt bedrohen können. Nun ist das Ziel der Kirche anders als beim Staat nicht das wirtschaftliche Wachstum oder die Förderung der Bildung, sondern die Verkündigung der Offenbarung Gottes an alle Menschen zu allen Zeiten. Das geht nur, wenn sie in der Wahrheit dieser Offenbarung bleibt. Dementsprechend ist ihre Einheit in erster Linie *Einheit in der Wahrheit des Evangeliums*. Diese spricht sich aus in einer Reihe von Thesen, Sätzen, Urteilen, die als *Lehre* bezeichnet werden. Ähnlich wie beim Staat das Verfassungsgericht die Verfassung hütet, gibt es auch in der Kirche eine Oberinstanz für die Lehre. Wir nennen sie *das kirchliche Lehramt*.

Lehramtsträger

Es wird ausgeübt für die Ortskirche (Bistum) durch den Bischof, für die Gesamtkirche durch die Gemeinschaft der Bischöfe mit dem Papst (Bischofskollegium), entweder im alltäglichen Vollzug der Lehrverkündigung (*ordentliches Lehramt*) oder in seltenen Fällen durch ein Ökumenisches Konzil (*außerordentliches Lehramt*: vgl. Bild), endlich auch durch den Papst allein, sofern er Sprecher und Repräsentant der ganzen Kirche ist. Das wiederum kann im Normalvollzug seiner Amtsausübung geschehen (z. B. durch Ansprachen, Schreiben aus eigener Hand oder über seine Behörden wie die Glaubenskongregation), aber auch in höchst raren Ereignissen durch eine außerordentliche Kundgabe, die in der Fachsprache *ex cathedra* heißt. Er spricht dann als Lehrer aller Glaubenden über Angelegenheiten von Glaube und Lebensführung („Sitte").

Die Gültigkeit und Verpflichtungskraft der lehramtlichen Verlautbarungen ist gestuft. Maßstab ist immer die Bedeutung eines Diskussionspunktes für das Leben der Gemeinschaft, d. h. dessen Verankerung in der Offenbarungsbotschaft. Gehört er etwa der Ebene des praktischen Gemeinschaftserhaltes hier und jetzt an, ist auch der Spruch des Lehramtes nur darauf gerichtet. Unter anderen Verhältnissen mag er sich erübrigen. Er ist also revidierbar, in der theologischen Sprache: *nicht notwendig irrtumsfrei* oder *fehlbar*. Das heißt nicht, dass er tatsächlich falsch ist; aber man kann es nicht ausschließen. Gehört jedoch eine Lehre der Ebene des Lehrerhaltes so an, dass seine Leugnung die Offenbarungsbotschaft verfälschte, sind die amtlichen Urteile darüber *notwendig irrtumsfrei* oder *unfehlbar*. Andernfalls bliebe die Kirche nicht mehr in der Wahrheit und verlöre Sinn und Zweck. Befugt zu dieser Klasse von Aussagen sind nur der Papst, wenn er *ex cathedra* spricht, Papst und Bischöfe auf dem Konzil sowie in dem Fall, dass sie in ihrer Normalverkündigung über die Zeiten der übereinstimmenden und ausdrücklichen Ansicht sind, eine bestimmte Lehraussage gehöre zum Wesensbestand des Glaubens. Immer muss deutlich sein, dass sie tatsächlich eine unfehlbare Lehraussage machen wollen; diese Deutlichkeit zu sichern, ist Aufgabe des Lehramtes selber (Kirchenrechtsbuch CIC can. 749 § 3). Wie etwa auch die Bibelaussagen unterliegen jene des Lehramtes stets der Interpretation. Sie sind nicht zu schlucken wie eine Kröte, sondern auf ihre Absicht hin zu bedenken, auf die Ausdrucksweise, den Denkhorizont der Verfasser, die konkrete Situation der Formulierung.

Gehorsam

Das deutsche Wort *Amt* bedeutet so viel wie *Dienst*. Das Lehramt ist also nicht für sich selber da und auch nicht zur Regierung der Gläubigen, sondern existiert zum Wohl der ganzen Gemeinschaft der Glaubenden. Nach Paulus ist die Kirche der Leib Christi, in dem alle Glieder eine unersetzliche Funktion für den ganzen Körper haben. Ein besonders bedeutungsvolles Glied, aber eben auch nicht mehr als ein solches Glied, ist das Lehramt. Daraus folgen Verhaltensregeln wie für die anderen Glieder so auch für jene, die Träger dieser Aufgabe sind. Einige wesentliche nennen die belgischen Bischöfe in ihrem „Glaubensbuch" (Kastentext). Vonseiten der Gläubigen gilt die Gehorsamspflicht gegenüber den Weisungen des Lehramtes. Genau ist zu sagen: Die Glaubenden müssen der Offenbarungsbotschaft Gottes gehorchen, welche sich hier und heute in einer amtlichen Aussage zuspricht. Zum Glaubensinhalt selbst gehört, dass das Lehramt verbindlich sprechen kann, weshalb man nicht ihm, sondern mittels seiner Gott glaubt. Entsprechend der Verpflichtungskraft lehramtlicher Aussagen ist auch der einschlägige Gehorsam gestuft. Er reicht von aufrichtiger Loyalität gegenüber allen nicht unfehlbaren Verlautbarungen bis zur rückhaltlosen Annahme der unfehlbaren Urteile (im Rahmen von deren Interpretation). Loyalität schließt ein, dass die Zustimmung aufgehoben wird, wenn sich herausstellt, dass ein Lehrurteil (auch wenn es definitiv, aber nicht unfehlbar vorgetragen worden ist) unbegründet, unrichtig oder unproduktiv für das kirchliche Leben ist. Unbegründet war z. B. die Ablehnung des heliozentrischen Weltbildes aufgrund falsch verstandener Bibelaussagen („Fall Galilei"). Unrichtig war die Meinung Innozenz' VIII., dass es Hexen gibt und diese Intimverkehr mit dem Teufel haben (Bulle „Summis desiderantibus" von 1484). Unproduktiv war die Weisung Johannes' XXIII., dass an allen theologischen Lehranstalten die Unterrichtssprache Latein sein müsse („Veterum sapientia" 1962): Schon damals war die Grundausbildung der meisten Priesteramtskandidaten der Welt in Latein unzureichend. Dem kirchlichen Lehramt ist also kein Kadavergehorsam geschuldet; es ist durchaus möglich, dass Verweigerung kirchlicher ist als Ausführung. Das war ganz bestimmt der Fall, als sich Friedrich von Spee dem kirchenamtlich vertretenen Hexenwahn entgegenstemmte. Da unfehlbare Urteile die Substanz des Glaubens berühren, ist deren Nichtbeachtung ein Affront gegen die Offenbarung. Damit kann sich jemand aus der Gemeinschaft der Kirche begeben; das Lehramt kann dies ausdrücklich feststellen (Exkommunikation). Auf diesen wichtigen Komplex geht dieses Buch in Kap. 31 nochmals ausführlicher ein.

Grenzen des Lehramtes

Umgekehrt sind auch die Lehramtsträger in ihrer Autorität beschränkt und begrenzt durch ihre Einbindung in die Gesamtkirche. Solche Grenzen sind in erster Hinsicht die Offenbarung Gottes in der Heiligen Schrift, die glaubensverbindliche Tradition, das Wohl der ganzen Kirche, der Respekt vor den Gläubigen, die ebenfalls Träger des Hl. Geistes sind, die Beachtung der Resultate der theologischen Wissenschaft wie aller anderen Wissenschaften. Die Gehorsamsverpflichtung trifft mithin auch auf Papst und Bischöfe entsprechend ihrer Treue zum aufgetragenen Dienst zu. Sie konkretisiert sich anders als bei den Nichtlehramtsträgern, aber sie rührt aus dem gleichen Grund: Die ganze Kirche ist der Treue zum Wort Gottes verpflichtet; sie vollzieht diese Treue im Hören auf die Führung des Gottesgeistes zur Wahrheit und in der Beachtung der Zeichen der Zeit (Gaudium et spes 4). So wie im Leib das Ziel der Lebenserhaltung von jedem Glied entsprechend seiner Funktion erfüllt wird, so auch im Leib Christi.

5. Alle sind Geistliche — Der Glaubenssinn der Gläubigen

„Wenn viele kleine Leute an vielen kleinen Orten viele kleine Schritte tun,
dann verwandelt sich das Antlitz unserer Erde."
(Afrikanisches Sprichwort)

Wann haben Sie zum ersten Mal von Gott, von Jesus, von seinem Leben und seinem Tod am Kreuzesholz gehört? Wer hat Ihnen vermittelt die Erfahrung der Güte Gottes, der Notwendigkeit, seinen Willen zu erfüllen? Wenn Sie in einer christlichen Familie aufgewachsen sind, waren die ersten Glaubensboten für Sie die Eltern, die Großeltern, vielleicht ein Bruder oder eine Schwester. Man tritt dem Papst und dem Bischof und den Professoren der Theologischen Fakultät gewiss nicht zu nahe, wenn man sagt: Eure Enzykliken und Hirtenbriefe und Lehrbücher sind es jedenfalls nicht gewesen. Das ist kein Angriff gegen diese Form des Glaubenszeugnisses (zumal nicht seitens des Verfassers, der im Glashaus sitzt), das seinen unersetzlichen Wert hat, sondern nur eine Faktenfeststellung, der sich

> Überall findet man Äußerungen des Glaubens- und Kirchensinnes, die vielleicht oft ungeschickt formuliert sind oder übers Ziel hinausschießen ... Man wird ihnen zunächst einmal wenigstens die gute Absicht attestieren müssen – sie weisen eh und je auf Defizite hin, die es zu bedenken gäbe ... Ob es sich um traditionelle Frömmigkeitsformen handelt, um die Neuschöpfung im Brauchtum oder um Versuche, Zentrales herauszustellen und Marginales nicht ganz vergessen zu lassen – immer handelt es sich um potentiellen Glaubens- und Kirchensinn, auch etwa in der Frage um die Bestellung von Bischöfen, was ja nun wirklich „die Vielen" angeht, nämlich das ganze Volk Gottes.
>
> Iso Baumer, Glaubenssinn – Kirchensinn, in: D. Wiederkehr (Hg.), Der Glaubenssinn des Gottesvolkes – Konkurrent oder Partner des Lehramtes, 1994, 62f.

Papst, Bischof und Professor im Übrigen wohl anschließen werden, weil es ihnen auch nicht anders ergangen ist. Auch im weiteren Leben kann man in seinem Glauben bestärkt werden durch Bekundungen dieses Glaubens von Mitchristinnen und Mitchristen, die kein Amt in der Kirche haben. Ein solches Zeugnis kann ein Roman, ein Gedicht, eine Plastik, ein Gemälde sein. Von der Musik Johann Sebastian Bachs hat man gesagt, sie sei das fünfte Evangelium; der reformierte Theologe Karl Barth ließ nicht von der Meinung, im Himmel spielten die Engel Mozarts Werke. Möglicherweise kreuzen auch Menschen unseren Weg, die schlicht und anspruchslos so leben, wie es die christliche Moral verlangt. (Der Schweizer Theologe Iso Baumer hat den Sachverhalt kurz zusammengefasst, vgl. Kastentext.)

Glauben aus und in Gemeinschaft

In allen diesen Fällen treffen wir auf Äußerungen der Glaubensbezeugung, die von eigener und eigenständiger Art sind. Sie gehen aus einem inneren Wissen und Erspüren dessen hervor, was christlich ist. Dieses Erspüren nennen die Theologen den *Glaubensinstinkt* (*instinctus* oder *sensus fidei*). Daraus folgt eine Übereinstimmung mit dem Gesamtglauben der Kirche. Sie wird *Glaubenssinn der Gläubigen* (*sensus fidelium*) geheißen. Seine Äußerung, die in die Äußerungen der Gläubigen in der ganzen Kirche einmünden, ist dann die *Glaubensübereinstimmung* (*consensus fidelium*). Das Wissen um diese Bedeutung, die die Nichtamtsträger in der und für die Glaubensgemeinschaft haben, ist nie ganz verloren gegangen. Es ist allerdings lange im Schatten gestanden, da entsprechend der feudalistisch-monarchischen Umwelt bis ins vergangene Jahrhundert hinein in den christlichen Gebieten eher die vertikale Schiene Klerus – Laie, Amt – Nichtamt, Befehl – Gehorsam betont worden ist (Kap. 30 und 31). Sie ist mit dem Zusammenbrechen der dahinterstehenden Gesellschaftsordnung im Zeitalter der Demokratie selbst untergegangen und den meisten Zeitgenossen nicht mehr einsichtig. Schon die Besinnung auf das Wesen des Lehramtes (Kap. 4) hatte aber gezeigt, dass und wie sehr dieses auf die Gläubigen angewiesen ist. Man kann es durchaus scharf formulieren: Eine Weisung auch von oberster Stelle läuft ins Leere, wenn niemand sie befolgt. Man muss in Rechnung stellen, dass das geschehen mag, nicht weil die Leute trotzig sind, sondern weil sie spüren, dass eine bestimmte Weisung ihrem Glauben nicht förderlich ist. Fachsprachlich ausgedrückt: *Rezeption* ist eine Tatsachenvoraussetzung im Leben der Glaubensgemeinschaft. Es gibt ein berühmtes Beispiel aus dem 4. Jahrhundert: Damals wollten die meisten Bischöfe ihre Diözesanen zu Arianern machen. Der alexandrinische Priester Arius hatte gelehrt, dass Jesus nicht Gott, sondern nur ein besonders ausgezeichnetes Geschöpf Gottes sei. Das klang damals sehr einleuchtend und mied eine ganze Reihe Schwierigkeiten, die die großkirchliche Lehre vom wahren Gottsein und wahren Menschsein Jesu erzeugte. Aber die Menschen spürten: Dann sind wir nicht erlöst, wenn Jesus nur eine große prophetische, religiöse Figur ist wie manche andere ebenso. Und so blieben sie dem katholischen Glauben treu, in den meisten Fällen im Clinch mit ihren Oberhirten. Sie haben die Welt vor Irrtum bewahrt (vgl. Bild).

Die Lehre des Zweiten Vatikanischen Konzils

Das Zweite Vatikanische Konzil hat zur rechten Zeit klare und eindeutige Worte gesprochen, welche die Verwurzelung des Glaubenssinnes der Gläubigen im Wesen des Christentums selber illustrieren. Alle Christen sind dank Taufe und Firmung Träger des Gottesgeistes; sie haben dadurch Anteil am Prophetenamt Christi erhalten. Weil aber der Geist die Kirche vor dem Irrtum und damit vor dem Verlust von Sinn und Ziel bewahrt (vgl. Kap. 4), gilt: „Die Gesamtheit der Gläubigen, welche die Salbung von dem Heiligen haben (*gemeint ist die Taufe*; W. B.), kann im Glauben nicht irren. Und diese ihre besondere Eigenschaft macht sie durch den übernatürlichen Glaubenssinn des ganzen Volkes dann kund, wenn sie ‚von den Bischöfen bis zu den letzten gläubigen Laien‘ (Augustinus) ihre allgemeine Übereinstimmung in Sachen des Glaubens und der Sitten äußert." Im Zusammenklang mit dem Lehramt „dringt (das Gottesvolk) mit rechtem Urteil immer tiefer in den Glauben ein und wendet ihn im Leben voller an" (Lumen gentium 12).

Bezeugungsinstanz des Glaubens

Die Theologen rechnen daher den Glaubenssinn der Gläubigen zusammen mit den bereits besprochenen Größen Heilige Schrift, Tradition, Lehramt und mit der wissenschaftlichen Theologie (Kap. 6) zu den *Bezeugungsinstanzen des Glaubens*. Jede von ihnen ist eigenen Rechts und mit den anderen nicht zu verrechnen; jede ist aber gleicherweise auf das Zusammenspiel mit den anderen angewiesen und erfährt darin ihre eigene Reife und Bedeutung für den Glauben (siehe Grafik). Das gilt auch für die Kirchenleitungen. Ausdrücklich leitet das kirchliche Gesetzbuch aus der dargelegten Sachlage ab (can. 212): „§ 2. Den Gläubigen ist es unbenommen, ihre Anliegen, insbesondere die geistlichen, und ihre Wünsche den Hirten der Kirche zu eröffnen. – § 3. Entsprechend ihrem Wissen, ihrer Zuständigkeit und ihrer hervorragenden Stellung haben sie das Recht und bisweilen sogar die Pflicht, ihre Meinung in dem, was das Wohl der Kirche angeht, den geistlichen Hirten mitzuteilen und sie … den übrigen Gläubigen kundzutun." Die Hirten ihrerseits „sollen", so sagte das letzte Konzil, „die Würde und Verantwortung der Laien in der Kirche anerkennen und fördern. Sie sollen gern deren klugen Rat benutzen, ihnen vertrauensvoll Aufgaben im Dienst der Kirche übertragen und ihnen Freiheit und Raum im Handeln lassen,

ihnen auch Mut machen, aus eigener Initiative Werke in Angriff zu nehmen"
(Lumen gentium 37).

Feststellung des Glaubenssinnes

Diese Erwägungen zeigen freilich auch schon eine belastende Schwierigkeit an: Wie stellt man den Glaubenssinn der Gläubigen fest? Es geht bei ihm,
wie beim Lehramt nicht um die Autorität, so nicht um die Mehrheit, sondern um
die Wahrheit. Was aber wahr ist, kann weder durch ein Dekret noch durch eine
Majorität festgestellt und festgelegt werden. Wahr ist etwas, weil es sich tatsächlich so verhält. Das kann bezeugt werden – und eben dies tun Lehramt wie
Glaubenssinn. Nur kann das Zeugnis leicht beim Lehramt erhoben werden: Es
spricht sich in Dokumenten aus, die leicht eingesehen werden können. Beim
Glaubenssinn ist das nicht der Fall. Dennoch gibt es ausreichende Indizien, um
ihn zu erkennen. Weil die Wahrheit des Glaubens sich bewährt (Kap. 1), ist ein
wesentliches Wahrnehmungssignal die Glaubenspraxis, die Frömmigkeit, die
Bereitschaft, das Evangelium zu leben. Besondere Bedeutung haben daher *die
Heiligen* in der Kirche. Ein weiteres Kriterium besteht darin, ob eine bestimmte
Meinung glaubensförderlich ist oder nicht. Wenn etwa eine Lebensform des
Christentums zu Spaltung und Zwietracht führt, kann sie kaum Zeugnis für jene
Liebe sein, die oberstes christliches Gebot ist. Ein drittes Merkmal ist die Treue
zum Evangelium, die aus einer Äußerung der Gläubigen spricht. Eine Form bei-
spielsweise der Marienverehrung, die in ihren Vollzügen die Mutter über den
Herrn stellt, ist ganz sicher im Widerspruch zur Kirche.

Die Beziehungen der fünf Bezeugungsinstanzen des Glaubens

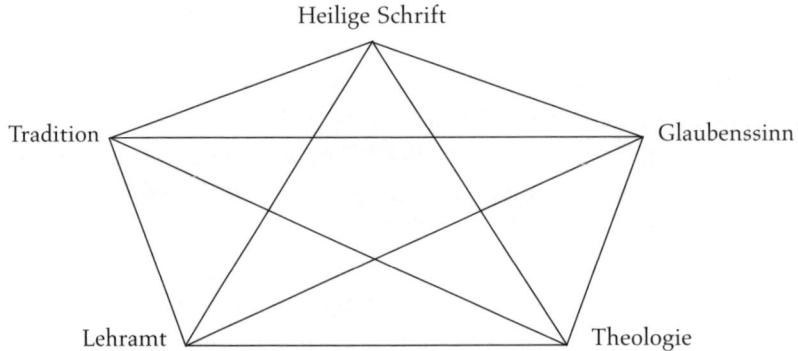

6. Glaube unter der Lupe der Kritik — Die wissenschaftliche Theologie

„Gegenüber", Christine Stadler, Bronzeplastik, 20. Jh.
(Kath. Akademie in Bayern)

Noch bis vor wenigen Jahrzehnten schien es für Christen ausgemacht, dass, so wie das erste Buch der Bibel es berichtet, am Anfang der Menschheitgeschichte ein Paradies existierte, in dem das erste Menschenpaar, Adam und Eva, lustwandelte, bis die Katastrophe der Sünde diesem herrlichen Leben ein Ende machte. Die paläontologische Forschung weiß heute ziemlich gut über den Anfang der Menschwerdung Bescheid. Ein Paradies hat es da sicher nicht gegeben. Das Dasein der frühen Menschen war ganz im Gegenteil Mühsal und Plage schlimmster Art. Würden sie in unsere Wohlstandszeit hinein auferstehen können, wären sie schnell überzeugt: Das Paradies liegt im

> Gib mir großen Ernst in allem, was den Glauben betrifft. Lehre mich erkennen, wessen er bedarf, um bestehen und Frucht tragen zu können. Mache mich vertraut mit seiner Kraft, aber auch mit seiner Schwäche. Und wenn sich im Gang der Jahre mein Empfinden wandelt, und mit ihm zwar nicht der heilige Inhalt, wohl aber die menschliche Form meines Glaubens, dann lehre mich, diesen Wandel zu verstehen und in den Erprobungen Stand zu halten, die er bringt, damit mein Glaube von Gestalt zu Gestalt wachse und reife, wie Du, o Ordner alles Lebens, es gewollt hast. Amen.
>
> Romano Guardini, Theologische Gebete (1944), [8]1985, 10.

21. Jahrhundert und in Deutschland! Aber wie steht es dann mit der Irrtumslosigkeit der Bibel (Kap. 2)? Gibt es sie, ist die naturwissenschaftliche Forschung falsch; ist diese aber zutreffend, dann stimmt die Bibel nicht. Die unheilvolle Spannung zwischen Glaube und Wissen spitzte sich zum wiederholten Male zu. Eine Hilfe bot die theologische Forschung, in diesem Fall die Exegese (Bibelauslegung). Sie untersuchte die Lage in der Entstehungszeit des Textes und die Verkündigungsabsicht des Verfassers. So ließ sich nachweisen, dass mit der Niederschrift überhaupt keine Reportage der Anfänge, sondern eine Glaubenshilfe für die Gegenwart (von damals) gegeben werden sollte. Die Adressaten lebten in der schmählichen babylonischen Gefangenschaft, verloren alle Hoffnung. Der Autor der Erzählung sagt: Habt Mut! Gott ist, wie immer, wie seit dem Beginn der Welt, also auch heute, auf eurer Seite. Und wenn ihr tut, was er euch sagt, dann geht es euch erdenklich gut. Was Wüstenbewohner aber als Summe aller Wonnen sich vorstellen, ist ein paradiesisches Gefilde (vgl. Kap. 9).

Sicherung oder Verunsicherung des Glaubens?

Das Beispiel weist auf Not und Segen der wissenschaftlichen Glaubensreflexion, mit anderen Worten der Theologie, hin. In der Form eines Gebetes hat sie einer der ganz großen Theologen des 20. Jahrhunderts im Kastentext formuliert. Theologie klärt den Glauben auf seinen eigentlichen Gehalt hin, aber sie verunsichert dadurch nicht selten die andern Kirchenglieder, die dem Wandel abhold sind. Weil es aber um die Wahrheit des Glaubens geht, muss der Theologe diese Spannung, die sich auch in seiner eigenen Existenz bemerklich macht, ertragen, selbst um den Preis des Konfliktes, sogar mit der Kirchenleitung.

Der Grund liegt darin, dass die Aufgabe des Theologen die kritische Durchdringung der Glaubensdaten ist. Er zieht seine Legitimation aus dem Wort des 1. Petrusbriefes, das gewiss allen Christinnen und Christen gilt, aber auch mit den Mitteln einer Wissenschaft, also systematisch und methodisch, in die Tat umgesetzt werden muss. In der für die Christen sehr bedrohlichen Lage am Beginn des 2. Jahrhunderts schreibt der Verfasser: „Seid auch bereit, jedermann *Rechenschaft über den Grund (logos) der Hoffnung* zu geben, die euch beseelt" (1 Petr 3,15). Da Gott der Urheber aller Wirklichkeit ist und den Menschen den Verstand gegeben hat, um diese zu erkennen, ist die Erhellung der Glaubenswirklichkeit auf wissenschaftliche Weise, die überprüfbare und nachvollziehbare *Rechenschaft*, eine wesentliche und von anderen nicht ersetzbare Bezeugungsinstanz des Glaubens (vgl. Kap. 5). Wir nennen sie in ihrer akademischen Form *Theologie*.

Die theologischen Fächer

Zu diesem Zweck stellt sie vier große Fragen, die mit entsprechenden Methoden der Lösung zugeführt werden. Im Laufe der Zeit haben sich angesichts der immer umfänglicher werdenden Materie und der immer ausgefeilteren Methoden eine Menge von theologischen Disziplinen (Teilwissenschaften oder Fächer) ausgebildet, die heute in einer voll ausgebauten theologischen Fakultät mit einem eigenen Lehrstuhl vertreten sind. Die erste Frage geht auf den historischen *Grund des Christen-Glaubens*. Durch kritische Befragung der Bibel ergeben sich Antworten, die in der Einleitungswissenschaft sowie in der Exegese des Neuen wie des Alten Testamentes erhoben werden. Frage zwei heißt: Welchen *geschichtlichen Weg* nahm der Christen-Glaube? Nach den

Methoden der historischen Wissenschaft gehen die entsprechenden Disziplinen der Kirchengeschichte vor, meist unterteilt nach den drei Hauptepochen in Alte, Mittelalterliche und Neue Kirchengeschichtswissenschaft. Worin besteht eigentlich die *Bedeutung* der Offenbarungszeugnisse und wie hängen sie zusammen? Diese dritte Frage ist das Problem der Systematischen Theologie, die zu antworten versucht mittels der Einbindung der Einzelaussagen in den Gesamtglauben. Das ist eine ebenso schwere wie umfängliche Arbeit; entsprechend mühen sich viele Disziplinen darum: Fundamentaltheologie, Dogmatik, Moraltheologie (Christliche Ethik), Christliche Gesellschaftslehre, Kirchenrecht, Philosophische Propädeutik. Die letzte und in gewisser Weise wichtigste Frage ist die nach der *Vermittlung* der theologischen Erkenntnisse in die Gegenwart. Religionspädagogik, Katechetik, Pastoraltheologie, Liturgiewissenschaft und Homiletik (Predigtkunde) arbeiten an der wissenschaftlichen Lösung des Problems.

Arbeitsweise

Ungeachtet der zielgerechten Einzelmethoden haben alle theologischen Disziplinen Gemeinsamkeiten. Eine der wichtigsten: Sie arbeiten dialogisch. Der Theologe ist kein Einzelgänger, kein Schreibtischtäter in der Isolation seines Studierzimmers, sondern stets an ein Gegenüber gewandt (vgl. die Plastik von Chr. Stadler). Dieses besteht in den Kollegen aus der eigenen und den anderen Wissenschaften (vor allem Natur- und Humanwissenschaften sind wichtig), in den Vertretern der anderen Bezeugungsinstanzen des Glaubens, vornehmlich denen des Lehramtes, in allen Adressaten der kirchlichen Verkündigung. Theologie ist ihrem Wesen nach kirchlich, d. h. sie arbeitet aus dem Inneren des Glaubens heraus und nicht, wie die Religionswissenschaft, von außen her. Der Theologe muss daher selber ein Glaubender sein, einer, der, wie Guardini, Theologie auch im Gespräch mit Gott treibt.

Die Arbeit der Theologen vollzieht sich, ein weiteres Merkmal, rational und argumentativ. Ihr Erkenntnismittel ist der Verstand, ihre Autorität die Kraft der Nachweise ihrer Erkenntnisse. Manche Menschen beklagen die „Verkopftheit" der Wissenschaft – doch diese macht ihre Geltung aus. Ein „herziger" Glaube wäre sicher schädlicher als ein zu rationalistischer. Theologische Einsichten können daher auch nur rational und mit Argumenten bestritten werden; andere Kampfmittel sind nicht fair und nicht moralisch.

Ein drittes Kennzeichen des theologischen Arbeitens ist dessen Geschichtlichkeit. Die Glaubensquellen sind in einer ganz genau definierten Situation entstanden und aus ihr zu erklären; aber diese Erklärung kann sich ebenfalls nur in und aus der Situation des Interpreten entfalten; diese aber wandelt sich. Sofern sich die Theologie an die gleichen Adressaten wie die Kirche richtet, muss sie die unterschiedlichen Lebenszusammenhänge der Menschen beachten und ihnen gemäß vorgehen. Theologie ist aus diesem Grund ein unabschließbares Unternehmen: Sie hört erst auf, wenn diese Welt vergeht.

Theologie als Lebenshilfe
Am Beispiel der theologischen Disziplin *Dogmatik* zeigt das Schaubild, wie sie Antwort auf die Grundfragen jeder menschlichen Person gibt: Wer bin ich, woher komme ich, worin bewege ich mich, wohin gehe ich? In den einzelnen Teilgebieten („Traktaten") wird die Lösung dieser Probleme aus den Quellen der christlichen Offenbarungsbotschaft geboten: Der Mensch ist Wesen der Gnade, er kommt von Gott und lebt in der Gemeinschaft der Kirche (Maria steht für die Mitchristen, die Sakramente für die heilshafte Begegnung mit Gott durch die Kirche), sein Ziel ist Gott selber, der als der dreifaltige Gott Bezugspunkt der Welt überhaupt ist.

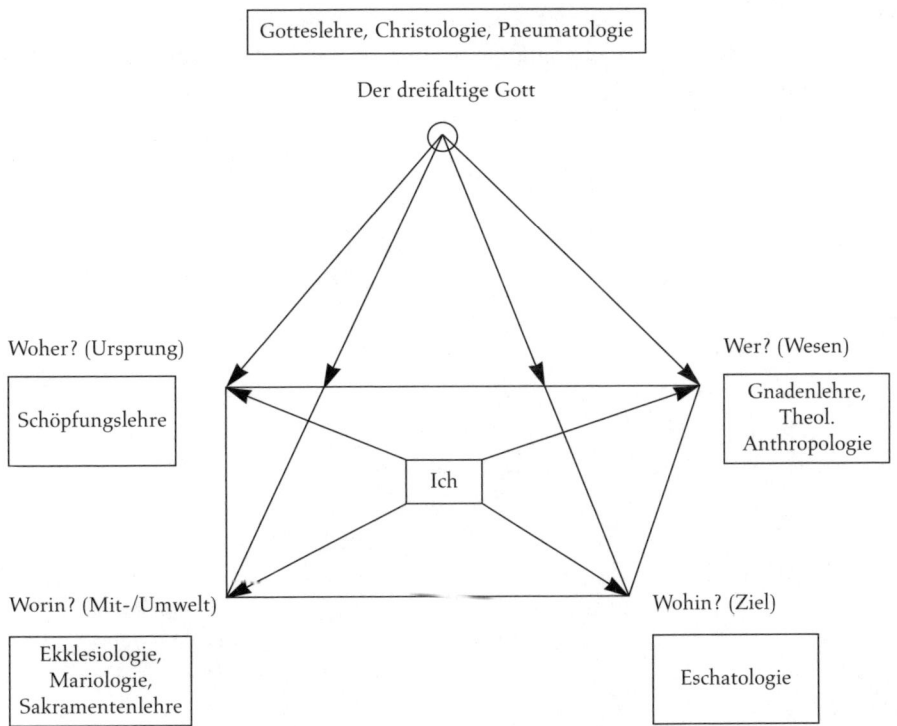

Daraus folgt sofort Kriterium Nr. 4, die Pluralität der Theologie. Entsprechend den historischen Situationen, der Perspektive des jeweiligen Wissenschaftlers und der Situation der Adressaten gibt es sehr viele Weisen, Formen und Ausdrucksgestalten der Theologie. Die Kirchenväter, die Theologen des ersten Jahrtausends, sind weitgehend von der griechischen Kultur geprägt und sprechen in der Sprache der Philosophie *Platons*. Die mittelalterlichen Scholastiker nutzen das Denken des *Aristoteles*, um den Glauben zu erörtern. In den vergangenen Jahrzehnten haben zwei *„kontextuelle Theologien"* von sich reden gemacht, d. h. Denkweisen, die aus den Lebenswelten geboren sind, in denen ihre Urheber standen und in die hinein sie sprechen wollten. Das waren die südamerikanischen Theologien der Befreiung, die die Unrechtssituation beheben wollten, in der Millionen auf dem Subkontinent leben, und das war die Feministische Theologie, die die herkömmliche Minderstellung der Frauen als unchristlich nachwies (vgl. Kap. 26).

Die kurzen Hinweise zeigen zweierlei: Theologie ist keine bequeme Wissenschaft. Sie verhindert, dass die Christinnen und Christen sich auf ihrem Glaubenswissen aus der Schule ausruhen und den Lieben Gott einen guten Mann sein lassen. Theologie ist aber eine notwendige Wissenschaft: Sie trägt dazu bei, dass der Glaube lebendig bleibt und die Kirche Sauerteig im Mehl der Zeiten sein kann.

7. Was wissen wir vom „Lieben Gott"?

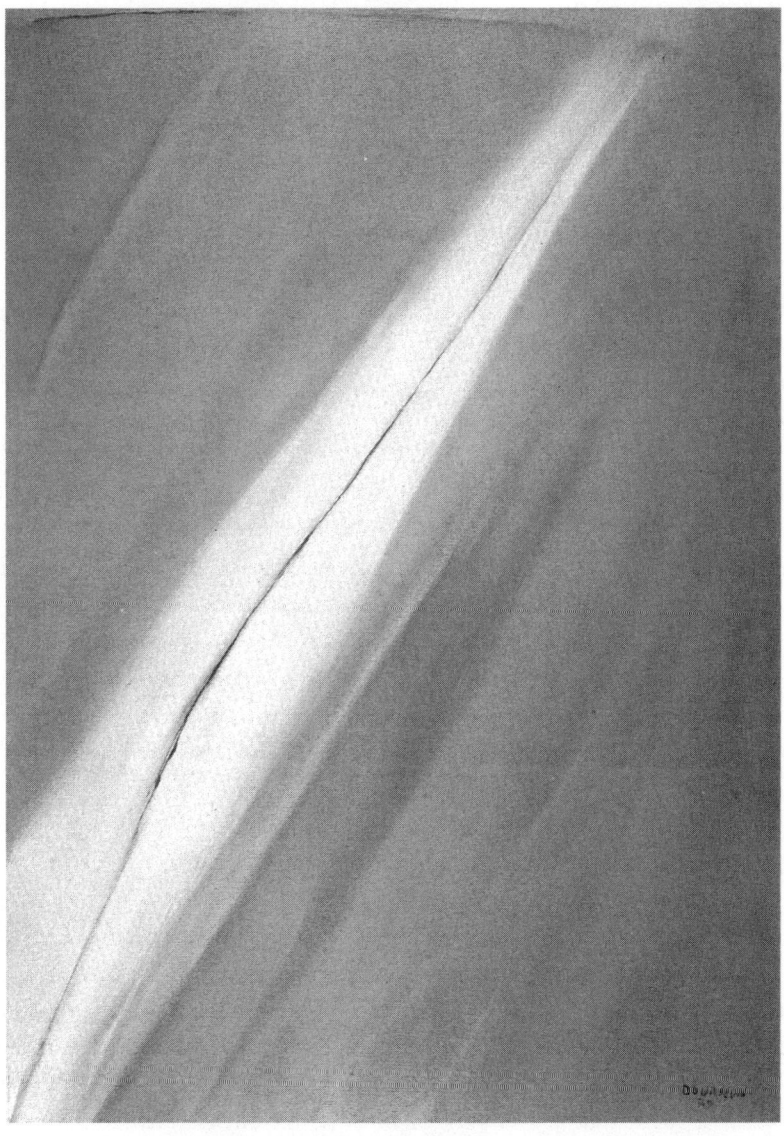

Straße von Damaskus, Jean-Jaques Dournon, 1977
(Monumenti Musei e Gallerie Pontificie, Città del Vaticano)

Gott kommt bei uns nicht vor. In der Öffentlichkeit spielt er keine Rolle mehr, in politischer Korrektheit meidet man jede Erinnerung an ihn, viele Politiker nennen ihn nicht mehr beim Eid. Unvorstellbar: Im Berliner Reichstag vor jeder Sitzung ein Gebet. Nicht vorstellbar, sondern Faktum: Im amerikanischen Senat, der sich sogar einen Hauskaplan leistet. Wir kommen aber immer wieder vor Gott. Alle Versuche, sich seiner zu entledigen, sind bisher misslungen: Niemand merkt das mehr als die Künstler. Es existieren religiöse Gedichtsammlungen, in denen erlauchte Namen der deutschen Literatur vertreten sind, germanistische Untersuchungen über das Gottesbild der Schriftsteller dieser Jahre. Im Film ist, manchmal verschlüsselt, oft auch ganz eindeutig von Gott die Rede. Einer der ersten Streifen in der Geschichte des Kinos war ein Jesusfilm. Viele folgten ihm. Gott entzieht sich – Gott ist anwesend. Der schweizer Pfarrer-Dichter Marti verleiht dieser Erfahrung Ausdruck (Kastentext), das Bild aus den päpstlichen Sammlungen im Vatikan erinnert an die Vision des Saulus vor Damaskus, die eine Gotteserscheinung war – Saulus erblindet, ehe er zum sehenden Propheten wird.

> lichtstrahl
>
> immer ist Er
> mit uns zusammen
> immer ist ER
> von uns getrennt
> immer ist eine wand
> zwischen uns und IHM
> und in der wand
> eine tür –
> oft lange verschlossen
> plötzlich sich öffnend:
> SEIN lichtstrahl
> SEIN wort
>
> Kurt Marti, gott gerneklein. gedichte, 1995.

Gottesbeweise – Gott-nicht-Beweise?

Warum tun wir uns so schwer mit Gott? Warum entzieht er sich – und ist doch nicht zu umgehen? Seit dem Altertum bemühen sich bis heute die bedeutenden Denker um den Nachweis der Existenz Gottes. Sie haben namhafte Gründe beigebracht, die *dafür* sprechen. Das Ergebnis muss trotzdem lauten: Gott lässt sich wissenschaftlich nicht beweisen. Existiert er also vielleicht gar nicht? Ebenso bedeutende Denker haben sich vor allem seit dem Beginn der Neuzeit daran gesetzt, klipp und klar zu belegen: *Es gibt ihn nicht.* Gewichtige Gründe sprechen für diese These, das Leid in der Welt zum Beispiel (Kap. 8). Das

Resultat gleichwohl: Die Nichtexistenz Gottes lässt sich ebensowenig wie die Existenz beweisen. Der Grund für das Scheitern beider Versuche liegt nicht an unserer Beschränktheit, sondern an der Unbeschränktheit Gottes. Was man (technisch oder geistig) be-*greifen* kann, das kann man auch be-*nutzen*. Endgültige Aussagen über Gott hätten also zur Folge, dass man sich Gottes bemächtigen könnte, ihn mithin im Moment des vollkommenen Verstehens entthront und sich selbst zu Gott gemacht hätte. Gott ist seinem Wesen nach ein Geheimnis, mehr: das Geheimnis aller Geheimnisse.

Wie über Gott sprechen?

Muss man also resignieren, getreu dem berühmten Wort des Philosophen L. Wittgenstein, dass man, wovon man nicht reden könne, schweigen müsse? Nein, man hat nur zur Kenntnis zu nehmen, *wie man angemessen* über das göttliche Mysterium denken und sprechen kann. Das ist eine Frage der Logik und eine weitere der Erkenntnislehre. Zwei Instrumente bieten sich logisch zur Gottesrede an. Das erste ist die Redeweise der *Analogie*. Man unterscheidet drei Wortklassen. *Univoke* Begriffe sind solche, die nur von einer Wirklichkeit gelten (z. B. *Frau*); *äquivok* nennt man Begriffe, die völlig verschiedene Wirklichkeiten bezeichnen (z. B. *Mutter* eines Kindes, einer Schraube); *analoge* Begriffe beziehen sich auf einander ähnliche Gegenstände (z. B. *Heil* für Gesundheit, Schadenslosigkeit, Seligkeit bei Gott). Jeder dieser Gegenstände hat etwas mit dem anderen gemeinsam (*Ganzheit*; vgl. engl. *whole*, kat-*holisch*) und noch viel, viel mehr Eigenständiges, mit anderen Unvergleichliches. Wer sagt, Gott *ist* oder *ist nicht*, wendet den Seinsbegriff auf ihn an, der aber u. a. auch von Steinen, Menschen, Sternen usw. gilt. Ginge das nicht, könnte man überhaupt nicht von ihm reden. Selbst *das Wort* „Gott" könnte es sinnvoll nicht geben. Aber natürlich ist Gott anders als die erwähnten Realitäten. *Sein* kann von Gott und ihnen also nur analog behauptet werden. Die Unähnlichkeit zwischen dem göttlichen und dem geschöpflichen Sein, heißt das, ist unendlich größer als die sehr wohl bestehende Ähnlichkeit.

Das zweite Instrument hat ein Autor des 6. Jahrhunderts gefertigt, den man *Pseudo-Dionysius* nennt. Aufgrund der Analogie stellt er fest: Immer wenn man etwas über die bloße Seins-Zuschreibung Hinausgehendes von Gott sagt, muss man drei Schritte gehen, etwa so: Gott *ist gerecht*, denn das ist eine Vollkommenheit, die Gott zugesprochen werden muss. Doch er *ist nicht gerecht* nach dem Maßstab der menschlichen Gerechtigkeit, sonst könnte er nicht barmherzig sein. Beide Eigenschaften vertragen sich in unserer Vorstellung nicht miteinander. Vielmehr gilt: *Er ist in unendlichem Maß gerecht.* Wie ist das konkret? Das wissen wir nicht. So kann man sich näherungsweise über ihn verständigen, dennoch bleibt er *Gott, das absolute Geheimnis.*

Der Glaube als Gotteserkenntnis

Es gibt aber noch einen anderen Weg der Gotteserkenntnis, den des Glaubens (Kap. 1). Er beruht nicht auf empirischem Wissen, sondern auf existentieller Erfahrung, wie etwa die Erkenntnis, dass mich jemand lieb hat. Auf diesem Weg sind die ersten Christen Gottes inne geworden. Sie waren Juden, also aufgewachsen im Glauben an Jahwe, den einzigen und einen Gott Israels. Dann begegnen sie Jesus von Nazaret und stellen fest: Er steht ganz auf der Seite Jahwes, nennt ihn seinen Vater, hat offensichtlich teil an der Macht Gottes. Das zeigt sich in aller Klarheit in der Auferstehung an Ostern. Der Auferstandene entzieht sich zwar körperlich dem Anblick der Jünger, aber diese spüren, vor allem seit dem Pfingstfest: In seinem Geist, dem Gottesgeist, ist er gegenwärtig und leitet die Gemeinde. Daraus hat sich in einem langen und ereignisreichen Vorgang die christliche Lehre von der *Dreieinheit (Dreifaltigkeit)* Gottes herausgebildet. Sie bringt die Erfahrung nicht nur der ersten Anhänger, sondern der Christinnen und Christen durch die Jahrhunderte auf den Begriff, die Johannes in lichter Deutlichkeit formuliert hat: „Gott ist die Liebe" (1 Joh 4,7.16a). Wenn der Vater sich durch den Sohn und im Wirken seines Geistes als der Gott gezeigt hat, der die Menschen, auch die sündigen, über alle Maßen liebt und sie zu sich beruft, dann muss er auch in sich selber *Liebe* sein. Denkt man nach, was Liebe bedeutet, wird man gewahr: Sie besteht immer aus drei Dimensionen – dem Liebenden, dem Geliebten und der Liebe als der Beziehung beider. Wenn Gott die Liebe ist, dann muss er vollkommen eins sein, weil Liebe Einheit ist, aber auch dreimal unterschiedlich existieren, weil Liebe aus Dreien besteht.

Trinitarische Liebe

Das ist die Spitzenaussage der Christen über Gott: Er ist die dreieine Liebe. Daraus ergibt sich weiter: Wenn dieser Gott der Schöpfer des Universums ist, dann muss sich seine Spur im Kosmos zeigen und vor allem in den Wesen, die ihm am nächsten kommen, den Menschen also, sofern wir höheren Wesen nicht begegnen. Das bedeutet zum einen: Wo immer Menschen einander lieben, dort sind sie „Beweise" Gottes. Eine Antiphon, auch als Kanon vertont, lautet: „Wo die Güte und die Liebe, da ist Gott". Das ist wortwörtlich wahr. Zum anderen folgt aber: Wer Gott nachweisen will, wer Zeuge Gottes durch sein Zeugnis sein soll oder muss, der muss ein liebender Mensch sein. Damit ist aber auch der Auftrag und die Lebensweise der Gemeinde, der Kirche insgesamt aufgezeigt. Nach dem Zweiten Vatikanischen Konzil ist diese „Sakrament, d. h. Zeichen und Werkzeug für die Einheit mit Gott und der Menschheit untereinander"; und sie kann es sein, weil sie das vom dreieinen Gott her geeinte Volk Gottes ist (Lumen gentium 1 und 4; vgl. Kap. 27). Wenn das Zeichen, das sie ist, wegweisend sein soll, muss es leuchten durch die Liebe der Kirchenglieder. Weil aber der dreieine liebende Gott Einheit *und* Unterschiedenheit ist, hat sich auch die Kirche als Einheit in der Vielfalt nach innen wie nach außen zu bewähren (Kap. 28).

Was wissen wir vom „Lieben Gott"? Was wir von der Kirche erfahren – mehr zuerst nicht.

8. Gott-los: Vom Leiden in der Welt

Kreuzigung, Max Ernst, 1914
(Päpstliche Kunstsammlung)

Es gibt in der deutschen Literatur kaum ein Zeugnis, das so dicht, so treffend, so schonungslos die furchtbarste aller Fragen, die schwierigste des Gottesglaubens überhaupt stellt, wie es Heinrich Heine in diesen ganzen 16 Zeilen tut. Der Dichter wusste, wovon er sprach; er lag selber Jahre gelähmt in der „Matratzengruft" seines Krankenlagers. Warum gibt es so unendlich viel Leid und Leiden auf dieser Erde, wenn doch Gott die Liebe sein soll (Kap. 7)? Warum müssen Kinder schuldlos sterben, warum werden Menschen gefoltert und gequält – und das auch durch die Christen, trotz der christlichen Botschaft, bis in diese Jahre hinein? Warum sind gute Leute gefesselt ans Krankenbett und laufen Schurken fröhlich durch die Lande? Gibt es auf diese „verdammten Fragen" eine Antwort?

Zum Lazarus

Lass die heiligen Parabolen,
Lass die frommen Hypothesen –
Suche die verdammten Fragen
Ohne Umschweif uns zu lösen.

Warum schleppt sich blutend, elend,
Unter Kreuzlast der Gerechte,
Während glücklich als ein Sieger
Trabt auf hohem Ross der Schlechte?

Woran liegt die Schuld? Ist etwa
Unser Herr nicht ganz allmächtig?
Oder treibt er selbst den Unfug?
Ach, das wäre niederträchtig.

Also fragen wir beständig,
Bis man uns mit einer Handvoll
Erde endlich stopft die Mäuler –
Aber ist das eine Antwort?

Heinrich Heine, Gedichte 1853 und 1854, Nr. 8.

Anklage gegen Gott

Das erste, was zu sagen ist: Man darf solche Fragen stellen. Man kann sie sogar Gott ins Angesicht hinein schreien – so wie Ijob in der Bibel: „Ich schreie zu dir, und du erwiderst mir nicht; ich stehe da, doch du achtest nicht auf mich. Du wandelst dich zum grausamen Feind gegen mich, mit deiner starken Hand befehdest du mich. Du hebst mich in den Wind, fährst mich dahin, lässt mich zergehen im Sturmgebraus" (Ijob 30,20–22: Man sollte das ganze Buch lesen!). In der Tiefe der Erfahrung des Bösen kann man gar nicht anders reden.

Es ist dann also rechtens, Gott vors menschliche Gericht zu ziehen, dem „lieben Gott" die Lieblosigkeit des Leides vor Augen halten? Die oft so grausige Realität lässt ehrlicherweise keine andere Wahl. Heine hat schon recht: Man muss angesichts des Bösen entweder Gott Allmacht absprechen oder ihm Schuld zusprechen. Früher hat man sich aus der Patsche zu helfen gesucht durch die Sprachregelung: Gott will das Böse nicht, er lässt es zu. Aber wer etwas zulässt, obwohl er helfen könnte, ist auch schuldig – wenigstens wegen unterlassener Hilfeleistung. So kommt man nicht weiter.

Aber kommt man überhaupt weiter? Die Theologie hat, das darf gleich verraten werden, auch keine glatte Antwort. Sie hat aber erst einmal einen Namen dafür: Sie spricht vom Theodizee-Problem. *Theodizee* bedeutet „Rechtfertigung Gottes". Ein Prozess ist also zu eröffnen.

Die Tatsachenlage

Was gegen den Angeklagten spricht, ist klar. Spricht auch etwas für ihn? Besinnen wir uns auf die Ursache von Leiden und Leid. Zwei „Sorten" gibt es, das Böse *aus der Natur* (physisches Übel, z. B. eine Überschwemmung) und das Böse *aus menschlicher Schuld* (moralisches Übel, z. B. Krieg). Manchmal treffen sich beide: etwa wenn die Überschwemmung durch einen mangelhaft gebauten und daher gebrochenen Staudamm ausgelöst worden ist. *Aus der Natur* kommt Leid aus dem einfachen Grund, weil die Naturgesetze als Gesetze immer gleich wirken, durch unterschiedliche Anwendung aber unterschiedliche Wirkungen haben. Mit dem elektrischen Strom, der immer der gleiche ist, kann man wärmen, kühlen, erleuchten, in Bewegung setzen – und töten (Elektrischer Stuhl). Wäre dem nicht so, dass die Abläufe in der Welt stets gleich sind, dann wäre schlechterdings das Leben nicht mehr auszuhalten. Komplizierter steht es mit der anderen „Sorte", dem *moralisch Üblen*. Es ist unvermeidlich aufgrund der menschlichen Freiheit. Sie ist nicht ihrem Wesen nach, aber dennoch unvermeidlich Wahlfreiheit. Man vermag sich also für das Gute wie für das Böse zu entscheiden. Dabei ist zu beachten: Wer für das Schlechte votiert, entscheidet sich nicht für das Böse als solches; das geht gar nicht. Er hat nur eine falsche Wertordnung, die ungeachtet der vielen konkreten Wahlmöglichkeiten immer darauf hinausläuft, dass das eigene Wohl, der eigene Nutzen vor den der anderen gestellt wird. Für einen Bankräuber steht die Geldgier höher als das Leben der Schalterbeamten und das Eigentumsrecht der Sparer. Gott müsste also, wollte er das Leid verhindern, zum einen die Welt zum Chaos werden lassen und dem Menschen zum anderen die Freiheit nehmen, ihn also zum Tier herunterkreuzen. Die Schöpfung wäre grundlegend misslungen.

48

Aber ist ihm nun der Freispruch sicher? Kaum, denn es bleibt die Frage, ob er es denn nicht fügen könnte, dass alles bleibt, wie es ist in dieser Welt, und trotzdem Böses nicht passiert. Kann er denn die Dinge nicht dergestalt werden und geschehen in seiner Vorsehung lassen (Kap. 10), dass alles gut ausgeht? Kann er den potenziellen Bankräuber nicht erleuchten, dass er die rechte Ordnung einsieht? Hören wir also, was der Liebe Gott durch seine Verteidiger zu sagen hat.

Die Verteidigung hat das Wort

Das Plädoyer der Verteidigung steht im Neuen Testament: „Die Liebe Gottes wurde unter uns dadurch offenbart, dass Gott seinen einzigen Sohn in die Welt gesandt hat, damit wir durch ihn leben" (1 Joh 4,9). Diese Sendung ist, wie an anderer Stelle der Verteidigung Johannes sagt, ein „Hingeben" (Joh 3,16) – und wir wissen, wie es ausgesehen hat. Aber es kann sein, dass wir die ganzen Dimensionen dieses „Hingebens" aus lauter Gewohnheit nicht mehr recht ermessen. Die Hinrichtung am Kreuz bedeutet für die Zeitgenossen Jesu: Gott selber hat ihn verdammt. So stand es in ihrer Bibel (Dtn 22,23: „Wer am Holz gehenkt ist, ist ein von Gott Verfluchter"). Sie ist also die Summe des moralischen Leides, wenn einer unschuldig wie Jesus getötet auf diese Weise wird. Die Kreuzigung ist überdies die mit Abstand grausamste Todesart, die die Antike erdacht hatte. Jahrhundertelang scheuten sich die Christen, den Leib am Marterholz darzustellen – der Anblick war nicht zumutbar in einer Zeit, da die Strafe noch vollzogen wurde. Der Tod Jesu ist also auch die Summe des physischen Leidens.

Schlusswort des Angeklagten

Er hat darauf verzichtet, bis heute. Aber sein Schweigen ist beredt! Die Antwort Gottes ist kein Spruch, sondern ein Tun: Er wird zum Leidenden. Das aber bedeutet in letztem Ernst: Gott wird um des Leides der Menschen willen *gottlos*. Paulus, der andere große Strafverteidiger im Theodizee-Prozess, hat von einem Leer-Werden Gottes gesprochen, das in der Menschwerdung beginnt und im Gehorsam am Kreuz seinen Höhepunkt erreicht (Phil 2,7f). Muss nun nicht jede Anklage verstummen? Es gibt keine Rechtfertigung Gottes, weil Gott selber auf die Seite der Ankläger rückt: „Mein Gott, mein Gott, warum hast du mich verlassen?" (Mt 27,46). Aber es gibt gleichwohl eine Reaktion Gottes: Das ist die Auferweckung Jesu von den Toten. Das Grundböse, die *Nichtung des Lebens* durch den Tod, wird da aufgehoben durch die *Nichtung des Todes* seitens des Lebens (Kap. 22).

Das Neue Testament weiß, dass das ein Vorwegnehmen dessen ist, was der ganzen Schöpfung widerfährt, wenn sie vollendet wird. „Ich bin überzeugt", erklärt Paulus, „dass die Leiden der gegenwärtigen Zeit nichts bedeuten im Vergleich zu der Herrlichkeit, die an uns offenbar werden soll" (Röm 8,18). Und das weiß er gewiss vom Schicksal Jesu her: „Wir sind gerettet, doch in der Hoffnung" (V. 24). Wunschlos glücklich sein ist eine sublime Form der Hoffnungslosigkeit. Wenn aber die Hoffnung bleibt, dann auch das Leiden. Aber mit der Hoffnung verschwistert ist der Glaube. Beide hören auf, wenn Gott das endgültige Gericht hält. Gericht Gottes ist kein Tribunal, das über die Dinge von außen her urteilt; es ist das Recht-Machen, das Recht-Fertigen des Verkrampften und Verkrümmten (Kap. 21). Erst dann können wir erkennen, welchen Sinn all das Leiden der Kreaturen durch die Jahrhunderttausende hatte. Dann enden Glaube und Hoffnung. Nur die Liebe bleibt übrig. In ihr erst endet das Leid. Das ist die Lösung „ohne Umschweif" (Heine).

9. Wie die Welt wird —
Theologie der Schöpfung

Der blaue Planet: Erde vom Weltall aus gesehen.
Man erkennt die nördliche Halbkugel.

Es gibt wenig Dinge, die langfristig der Kirche so sehr geschadet haben wie der seit dem Beginn der Neuzeit oft mit erbitterter Heftigkeit ausgetragene Streit zwischen kirchlicher Lehre und naturwissenschaftlicher Theorie. In der überkommenen Welt-Anschauung war die Mitte des Kosmos die Erde und die Mitte der Erde der Mensch als Krone und die Mitte des Menschen die Vernunft-Seele. So glaubte man die Bibel und die antiken Philosophen verstehen zu müssen. Die Neuzeit war ein einziger Vorgang der Ent-Täuschung. Es stellte sich erst heraus, dass die Mitte des Kosmos die Sonne ist, dann dass es im Kosmos gar keine Mitte gibt, endlich dass der Mensch ein Produkt der Entwicklung und engstens mit den Tieren verwandt ist; und am Ende ergab sich, dass auch die Seele nicht Herr im Haus ist, sondern beherrscht von den Mächten des Unterbewussten. Das tat zuerst einmal dem Stolz des Menschen weh.

Und die Bibel? Hatte sie doch nicht recht? Das Ende der Religion schien nahe. Um das Weltbild der Heiligen Schrift zu retten, verketzerten Kirchenleute die Naturwissenschaftler. Erst in

Fakten, Fakten, Fakten

* 300 000 km in der Sekunde – 1 Milliarde km in der Stunde – 10 000 Milliarden km im Jahr: Das ist die Geschwindigkeit des Lichtes. Die in 1 Jahr zurückgelegte Entfernung ist die Maßeinheit *1 Lichtjahr*.

* Die unserer Milchstraße (Galaxie) nächstgelegene Galaxie der Andromedanebel ist 2 250 000 Lichtjahre von uns entfernt. Die stärksten Teleskope haben Photos von Galaxien aufgenommen, die ca. 1 Milliarde Lichtjahre weit weg sind. Vermutlich gibt es aber noch Sterne, die 20 Milliarden Lichtjahre entfernt sind.

* Die Milchstraße, zu der unser Sonnensystem gehört, besteht aus rund 200 Milliarden Sternen (2 500 lassen sich mit bloßem Auge erkennen). Am ganzen Himmel gibt es ungefähr 75 Millionen Galaxien, deren jede etwa so viele Sterne wie unsere Milchstraße zählt.

* Unser Sonnensystem besteht zu 99,86% aus der Sonne; der Rest ist im Radius von ca. 10 Milliarden km darum herum verstreut.

* Die Erde ist der fünftgrößte Planet des Sonnensystems. Der größte ist Jupiter: In ihm hätten 1400 Erden Platz. Könnten wir die Sonne auf die Größe eines Fußballes verkleinern, wäre die Erde eine 70 m davon entfernte Perle.

dtv-Atlas Astronomie, ³1998;
P. Kohler, Universum, 1987.

den letzten Jahren des 20. Jahrhunderts rehabilitierte Johannes Paul II. Galilei und Darwin, nicht zur Freude aller Glaubensgenossen und nicht zum Trost der anderen, die das für einen zu späten und daher verpuffenden Akt hielten. Dass die Erde wirklich eine Kugel ist, nahmen die letzten Christen erst zur Kenntnis, als es Aufnahmen wie die der NASA (unser Bild) gab. In einer mühsamen, weil eben oft behinderten Arbeit klärte sich die Aussageabsicht der Heiligen Schrift, die Reichweite kirchlicher Lehraussagen und der Geltungsbereich naturwissenschaftlicher Theorien. So ist weitgehend der Kampf wenn nicht in allen Punkten beendet, so doch entschärft.

Das moderne Weltbild der Naturwissenschaften

Das wichtigste Ergebnis ist die Einsicht, dass Glaubenswissenschaft und Naturwissenschaft zwar über die gleiche Wirklichkeit Urteile fällen, die im Falle des Gelingens wahr sind, aber dass sie das unter absolut anderer Hinsicht und mit verschiedener Methode tun. Die Naturwissenschaften sind aus auf die genaue Kenntnis der Sachverhalte, die sie nach hypothetisch erarbeiteten Gesetzmäßigkeiten ordnen und mit gültigen Zahlensystemen bemessen. So entwerfen sie Voraussagen über die Entwicklung, das Alter, die Grenzen und das Ende des Universums. Hinsichtlich des letztgenannten existieren z. B. drei Vorstellungen: Die Ausdehnung geht immer weiter (offenes Weltall), sie kommt zum Stillstand (Kollaps des Universums: Big Crunch) oder sie verläuft langsamer mit einem Ende in unendlich ferner Zeit (flaches euklidisches Weltall). Welche der Fall ist, kann wegen des Fehlens notwendiger Daten momentan nicht entschieden werden; viele Theoretiker tendieren auf ein Weltende in 3,5 Milliarden Jahren.

Theologie und Weltvorstellungen

Die Theologie als Glaubenswissenschaft in der Kirche dagegen deutet und wertet die von den Naturwissenschaften erhobenen Daten aufgrund der in Christus endgültig offenbar gewordenen Liebe und Vertrauenswürdigkeit Gottes (Kap. 1 und 6). Eine grundlegende methodische Voraussetzung dafür ist die Einsicht in die Aussageabsicht der biblischen Erzählungen über die Weltentstehung (Kap. 2). Sie wollen keine Reportagen des Anfangs sein und können es nicht, weil gar keine Reporter am Anfang da waren. Ihr Sitz im Leben ist das Exil der Israeliten, die sich von Gott verlassen vorkamen. Die Autoren der ersten Genesiskapitel geben Trost: Die Glieder des auserwählten Volkes brauchen keine Angst zu haben. Gott ist der Herr der Geschichte von den Anfängen an. Alles kommt von ihm, alles ist seiner absoluten Souveränität unterstellt. Er ist Schöpfer und Herr des Alls und vor seiner Schöpfertat war außer ihm nichts:

> „Im Anfang schuf Gott den Himmel und die Erde.
> Die Erde aber war Irrsal und Wirrsal.
> Finsternis über Urwirbels Antlitz.
> Braus Gottes schwingend über dem Antlitz der Wasser."
>
> (Gen 1,1f, Übers. M. Buber)

Gott ist aber nicht nur der Impuls des Werdens und Seins; er ist bleibend den Menschen zugewandt. Die Autoren zur Zeit der Gefangenschaft verdeutlichen das durch die Verlängerung der religiösen Erfahrungen Israels von Schuld und Sünde, von Scham und Lebensordnung, von Verantwortung und Geschlechterverhältnis aus der Gegenwart in die Vergangenheit. Damit spenden sie Mut für die Gegenwart und Hoffnung für die Zukunft. Wenn Gott wirklich der Herr des Alls ist, dann wird uns abstrichloses Glück geschenkt – und für Wüstenbewohner ist das beste Bild ein herrlicher Garten (griech. *Paradeisos*). Ihrer innersten Absicht nach sind also die Erzählungen vom Anfang Vor-Ausschau auf die endzeitliche Erfüllung, d. h. Eröffnung von Zukunft in scheinbar zukunftsloser Lage.

Glaube geht auf den Sinn

Solche Aussagen sind, so lässt sich auch formulieren, Interpretationen der vorfindlichen Realität auf deren innersten Sinn, letzte Bedeutung, existentielle Wichtigkeit. Die Theologie in der Kirche nimmt sie auf, entwickelt sie, entfaltet sie, versucht sie den je heutigen Generationen einsichtig zu machen. Die unerlässliche, aber auch einzige Voraussetzung dafür ist, wie gesagt, der Glaube an den Schöpfergott und die Annahme der biblischen Offenbarungsbotschaft. Überhaupt nicht notwendig und theologisch gar nicht erheblich ist die Frage, nach welchen physikalischen Gesetzmäßigkeiten die Welt verlaufen ist und verlaufen wird. Ob mein Leben sinnvoll oder sinnlos ist, ob meine Schuld mir ewig anhängt oder vergeben werden kann, ist unabhängig von der Frage, ob die jetzt vorgefundene Welt in sechs Tagen (Genesis) oder in 10–15 Milliarden Jahren (Naturwissenschaften) geworden ist, ob der Mensch aus Lehm geformt oder evolutiv sich aus dem Tierreich entwickelt hat. Die Erfahrung und Erkenntnis des

54

christlichen Glaubens, dass Gott seine Welt liebt und die Schuld wegnimmt, sind in jeder wissenschaftlich derzeit geltenden Hypothese so richtig und verlässlich wie im altjüdischen Weltbild. Die Theologie der Schöpfung ist eine Ausfaltung der Grundaussage des biblischen Glaubens, dass Gott der rettende Befreier und der liebende Erlöser ist. Das aber ist eine Botschaft, welche je und immer für die Menschen dieser Erde gilt, wie immer auch Mensch und Erde chemisch-physikalisch beschaffen sein mögen.

Ökologische Verantwortung aller Wissenschaften

Sie führt von dieser Ansage sofort dazu, dass wir als Handelnde *in* dieser Welt *für* diese Welt Verantwortung im Namen Gottes tragen. Die staunenerregenden Resultate der Naturwissenschaften haben die Menschen in die Lage versetzt, die Schöpfung mit unwiderruflichen Folgen zu vergewaltigen, das Leben auf dem eigenen Planeten nachhaltig zu bedrohen und die Ordnung des Weltraumes zu stören. Aus den Hypothesen ergeben sich Handlungsermöglichungen von dramatischer Tragik. Wie aber zu handeln ist, lehren nicht die Hypothesen, sondern die Ethik, deren Quellen und Grundlagen letztendlich religiöser Natur sind. Wir können ungeheuer (im ursprünglichen Wortsinn genommen) viel, aber dürfen wir das auch? In dieser Stunde der Geschichte müssen Naturwissenschaften und Theologie (samt der ganzen Kirche) ganz dringlich ins Gespräch kommen – damit beider Wissenschaften Vertreter (samt der ganzen Menschheit) überleben.

Die Herrlichkeit der Schöpfung

Im Übrigen: Der gläubige Mensch wird durch die Akzeptanz der naturwissenschaftlichen Thesen, so er tatsächlich glaubt, nicht verunsichert werden. Nach der gängigen Theorie vom Urknall (Big Bang) ist das gesamte heute bestehende Universum aus einem kleinen ursprünglichen Kern von unvorstellbarer Dichte entstanden und hat sich immer weiter ausgedehnt. Wir kennen die Geschichte bis zu einem winzigen Bruchteil einer Sekunde (exakt: 1^{-43} sec.) genau – aber niemand kann sagen, was „im Anfang" war. Weit hinein in die Vergangenheit können wir noch schauen. Das Licht, das wir heute Abend vom Andromedanebel her sehen, ging von dort zu Zeiten des Australopithecus aus, eines unserer ganz frühen Vorfahren. Das Hubble-Teleskop fängt Licht auf, das vor 13 Milliarden Jahren erzeugt wurde. Damals gab es die Sonne noch nicht und noch nicht die Erde. Aber Gott hat schon vor dem „Anfang" auf uns geschaut und uns ganz persönlich lieb gehabt. Das weiß der Schöpfungsglaube – und das naturwissenschaftlich erhärtete Wissen gibt eine Ahnung von der erhabenen Größe dieses Schöpfers.

10. Zufall — Fügung
oder Vorbestimmung?

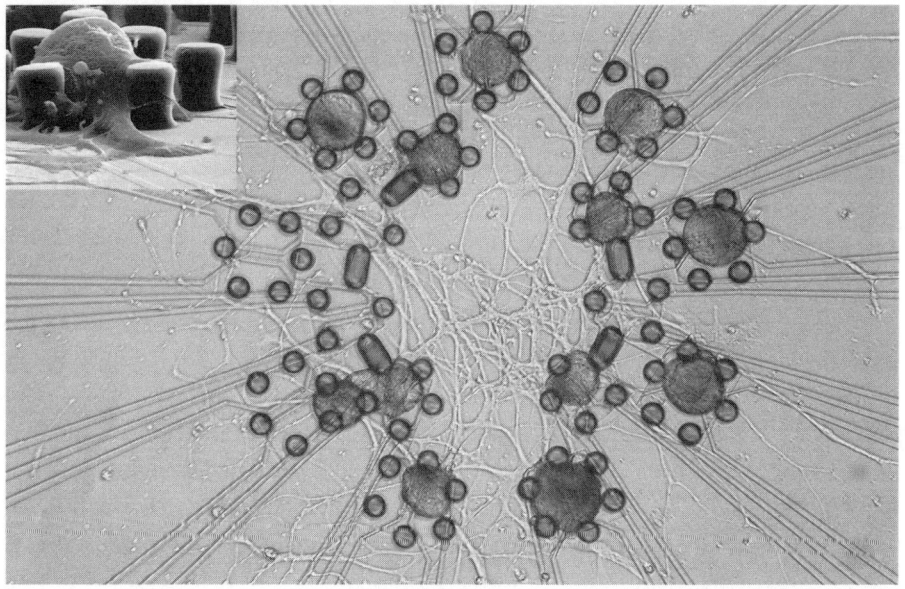

Schneckenneuronen, montiert auf einem Siliciumchip. Die Neuronen vermitteln im Nervensystem die Entscheidungen. Unser Körper hat Milliarden solcher Zellen.

Mit der alten germanischen Saga aus der Edda (Kastentext) beginnt Ivar Ekland sein Buch „Zufall, Glück und Chaos" (1991, dt. 1992, danach ist zitiert) in dem er den Fragen nachgeht, die nicht bloß einen Mathematiker wie ihn interessieren, sondern alle Menschen, weil die Deutung und damit auch das Ertragen des eigenen Schicksals wesentlich von der Antwort abhängt. Olaf Haraldson wurde heiliggesprochen; die Geschichte soll die übernatürliche Hilfe andeuten, die er genoss. Oder hatte er auch ein wenig nachgeholfen – weil er geschickt war oder den einen Würfel ein wenig manipuliert hatte oder sogar beide, dass sie immer die Sechs oben zeigten? War das Unerwartete reiner Zufall, (menschliche oder göttliche) Fügung oder hatte gar Gott gewollt, dass der Besitz an die Norweger kommen solle, und zwar auf diese Weise?

> Thorstein der Geschichtskundige erzählt, in Hising gebe es eine Ansiedlung, die einmal zu Norwegen, einmal zu Götaland gehört habe. Die Könige verabredeten nun, sie wollten um den Besitz losen und würfeln. Derjenige, der die größere Zahl werfe, sollte ihn haben. Der schwedische König warf zwei Sechsen und meinte, König Olaf müsse wohl nicht mehr würfeln. Der aber sagte, während er die Würfel in seiner Hand schüttelte: „Es sind immer noch zwei Sechsen auf den Würfeln, und für Gott, meinen Herrn, ist es eine Kleinigkeit, sie nach oben zu bringen." Er warf, und die zwei Sechsen lagen oben. Der Schwedenkönig warf ein zweites Mal, und wieder hatte er zwei Sechsen. Da warf der Norwegerkönig Olaf noch einmal, und diesmal war auf dem einen Würfel eine Sechs, der andere aber brach entzwei und zeigte nun Sieben. Und so gewann er die Ansiedlung.
>
> Die Edda, Übertragung von F. Genzmer, 1981.

Gibt es Zufall?

Wir sind sehr geneigt, den Zufall auszuscheiden. Konstruieren wir eine der Sache nach alltägliche Begebenheit: Ich fahre nach Rom, um einen Prälaten im päpstlichen Staatssekretariat, einen alten Bekannten, zu besuchen. Auf dem Petersplatz läuft mir ein Freund in die Arme, den ich seit Jahren nicht gesehen habe. „Was für ein Zufall!", ruft er spontan aus. Wirklich? Ich habe meine Reise lange geplant, und weil ich um zehn Uhr Termin habe, bin ich notwendig um 9.30 Uhr auf der Piazza. Er ist Geschäftsmann und verhandelt mit einer italienischen Firma nahe dem Vatikan – auch er muss heute um 10.00 Uhr bei seinen Partnern sein und geht ebenfalls notwendig um 9.30 Uhr über den Platz. Da *müssen* wir uns treffen! Die Ursachenkette bei beiden Individuen ist so angelegt, dass es zur Begegnung kommt. Wir reden nur von Zufall, weil wir die Kausalverknüpfung beim anderen nicht gekannt haben. Aber ist damit alles gesagt? Beide Reisen sind berufsbedingt – warum ist er Geschäftsmann und bin ich Priester geworden? Warum existieren wir überhaupt? Warum haben sich einmal unsere jeweiligen Eltern gefunden und dann deren Großeltern und so immer weiter zurück bis an die Anfänge der Menschheit. Weil sich einmal in der Steinzeit zwei Männer zwei Frauen begegneten, sich liebten und heirateten, treffen sich die späten Nachfahren heute auf dem Petersplatz in Rom. Notwendig oder zufällig? In der Mathematik befasst man sich unter Begriffen wie Wahrscheinlichkeitsrechnung, Spieltheorie und Chaosforschung intensiv mit diesen weitgehend noch offenen Problemen.

Gottes Souveränität

Sie gehen auch den Christen und die Christen an. Ihr Glaube sagt, dass Gott der souveräne Herr der Geschichte wie auch jedes einzelnen Individuums ist und das All nach seinen Plänen lenkt und zum Ziele bringt. Damit scheidet sicher eine Weltsicht aus, die rein *indeterministisch* denkt, d. h. alles vom bloßen Zufall abhängen sieht. Jede Planung und Berechnung ist da unmöglich. Man kann sich nun denken: Gott regiert alles nach seinen Gesetzen und bestimmt jedes einzelne Geschehen bei jedem einzelnen Geschöpf. In der Extremform gelangt dieser *Determinismus* zur Lehre von der absoluten Prädestination oder Vorherbestimmung des ewigen Schicksals eines Menschen. Schon Augustinus neigte dazu, Calvin hat sie vertreten – und wieder und wieder ist sie Versuchung von Theologen. Demnach hat Gott von allem Anfang an das ewige Geschick festgelegt: *Dieser* kommt in die Hölle, *jene* in den Himmel. *Dieser* kann dann heilig leben wie Maria; es nützt nichts. *Jene* darf zur größten denkbaren Verbrecherin entarten; sie wird trotzdem selig. Aber wie kann man solch eine Lehre mit der vom Gott der Liebe vereinbaren? Überdies geht da die biblische These von der grundlegenden Freiheit des Menschen verloren. Christlich kann sie also nicht genannt werden.

Vorsehende Fügung

Gibt es einen Mittelweg? Die christliche Theologie bejaht und betrachtet ihn unter dem Stichwort von der göttlichen *Vorsehung*. Das Wort findet sich nicht in der Heiligen Schrift, sondern stammt aus der griechischen Philosophie. *Pronoia* bedeutet Voraus-Wissen. In der Christensprache meint Vorsehung aber weder ein bloßes zeitliches Voraus-Erkennen noch ein passives Erfahren eines Geschehens. Vielmehr verstehen die Theologen darunter den gesamten aktiven Weltbezug Gottes, sein Handeln in der Schöpfung aus seiner Liebe heraus. Man spricht besser von *Fügung* oder *Für-Sorge*. Da die Liebe ins Spiel kommt, ist ein Wesenszug Gottes angesprochen (Kap. 7) und damit die Konsequenz, dass wir wie schon bei der Leid-Problematik (Kap. 8) an das Geheimnis des unbegreiflichen Gottes stoßen. Würden wir Gottes Liebes-Sorge begreifen, hätten wir Gott durchschaut und ihn damit seiner Gottheit beraubt. Wenn wir also auch nicht mit letzter Sicherheit sagen können, *wie* sich seine Pläne nach seinem Willen realisieren, vermögen wir dennoch Zugänge zu erschließen, die zeigen, *dass* dies möglich ist.

Das Wirken der Liebe

Dazu hilft uns eine Besinnung auf das Wesen von liebenden Menschen; wir nehmen als Beispiel ein Elternpaar. Ihr Handeln gegenüber den Kindern ist bestimmt von tiefer Zuneigung, die sich in der beständigen Sorge für sie äußert. Ziel ist, die Kinder zu eigenen Menschen, zu selbständigen Personen werden zu lassen. Wenn sie klug sind, werden die Eltern es anstreben nicht dadurch, dass sie den Nachwuchs beständig an der kurzen Leine führen und alles und jedes befehlen. Sie sind sich bewusst: Dadurch werden Kinder nicht erwachsen; denn zum Erwachsensein gehört der Umgang mit der Freiheit. So wird die Erziehung darauf aus sein, dass die Bedingungen geschaffen werden sowohl für die Ein-übung dieser Freiheit wie auch für Lebensumstände, in denen sie sinnvoll ein-gesetzt werden kann. Die Eltern wirken daraufhin, dass ein Beziehungsgefüge entsteht, in dem einerseits die Eigenverantwortung der jungen Leute, anderer-seits die Erfahrung der Älteren sich zu einem guten Ganzen verbinden. Das ist sicher schwierig, aber es ist der einzig wahrhaft humane Bildungs-Weg.

Wenden wir uns nun Gott zu. Er hat die Schöpfung einschließlich aller Menschen ins Dasein gerufen aus einer Liebe heraus, die in der Einbeziehung dieser Geschöpfe in seine dreieine Lebensfülle ihr Ziel haben soll. Das ist das, was er für die Welt „vorsieht". Davon zu unterscheiden ist sein Weg zu diesem Ende. Er ist, will Gott sich nicht selber untreu werden, eine Weise der Liebe. Zur Liebe gehört es wesentlich, den anderen, den Geliebten nicht zu vereinnahmen, sondern „sein" zu lassen als den, der er ist (also u. a. auch in seiner Freiheit), und sich ihm als solchen zu einen. Das bedeutet, dass Gott weder absolut deterministisch die Welt ordnen kann noch dass er mit Gewalt seine Pläne durchboxt. Er wird die Freiheit der Menschen bis ins Letzte achten und wahren, zugleich sie in einen Gesamtzusammenhang stellen, der schlussendlich, auf die Gesamtgeschichte gesehen, die selige Gemeinschaft mit Gott bewirkt, so nur der Mensch keinen exklusiven Widerstand gegen Gott setzt. Dabei ist noch einmal offen, ob dies tatsächlich möglich ist (vgl. dazu Kap. 24). Nach christlichem Verständnis ist es der Heilige Geist, der in diese Richtung sein Heilswerk in der Welt wirkt (vgl. Kap. 17). Gottes Allmacht ist also nicht absolutistisch zu verstehen, sondern als Weise der Beziehung zu den Geschöpfen.

Freiheit und Vorbestimmung

Damit aber sind auch die Menschen als freie Wesen aktiv in den Vollzug der Vorsehung eingebunden. Ihr Bittgebet hat als Grundmelodie das Ansuchen um Erkenntnis und Vollzug des göttlichen Willens. Ihr sittliches Handeln geht darauf aus, dass sein Wille geschehe (Vaterunser). Das schließt nicht aus, dass angesichts der jeweiligen Umstände der Glaube schrecklich angefochten wird, darin tatsächliche Für-Sorge Gottes zu erblicken (vgl. Kap. 8). Im Blick auf das Schicksal Jesu mag sich der Pfad der Hoffnung als Zugang zu ihr gleichwohl zu öffnen. Vorsehungsglaube ist nicht fatalistisch und passivisch, sondern die humanste Form der Aktivität, die wir haben.

11. Wer war Jesus?

Verstümmelter Christus, David Alfaro Siqueiros, 1963
(Monumenti Musei e Gallerie Pontificie, Città del Vaticano)

W ir sind nun endgültig und schon wieder seit etlicher Zeit im neuen Jahrhundert und Jahrtausend angelangt. Und überaus weite Teile der Welt haben das neue Millennium, die 2, die nun auf dem Kalender als erste erscheint, schäumend gefeiert. Wenig kann deutlicher die Bedeutung des Christentums veranschaulichen als diese Tatsache. Von einer verachteten, am Rand der politischen und wirtschaftlichen Machtzentren vegetierenden, des Aberglaubens verdächtigten Minderheit ist es zu einer beherrschenden Weltreligion geworden, zu der sich gut zwei Milliarden Leute, ein Drittel der Menschheit, bekennen. Viel mehr aber noch haben den christlichen Kalender übernommen, der auf die Geburt Jesu von Nazaret, angesetzt auf das Jahr 1, zurückgerechnet ist. Wir wissen längst, dass die zugrundeliegende Chronologie historisch nicht exakt ist, sondern auf einem Rechenfehler des Dionysius Exiguus, eines skythischen Mönches im kirchlichen Altertum, beruht, aber das ist für den Kern des Gedankens belanglos. Angelpunkt unserer Zeitrechnung ist jedenfalls eine Persönlichkeit, die eine kaum glaubliche Wirkungsgeschichte erzeugt hat.

> Jesus von Nazaret – ob bejaht oder umstritten – bleibt auch für Schriftsteller der Gegenwart ein Archetyp unangepasster, rebellischer, provokativer Humanität, eine Berufungsinstanz, mit der die Diskrepanz von topischem Ideal und miserabler Realität schonungslos aufgedeckt und von der her die politische, soziale und gesellschaftliche Verwirklichung des Versprochenen eingeklagt wird. Ich fand: Wenn es einen Topos der literarischen Auseinandersetzung mit Jesus bei Schriftstellern unserer Zeit gibt, dann den der Schonung Jesu, was im Klartext heißt: Bei aller oft noch so bitteren Kirchen- und Religionskritik – Jesus selbst wird in den allermeisten Fällen von der Kritik ausgespart, milde geschont, ja selbst oft zum schärfsten Kritiker einer Kirche und Gesellschaft, die sich ihrer Legitimation von ihm her allzu sicher weiß.
>
> Karl Josef Kuschel, Im Spiegel der Dichter. Mensch, Gott und Jesus in der Literatur des 20. Jahrhunderts, 2000, 305f.

Vom Verbrecher zum Gott

Man kann sie einfach an zwei Daten festmachen. Am 14. Nisan des Jahres 30 unserer Zeitrechnung (zur historischen Seite später!) starb aufgrund eines Urteils im Namen des römischen Kaisers Tiberius ein etwa dreißigjähriger Mann durch das Kreuz wegen Rebellion gegen die Staatsmacht. Dahinter standen Machenschaften der Führer seines Volkes Israel, die in ihm einen Gotteslästerer erblickten. Am 19. Juni 325 wurde eben dieser junge Mann unter Vorsitz Kaiser Konstantins, des fernen Nachfolgers jenes Tiberius, als *wesensgleich mit Gott*, als Gott also, proklamiert. Spätestens seit diesem Ereignis ist die Debatte der Menschen nicht mehr zur Ruhe gekommen. Sie dauert, wie K. J. Kuschel, einer der besten Kenner der deutschen zeitgenössischen Literatur, belegt (Kastentext), zur Stunde an. Auch wenn viele Medien im Moment wenig übrig haben für die Christen, mit Jesus dem Christus befassen sie sich wieder und wieder. Immer geht es um die Frage, die erstmals die Zeitgenossen aufwarfen: „Was ist das für ein Mensch?" (Mk 4,41)

In den letzten 2000 Jahren sind eine Menge Antworten gegeben worden. Sie gehen oft in verschiedene Richtungen. Jede Zeit hat ihr eigenes Jesus-Bild entwickelt – ein Blick in eine Kunstgeschichte zeigt es: Was ist für ein Unterschied zwischen dem königlichen Christus der Romanik und dem schmerzzerfurchten Antlitz des Gekreuzigten in der Gotik! Möglicherweise hat sogar jeder Mensch, so er sich nur mit dem Mann aus Nazaret abgibt, seine eigene Vorstellung. Wer aber war er wirklich? Das ist eine der problematischsten historischen Fragen, die einer stellen kann.

Lebensdaten

Aus historisch verlässlichen Quellen wissen wir kaum etwas über ihn. Er lebte, wie angedeutet, im hintersten Winkel der Welt seiner Epoche, von der kaum einer Notiz nahm. Die wenigen Zeugnisse der nichtchristlichen Chronisten sind mit aller Wahrscheinlichkeit größtenteils von den Mitteilungen seiner Anhänger abgeschrieben. Diese hinwiederum hatten kein gesteigertes Interesse an einer Biographie. Sie waren wie geblendet von jenem Ereignis, das wir Ostern nennen; ihm gegenüber waren alle anderen Vorkommnisse uninteressant, genauer: nur insoweit interessant, als sie darauf hin zu deuten waren. Im Wesentlichen sind wir also auf *die vier Evangelien* angewiesen, von denen hinwiederum keine sehr genauen Auskünfte zu erwarten sind, weil sie solche gar nicht bieten wollen. So sicher es ist, dass er eine historische Persönlichkeit gewesen ist, so unsicher sind alle Daten, in deren Rahmen sie zu orten ist.

Es sind ohnehin wenige. Vermutlich wurde Jesus während der Herrschaft des Königs Herodes I. zwischen 6 und 4 vor der Zeitrechnung geboren. Nach langen Berufsjahren in seiner Heimatstadt Nazaret als Bautechniker trat er mit etwa 30 Jahren als Wanderrabbi in der Öffentlichkeit Palästinas auf. Der Inhalt seiner Verkündigung lautet: *Die Gottesherrschaft ist nahe!* Als Erweis dafür hat er offensichtlich Wunderheilungen vorgenommen. Etwa 20 Geschichten stehen in den Evangelien (vgl. Kap. 12). Er bildete eine Gemeinschaft von Jüngern um sich. Aus diesen erwählte er eine Zwölfergruppe als engste Schüler, die ihn ständig begleiteten. *Nachfolge Jesu* wird später zum Unterscheidungsmerkmal derer, die sich von seiner Predigt gefesselt wussten. Diese stellt die unbedingte, verzeihende Liebe Gottes heraus. Die ihrer teilhaft werden, müssen selber liebende Menschen werden. Die Gottes- und die Nächstenliebe werden zum Zentrum der ethischen Botschaft Jesu. Nach anfänglicher Begeisterung wenden sich die Leute bald von ihm ab. Es kommt zur geschilderten Katastrophe der Exekution.

Sein Ende ist Beginn

Das ist die Kurzbiographie Jesu von Nazaret. Wäre mehr nicht zu vermelden, wäre absolut unverständlich, dass sich bis zu dieser Stunde so großes Interesse an ihn bindet. Es ist aber das Entscheidende erst zu sagen. Die völlig enttäuschten und demoralisierten ersten Anhänger (Kreuzigung ist Gottesfluch: vgl. Kap. 8) machen die umstürzende Erfahrung, dass dieser Hingerichtete nach wenigen Tagen sich als der Lebende erweist. Als einige Frauen aus seiner Gefolgschaft am Ostermorgen die wegen der Festtagsruhe unterbrochenen Beisetzungsriten nachholen wollen, entdecken sie: Das Grab ist leer. Wieso es leer ist, wird ihnen schnell klar, als sie Jesus mit einem Male begegnen. Er ist zwar geheimnisvoll anders als vordem, aber augenscheinlich lebendiger Mensch, der essen und trinken und angefasst werden kann. Zugleich erscheint er als der, der jetzt und für ewig ganz bei Gott ist. *Himmelfahrt* und *Erhöhung* sind die Worte, die das bezeugen wollen (Kap. 13). Die Zeugen dieser unvordenklichen Lebensform Jesu sind so beeindruckt davon, dass sie hinfort ihre ganze Existenz in den Dienst der Verkündigung dieses Erlebens stellen. Etwa sieben Wochen später, am Pfingstfest, gesellen sich die ersten Leute ihnen zu, die Jesus selber nicht mehr gekannt hatten. Die Kirche entsteht, die Religion *Christentum* macht sich auf den Weg. Mit dem Ende Jesu fängt seine Geschichte an.

Theologische Deutung

Natürlich drängte es immer wieder die Menschen, diese Erfahrung auf den Begriff zu bringen, sie sich einsichtig werden zu lassen. Einer der frühesten Begriffe ist das griechische Wort *christos*, das die Übersetzung des hebräischen *Messias*, der Gesalbte, darstellt. Messias war die von den Juden erwartete endzeitliche Figur, die die Erlösung bringen sollte. Bald wird *Jesus Christus* zum stehenden Namen des Mannes aus Nazaret. Am Ende dieser Verdeutlichungsversuche stehen die altchristlichen Kirchenversammlungen. In Nikaia wird der entscheidende Satz gesagt: Er ist „Gott von Gott, Licht vom Licht, wahrer Gott vom wahren Gott, gezeugt, nicht geschaffen, *eines Wesens mit dem Vater*" (Credo). Ein reichliches Jahrhundert später sichert das Konzil von Chalkedon (451) die wahre Menschheit: Er ist *„gleichwesentlich mit dem Vater* der Gottheit nach und *gleichwesentlich mit uns* der Menschheit nach".

Wer sich dazu bekennt, ist Christ und in seiner Existenz auf Zeit und Ewigkeit in das Schicksal Jesu des Christus einbezogen. Die Christen antworten auf die Frage, wer Jesus war: „Er *ist* unser Heil!"

12. Wunderglaube oder wunderlicher Glaube?

Christus erweckt die Tochter des Jairus, ca. 1320
(Erlöserkirche Chora, Istanbul)

B ild und Text konfrontieren uns mit zwei der vielen Wunder, die laut Evangelium Jesus gewirkt hat – die Totenerweckung eines jungen Mädchens in byzantinischer Deutung, die wunderbare Brotvermehrung nach dem Roman des Literaturnobelpreisträgers von 1998. Man darf getrost annehmen, dass Theodoros Metochites, hoher kaiserlicher Beamter um die Wende zum 14. Jahrhundert im Goldenen Byzanz und Stifter der heutigen Chora-Kirche, keine Probleme hatte mit der Historizität und historischen Realität der erstaunlichen Tat Jesu. Dass sie der Portugiese des 20. Jahrhunderts hat, entnehmen wir seinem Text: „Er ist ein Magier", sagen einige. Auf welche Seite müssen sich Christen im 21. Jahrhundert schlagen?

Da nahm er die sechs Brote, die sie mitgebracht hatten, brach ein jedes in zwei Hälften, reichte sie den Begleitern, tat ein gleiches mit den sechs Fischen, wobei er ein Brot und einen Fisch für sich behielt. Folgt mir, sprach er, und tut, was ich tue. Wir wissen, was er tat, nie aber werden wir erfahren, wie er es vollbrachte. Er schritt von einem zum anderen, brach das Brot und den Fisch, doch jeder fasste einen Fisch und ein ganzes Brot. Gleiches taten Maria von Magdala und die vier, und wo sie vorbeikamen, war es, als striche ein gütiger Wind über das Kornfeld, höbe eine um die andere alle gefallenen Ähren auf, mit lautem Blattrauschen, und das waren die hier kauenden und die Dank sagenden Münder. Er ist der Messias, sagten einige. Er ist ein Magier, sagten andere, doch niemandem hier fiel ein zu fragen, Bist du der Sohn Gottes? Und Jesus sprach zu allen: Wer Ohren hat, der höre, wenn ihr nicht teilt, werdet ihr nicht vervielfachen.
José Saramago, Das Evangelium nach Jesus Christus. Roman, 1991, dt. 1998, 413.

Der biblische Befund

Wundergeschichten laufen in der Zeit Jesu mengenweise um – in Rom, in Griechenland, im Orient. Immer zeigen sich in ihnen Gott oder Götter am Werk. Sie greifen in unerwarteter Weise in die Normalabläufe ein, halten sie auf, verändern sie, bringen Neues hervor. Dadurch werden die Menschen zur Entscheidung veranlasst: Sie *glauben* an den Eingriff übernatürlicher Gewalten, *oder* sie tun das *nicht*. Insofern sind sie uns Heutigen verwandt. Gleiches begegnet uns im Neuen Testament. Auch da behalten sich die Zeugen ihre persönliche Haltung gegenüber den Phänomenen vor.

Jedenfalls werden sie laut Evangelien erstaunlicher Taten Jesu ansichtig, die sie erst einmal in ihr Weltbild einordnen: Er ist Exorzist, der Dämonen aus

Besessenen austreibt; er heilt Kranke und erweckt Gestorbene zum Leben; er tritt als der große Geber auf (Brotvermehrung, reicher Fischzug, Weinwunder in Kana); er rettet aus verzweifelten Situationen (Stillung des Sturmes und Wandeln auf dem See). Erstaunlicher noch ist, dass er mit diesen Aktivitäten immer von sich weg weist. Er versteht sich nicht als der beifallhaschende Menschheitsbeglücker, sondern will mit ihnen stets auf jene Gottesherrschaft verweisen, die der Inhalt seiner Predigt ist. Charakteristisch ist seine Antwort auf die Frage der Johannesjünger, ob er der Messias, der Gesandte Gottes, sei: „Geht und berichtet dem Johannes, was ihr gesehen und gehört habt: Blinde sehen wieder, und Lahme gehen; Aussätzige werden rein, und Taube hören; Tote werden erweckt, und den Armen wird das Evangelium verkündet" (Lk 7,18–23). Jesus ruft die beiden Männer nicht bloß zum Gebrauch ihrer Sinnesorgane auf; er appelliert an ihre innere Einsicht. Dass die Herrschaft Gottes *Licht* ist, zeigt die Blindenheilung; dass sie *Leben* ist, die Brotvermehrung wie die Totenerweckungen; dass sie *Weg* zum Ziel ist, die Entkrüppelung der Gelähmten. Ganz knapp darf man sagen: Die Wunder bilden selbst einen Teil der jesuanischen Verkündigung. Sie sind nicht anders als seine Worte auf das eine gerichtet: Gottes Herrschaft ist gekommen … und sie ist in Jesus gekommen. Denn im Gegensatz zu den außerbiblischen Wundererzählungen zeigt sich in den neutestamentlichen Geschichten niemals ein vom Propheten unterschiedener Gott als Bewirker des Wunders, sondern der Wundertäter ist der Mann aus Nazaret. Muss er dann nicht selber Gott sein?

Unsere Deutung wird durch die Evangelien bestätigt. Jeder der Autoren hat seine eigene Interpretation der überlieferten Erzählungen, die im Dienst der Grundaussageabsicht seiner Schrift steht. Markus schreibt den Christen, die früher Heiden waren und denen Wundergeschichten, wie erwähnt, vertraut sind. Sein Ziel ist es, die Gottessohnschaft Jesu darzulegen – und die Wunder sind der beste Beleg dafür. Dementsprechend füllen sie, rechnet man die Passionsgeschichten weg, rund dreißig Prozent seines Werkes. Lukas hingegen zeichnet den Herrn als Anwalt der Menschen, vornehmlich der Randexistenzen, wie es Arme und Kranke sind, und damit als den endzeitlichen Propheten Gottes. Heilungen und Gabenwunder (Lukas allein berichtet vom reichen Fischfang) sind also im Vordergrund des dritten Evangeliums.

Sind die Wunder Jesu historisch?

Das ist sicherlich die Frage, die uns am meisten am Herzen liegt. War es so, wie es geschrieben steht? Der Mensch der Gegenwart ist skeptisch. Auch wer an sich aufnahmebereit fürs Übernatürliche ist, muss eingestehen, dass dessen Raum immer enger geworden ist. Viele Gesundungsprozesse, die Mediziner früher für unmöglich gehalten haben, sind jetzt durch und durch erklärbar, also ganz und gar nicht ver-*wunder*-lich. Wir sind auch in hohem Maß (und noch lange nicht erschöpfend) aufgeklärt über die engen Verknüpfungen zwischen seelischen (psychischen) und körperlichen Vorgängen. So lassen sich die Phänomene der Besessenheit deuten als Epilepsie; die „Fallsucht" aber ist sehr oft psychisch bedingt und ausgelöst. Beachtenswert ist, dass nach den Berichten der Evangelien Jesus als eigentlich wirkkräftigen Impuls der Heilungen den *Glauben* der Kranken anspricht. Dass der Glaube therapeutisch wirkt, hat keine Analogie in den außerneutestamentlichen Wundergeschichten. Den Hilfesuchenden kommt also selbst die Kraft der Heilung zu; Jesus befreit sie lediglich zu sich selber und ihren Fähigkeiten. Das aber entspricht vollkommen den medizinischen Erkenntnissen, wonach nicht selten psychisch veranlasste körperliche Leiden von selbst aufhören, wenn der Mensch jenes Ur- und Grundvertrauen findet, das auch die Basishaltung des Glaubens (Kap. 1; zum Ganzen vor allem Kap. 51) ist. Noch ein anderes Moment ist für eine Antwort auf die Frage des Abschnittstitels in Rechnung zu stellen: So sehr schon im Neuen Testament selber die Wunder symbolische Wertstellung besitzen als Hinweis auf das Gottesreich, so sehr sind sie doch ebenso einbezogen in die soziale und individuelle Not der Menschen, denen geholfen wird. Sie bringen stets Hilfe in einer mehr oder minder ausweglosen Lage und sind so ein Protest gegen das Leid und Leiden in der Welt. Freilich wird er nicht auf sozialer oder politischer Ebene erhoben, sondern im Blick auf die Vollendung der Geschichte in Gott. So, wie es ist, *darf* es nicht sein; und wenn Gott herrscht, *wird* es so nicht mehr sein. Dafür verbürgt sich Jesus mit seiner ganzen Existenz einschließlich seines Lebensopfers am Kreuz.

Bedenkt man diese beiden mit dem historischen Dasein des Nazareners unbezweifelt verbundenen Momente, dann kommt man nicht darum herum, die Historizität, die Tatsächlichkeit der Wunder Jesu prinzipiell anzuerkennen. Ja, er hat Ereignisse gewirkt, die gegen jede normale Erwartung waren, und er hat ihnen einen religiösen Sinn gegeben. Wer das gänzlich in Abrede stellt, versperrt sich selber den Zugang zu seiner Persönlichkeit. Das Ja zu Jesu Wundern kann freilich nur grundsätzlich sein. So sicher sie in der Substanz geschichtlich sind, so gewiss ist vieles an den konkreten Erzählmomenten ungeschichtlich. Wir sahen bereits, dass ihre Überlieferung von Anbeginn Deutungsvorgängen unterlag. Auch hier ist die Gegenprobe für die Stimmigkeit dieser Behauptung leicht zu machen. Ein Blick in eine Evangeliensynopse (Nebeneinanderstellung der Parallelen) verrät: Hinsichtlich des gleichen Ereignisses existieren unterschiedliche und nicht immer harmonisierbare Berichte.

Das Ja auf die obige Frage muss also ein bedingtes Ja sein. Die Bedingung aber ist wiederum die Person Jesu. Schon zu Lebzeiten erfuhren seine Wunder, wie bereits erhoben, gegensätzliche Beurteilung. Die einen Menschen waren begeistert, die anderen lehnten ihn wegen eben dieser Dinge entschieden ab. Die Wunder zwingen also niemanden. Die Entscheidung ist vielmehr bedingt durch den Glauben, den jemand gegenüber der Botschaft des Mannes aus Nazaret hat oder nicht aufbringt. Im letzten Fall bringen Wundertaten nichts, im ersten sind sie stärkend, aber nicht entscheidend. Im Neuen Testament gibt es nicht allein die Wunderberichte, sondern auch die Figur des Paulus (Kap. 16). Er war ein Charismatiker, aber konnte nicht einmal sein eigenes Leiden loswerden, obschon er inständig Gott darum gebeten hatte. Ihm blieb nur die Auskunft: „Meine Gnade ist genug, denn meine Kraft ist in den Kranken (Schwachen) mächtig." Und Paulus zieht Bilanz: „Deswegen bejahe ich meine Ohnmacht, alle Misshandlungen und Nöte, Verfolgungen und Ängste, die ich für Christus ertrage; denn wenn ich schwach bin, dann bin ich stark" (2 Kor 12,9f). Ich halte die Bilanz für ein großes Wunder Gottes, das er an Paulus gewirkt hat, der doch so gern auch seine Krankheit losgeworden wäre …

13. „Auferstanden von den Toten"

Gang nach Emmaus, Karl Schmidt-Rottluff, 1918
(Ulmer Museum)

Wenn wir etwas als vollkommen gewiss, als unumstößlich, als absolut zutreffend bezeichnen wollen, sagen wir: Das ist todsicher! Denn der Tod ist das denkbar Sichere, das Definitive schlechthin. Seit jenem Ostermorgen können Christenmenschen diesen Satz eigentlich nicht mehr in den Mund nehmen. Nicht einmal der Tod ist sicher, denn eine beeindruckende Schar von Leuten hat in den dreißiger Jahren des ersten Jahrhunderts eine unauslöschliche, lebenswendende Erfahrung vom Gegenteil zu Protokoll gegeben. Einer der wichtigsten Zeugen namens Paulus von Tarsus (Kap. 16) schrieb zwischen 53 und 55: „Ich habe euch überliefert, was auch ich empfangen habe: Christus ist für unsere Sünden gestorben, gemäß der Schrift, und ist begraben worden. Er ist am dritten Tag auferweckt worden, gemäß der Schrift, und erschien dem Kephas, dann den Zwölf." Solche „Erscheinungen" hatten auch andere, Jakobus, die übrigen Apostel, einmal sogar 500 Männer gleichzeitig, die man noch befragen konnte, da fast alle noch lebten. Der Autor selber, „Missgeburt" nennt er sich, gehört ebenfalls in die Liste (1 Kor 15,3–8), die übrigens nur eine unter anderen Listen im Neuen Testament ist. Für Paulus geht es bei dem fraglichen Geschehen nicht um eine Randtradition. Klipp und klar und mit auswegloser Schärfe schreibt er ein paar Zeilen später: „Ist Christus nicht auferweckt, dann ist unsere Verkündigung leer und euer Glaube sinnlos" (V. 14). Die ganze Veranstaltung namens Christentum kann sofort geschlossen werden. Sie war die Inszenierung eines gigantischen Betrugs der Menschheit.

Mancher mag versucht sein zu sagen: Was sein muss, das muss sein.

Die Auferstehung

Etwas Ungeheures wird hier behauptet: Jesus von Nazareth, der Meister der „kleinen Schar", Jener, in dem viele den Messias gesehen hatten, und der von seinen Feinden zum Tode gebracht worden war, sei wieder zum Leben erstanden. Nicht nur so, wie ein Sokrates vor seinem Tode zu seinen Jüngern gesagt hat, seine Seele werde in einem besseren und größeren Leben weiterleben; nicht nur so, wie ein Mensch untergeht, dann aber sein Bild im Geist der Nachfahren aufleuchtet, ihnen zur Weisung wird und Geschichte bestimmt, sondern leibhaftig. Dieses zerstörte, im Tode zerbrochene Leben selbst sei wieder erwacht – freilich in einem neuen, verwandelten Zustande.

Unser Gefühl wehrt sich gegen die Glaubenszumutung. Geschieht das nicht, dann haben wir Anlass, misstrauisch zu sein und uns zu fragen, ob wir den Bericht nicht irgendwie legendenhaft nehmen. Was hier behauptet wird, ist etwas Unerhörtes, und das unmittelbare Empfinden hat sich wohl immer dagegen gewehrt.

Romano Guardini, Der Herr, 1937, [16]1997, 491f.

Selbst ein Mann wie Guardini (Kastentext) sagt doch, dass der Zweifel gegenüber der Paulusbotschaft natürlich sei, jedenfalls konsequenter als das Gegenteil. So lasst uns also weiter sagen: Etwas ist todsicher – z. B. auch, dass die Ostergeschichte doch eine Legende ist. Aber: Ist es sachgerecht, der Versuchung nachzugeben?

Was heißt Auferstehung von den Toten?

Es geht für das Christentum um alles oder nichts. So darf man hier nichts übereilen, die Zustimmung nicht, aber auch nicht die Ablehnung. Auf welcher Basis ruht der Osterglaube und mit ihm der Christenglaube wirklich? Die Antwort hängt ab von der Definition dessen, was Paulus und die anderen neutestamentlichen Schriften von Jesus bezeugen. Allererst ist festzustellen: Jesus war am Karfreitag wirklich gestorben; er war tot und wurde folgerichtig begraben. Wer wie der Islam (Kap. 43) oder manche Medien immer wieder einmal eine Scheintod-Vermutung lanciert, hat keine Ahnung von den physischen Effekten von Geißelung und Kreuzigung. Schon die erste hat kaum jemand lebendig überstanden, die Hinrichtung sicherlich niemand.

An zweiter Stelle haben wir uns vor Augen zu halten: Die wenigen Anhänger Jesu handelten nach Anschauung des Verscheidens logisch. Sie waren deprimiert, sie sahen sich als Betrogene (Gott hatte zu Jesus Nein gesagt: Kap. 11), sie schrieben die Zeit mit ihm als Verlust ab und suchten die Rückkehr ins „bürgerliche" Leben. Auf die Idee einer Todesüberwindung wären sie nie gekommen. Plastisch schildert Lukas ihre Gemütsverfassung in der Geschichte von den Emmausjüngern (24,13–35; vgl. Bild).

Alles Weitere ist vorbildlos. Menschen, ausgerechnet diese Deprimierten, werden plötzlich mit aller inneren Gewissheit gewahr: Der Tote von Golgota ist lebendig! In zwei Formeln schreiben sie die Einsicht nieder: Erst „Gott hat ihn von den Toten erweckt", dann „Er ist auferstanden". Damit wird eine Seins- und Daseinsweise umschrieben, die nicht nur ohne Vorbild, sondern darüber hinaus noch ohne Analogie ist. Die Lebens-Form Jesu ist nicht die eines Reanimierten, eines Menschen, der klinisch gestorben und dann wiederbelebt worden ist; der muss nach etlicher Zeit bekanntlich unwiderruflich dennoch sterben. Von Jesus wird das definitiv ausgeschlossen durch die Formel von der *Erhöhung* zu Gott, von der *Himmelfahrt*, vom *Sitzen zur Rechten* des Vaters – immer auf das Subjekt „der Tote vom Karfreitag" bezogen. Außerdem verhält dieser sich so, wie

74

kein Wiederbelebter es vermag; Er kommt, ohne eine Tür zu durchschreiten, in geschlossene Räume; er entzieht sich, ohne wegzugehen. So wenig dieses neue Leben augenscheinlich die schlichte Fortsetzung des alten war, so sehr war es doch echtes menschliches, leibhaftiges Leben: Der nicht mehr Tote von Golgota isst, trinkt, redet, ist „Jesus zum Anfassen" (der ungläubige Thomas erlebt genau das).

Das ist verwirrend und drängt die Frage auf die Lippen, wie man es verarbeiten können soll. Das Stichwort *Erhöhung* hilft weiter. Es setzt eine *Erniedrigung* voraus. Das „Niedere" ist, vereinfacht gesagt, die Welt, das „Hohe", auch einfach formuliert, die Sphäre Gottes („der Himmel"). Denken wir uns zwischen beiden „Zonen" eine Grenzlinie. Der Sohn Gottes, die zweite Person der Dreifaltigkeit (Kap. 7), überschreitet sie in der Menschwerdung („Weihnachten") von „oben" nach „unten", in der Erhöhung („Ostern") von „unten" nach „oben":

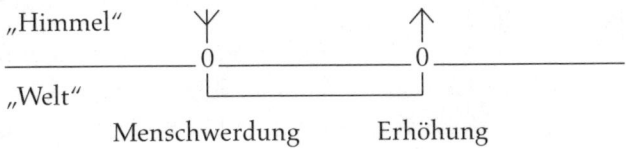

Dazwischen liegt sein irdisches Leben. Weihnachten wie Ostern sind somit *Grenzereignisse*. Weil aber Grenze eigentlich eine gedachte Linie ist, hat jemand auf dieser Linie teil an beiden Zonen, die sie trennt. Er kann also nicht nur von einer her erklärt werden. Ostern (wie Weihnachten) ist daher sowohl ein historisch-empirisches Ereignis (Subjekt ist der Mann aus Nazaret) und infolgedessen mit den dafür verfüglichen Mitteln zu analysieren wie ebenso ein transzendentes (die Empirie übersteigendes) göttliches Geschehen und daher nur mit der hierfür verfüglichen Erkenntnisweise zu erfassen. Mit anderen Worten: Man kann einen historischen Nachweis führen, aber der führt immer nur von jener Grenzlinie zu jener Grenzlinie: Er betrifft die Zeit zwischen Weihnachten (als Geburtstag Jesu) und Karfreitag (als Todesdatum). Dennoch ist er entscheidend wichtig, weil er verhindert, dass wir doch bloß einer Legende aufzusitzen Gefahr laufen. Der Fülle der Fakten allerdings wird man nur durch den Glauben inne, der für die Transzendenz allein zuständig ist, die zum Ostergeschehen wie die Empirie gehört (Kap. 1). Die Auferstehung muss man glauben – aber erst ab jener Grenzlinie. Was vorher kommt, unterliegt der kritischen Untersuchung.

Der Indizienbeweis

Der historische Beweis ist sein Indizienbeweis. Es gibt keinen Augenzeugen dessen, was am Ostermorgen passiert ist. Wir kommen bei den Recherchen nie weiter als bis zu den Texten des 1. Jahrhunderts, weil andere (z. B. archäologische) Instrumente naturgemäß fehlen, mit denen sich arbeiten ließe.

Der Beweis stützt sich auf zwei Angaben im Neuen Testament, *das leere Grab* und die uns von Paulus bekannten *Erscheinungen*. Die Anhänger des Gekreuzigten entdecken zunächst: In der Grabstätte, in die sie ihn vor nicht einmal 40 Stunden gelegt hatten, liegt kein Leichnam. Dieses Indiz hat nur schwachen Wert, weil man sich schon damals mehrere Möglichkeiten denken konnte, weshalb ein Toter aus dem Grab verschwindet. Immerhin, wäre es nicht leer gewesen, hätten die Jesusgegner leichtes Spiel gehabt. Sie haben sich nie mit dem Hinweis zu Wort gemeldet: Er liegt doch aber im Grab! Es war offensichtlich wirklich leer.

Entscheidend ist Indiz zwei. Es läuft in der Theologie unter dem Begriff *Erscheinungen*. Das Wort kann in die Irre leiten. Die Berichte lassen nicht auf bloße Visionen schließen, die rein subjektive Ein-Bildungen, Entrückungen, visuelle Eindrücke sind, erst recht nicht auf krankhafte Halluzinationen, für die die Betroffenen offensichtlich gar keine Anlagen besaßen. Es sind vielmehr Wahr-Nehmungen eines vielschichtigen Sachverhaltes, der durch mehrere Sinne (Sehen, Hören, Berühren) erfasst wird, auch wenn die Wiedergabe eigenartig tastend ist. Angesichts der Ungeheuerlichkeit des sich aufdrängenden Schlusses sollte uns das nicht wundern: Da lebt ein Toter!

Aber stimmt das wirklich und wahrhaftig? Die ersten Zeugen waren überzeugt und sie haben davon Zeugnis gegeben und Menschen überzeugt, die ihrerseits dieses Zeugnis anderen weitergegeben haben. Bis zur Stunde setzt sich dieses Geschehen machtvoll fort: Immer wieder bekennen Menschen aus ganzem Herzen und in innerster Gewissheit: Jesus lebt – und so leuchtet er heller als die Sonne (vgl. Bild).

14. Jesus-Leute I — Maria

„Kleines Kind (Tahitische Weihnacht)", Paul Gauguin, 1896
(Sammlung S. I. Schtschukin, St. Petersburg, Staatliche Eremitage)

Die Gestalt des Auferstandenen ist die Lichtquelle, die das neue Testament um unseres Heiles willen in das Zentrum unserer Aufmerksamkeit rückt. Von ihr fallen freilich helle Strahlen auch auf seine engsten Anhänger – so hell, dass auch sie licht geworden sind und fortan die Gestalt eben jenes Heiles für unsere Welt so beleuchten, wie der von der Sonne zum Glanz gebrachte Mond das in der Nacht für unsere Erde tut. In vollendeter Weise erfüllt diese Aufgabe die Gestalt der Mutter Jesu. Wenn Paul Gauguin die Geburt Christi ins ferne Haiti verlegt und Maria als Eingeborene zeichnet, will er ihre universale Bedeutung ebenso sichtbar werden lassen, wie sie Rilke in seinem Gedicht hörbar werden lässt (Bild, Kastentext). Beide sind nur zwei Deuter in einer unabsehbaren Kette, die in den ersten Generationen des Christentums anfängt und in dieser Stunde kein Ende findet. Es gibt kein Gebiet menschlicher Kommunikation, das nicht in den Dienst genommen wäre: Dichtung, bildende Kunst, Musik, Film … Vor allem im Bereich der Kirchen des Ostens und der römisch-katholischen Kirche ist eine Marienverehrung entstanden, die alle Grenzen gesprengt hat; die Reformatoren des 16. Jahrhunderts haben nicht unberechtigten Protest dagegen erhoben, sofern der Mond anstatt der Sonne als Urgestirn angesehen zu werden drohte. Sicher sind viele Äußerungen als Ausdruck der Liebe zu verstehen und nicht für die kritische Goldwaage geeignet, doch bereits der griechische Dichter Meleager warnte: „Die Liebe verzichtet auf Denken." Das Denken jedoch ist gottgeschenkt und gottgewollt; man kann darauf nicht einmal als Liebender verzichten.

> *Verkündigung*
>
> Du bist nicht näher an Gott als wir;
> wir sind ihm alle weit.
> Aber wunderbar sind dir
> die Hände benedeit.
> So reifen sie bei keiner Frau,
> so schimmernd aus dem Saum:
> ich bin der Tag, ich bin der Tau,
> du aber bist der Baum.
>
> Rainer Maria Rilke, Das Buch der Bilder, 2,1 (1906), in: Die Gedichte (Insel-Ausgabe) 1998, 355.

Wer war Maria?

Die Historiker können kurze Auskunft geben, weil sie nicht viel wissen. Den Autoren des Neuen Testamentes kommt es bekanntlich nicht so sehr darauf an zu berichten, was war, als vielmehr, was das Gewesene bedeutet für die Sinngebung des Lebens (Kap. 2). Da ist es wichtig zu wissen, dass jemand gelebt und was er gewirkt hat, aber ziemlich belanglos, wann er geboren wurde, welche Ausbildung er hatte und dergleichen. Interessieren sich also die Evangelisten schon wenig für die Lebensumstände Jesu, so noch weniger für die seiner Mutter. Aus den spärlichen Angaben lässt sich keine Biographie, allenfalls lassen sich biographische Andeutungen erstellen. Demnach ist Maria ein blutjunges Mädchen aus Nazaret in Palästina, das in einer historisch nicht ganz erklärbaren Weise mit 12 oder 14 Jahren schwanger wird. Man schreibt das Jahr 6 oder 4 vor unserer Zeitrechnung. Unter extremen Umständen bringt sie einen Sohn namens Jesus zur Welt; diese Umstände ziehen sich noch einige Jahre fort. Es folgt eine ereignislose Zeit, die endet, als der Sohn mit religiösen Hochansprüchen in die Öffentlichkeit tritt. In dieser Periode ist sein Verhältnis zur Familie einschließlich der Mutter sehr gespannt. Die Berichte der Quellen sind recht verschieden voneinander, aber fast alle erzählen, dass die Familie offenbar samt Maria ihn für verrückt gehalten hat und ihn zur Vernunft, d. h. zur Aufgabe seiner Predigttätigkeit bringen wollte. Jesus lässt sie erst gar nicht an sich heran: Seine wahren Verwandten sind die, welche Gottes Willen tun (Mk 3,20f,31–35; Mt 12,46–50; Lk 8,19–21). Wie recht die Familie hatte, zeigt sich am Ausgang der Geschichte: Maria muss ansehen, wie ihr Sohn am Kreuz verendet. Das Ostergeschehen geht augenscheinlich an ihr vorüber: Eine Erscheinung des Sohnes bei der Mutter wird jedenfalls nicht erzählt. Sie kommt nur noch einmal vor Augen: Sie zählt mit den Aposteln zu den ersten Kirchengliedern, die auf den Gottesgeist warten. Nichts erzählen die biblischen Bücher über das weitere Leben, das Ende, das Begräbnis. Erst die Jesusromane des 2. und 3. Jahrhunderts schließen die Lücken, wofür sie sich den Dank der Künstler verdient haben, die die legendarischen Züge gern verwenden. Für den Glaubenden tragen sie kaum etwas bei.

Wer ist Maria?

Entkleidet man das Marienbild des nachträglichen von ihnen aufgetragenen goldenen Hintergrunds, bleibt im ersten Moment nicht viel übrig. Doch beginnt das Bild in eigentümlichem Glanz zu strahlen, sobald man die Deutung der echten Quellen auf sich wirken lässt. Maria wird im Neuen Testament geschildert als der Mensch, der grund- und verdienstlos von Gott erwählt wird und der seine bisherigen Lebenspläne (Ehe mit Josef) daraufhin bleiben lässt, um sich ganz und gar, mit Leib und Seele Gott zur Verfügung zu stellen. „Mir geschehe, wie du gesagt hast" (Lk 1,38) ist die Grundmelodie eines ganzen Lebens. So verwirklicht sie in einer beispielhaften Weise den menschlichen Part im weltumgreifenden Dialog des Heiles: Der reinen Gnade Gottes antwortet sie in reinem Glauben. Damit übernimmt sie eine historische Rolle, die ohnegleichen und von allgemeiner Bedeutung ist: Ihr Ja ist der historische Auslöser der Erlösung durch Christus. Zugleich tritt sie in eine tiefreichende Solidarität mit allen anderen Menschen, die dem Ruf der Gnade durch den Glauben entsprechen. Schon in der Zeit der Kirchenväter bekommt sie den Titel „Schwester der Glaubenden"; er erfährt in unseren Tagen erneut Bedeutung (vgl. „Gotteslob", Nr. 783.5). In ihrer Gestalt treffen sich die großen Linien der Heilsgeschichte wie auch deren theologischer Interpretation.

Mariendogmen

Die kirchliche Lehre hat sie festgehalten in vier Glaubenssätzen oder Dogmen. Die beiden älteren stammen aus der Kirche des 1. Jahrtausends und werden von allen großen christlichen Kirchen gehalten. Die beiden letzten sind eine Frucht des 2. Jahrtausends und sind als Dogma Eigengut der katholischen Glaubensgemeinschaft; ihr Sachgehalt wird auch in den ostkirchlichen Liturgien bedacht und gefeiert.

Das Grunddogma ist die in der Schrift bezeugte *Gottesmutterschaft*. Es wurde 431 auf dem Konzil von Ephesus verkündet, um schärfer herauszuarbeiten, wer Christus ist. Ist der Mensch Jesus vom ersten Augenblick seiner Existenz Gott, wird tatsächlich *Gott* ein Mensch, dann muss man die Frau, die ihn zur Welt bringt, *Gebärerin Gottes* (so muss wörtlich der dogmatische Begriff *thoetókos* übersetzt werden) nennen. Spätestens mit dieser Definition setzt ein gewaltiger Aufschwung der Marienverehrung ein: Die ersten Kirchen werden erbaut, ein reicher Kranz von Festen wächst, Gebete an Maria werden formuliert.

Ebenfalls auf dem Boden der Bibel steht der Glaubenssatz von der *immerwährenden Jungfrauschaft* der Mutter Gottes. Er findet sich in frühen Glaubensbekenntnissen wie in den Akten des Konzils von Konstantinopel (553). Heute ist er wohl das meist bezweifelte Dogma auch für viele Katholiken. Man findet Zugang, wenn man sich vor Augen hält, dass für die Bibel Jungfräulichkeit zuerst eine *Haltung* ist, die Haltung nämlich eines Mädchens, das auf den wahren Partner ihres Lebens wartet: Deswegen *enthält* sie sich des Verkehrs mit einem Manne. Wenn der richtige Mann freilich gekommen ist, gibt sie die Enthaltung eben aufgrund ihrer Haltung auf. Bei Maria ist es nicht anders gewesen; sie wollte wie alle anderen israelischen Mädchen heiraten. Den ersten Schritt hatte sie mit der Verlobung bereits getan. Dann aber kam alles anders: Der Wahl Gottes antwortet sie in einer neuen radikalen Haltung der Hingabe an ihn ein Leben lang. Für ihre Person war eine wirkliche Ehe mit Josef damit ausgeschlossen. Die Radikalität schließt Dauer ein: *Immer* bleibt sie Jungfrau. Im Übrigen ist die von Matthäus und Lukas erwähnte ungeschlechtliche Zeugung Jesu ein Hinweis auf die Gnadenhaftigkeit des Tuns Gottes. Seine Pläne setzt er zwar nicht gegen den Willen der Menschen durch, weshalb er um Marias Ja ersucht, aber nicht aufgrund irgendeiner menschlichen Leistung.

Die Sätze von der *Unbefleckten Empfängnis* (Pius IX., 1854) und der *Aufnahme in die Herrlichkeit Gottes* (Pius XII., 1950) haben keinen direkten Anhaltspunkt im Neuen Testament, stellen aber sehr wohl eine *Radikalisierung* seiner Aussagen dar. Wenn Gott einen Menschen so vollkommen und in so einmaliger Funktion erwählt, dann liegt es nahe, dass diese Erwählung bis an die Wurzel (lat. *radix*) ihrer Existenz reicht, bis an den ersten Moment ihres Daseins (Empfängnis), und dass sie in alle Ewigkeit nicht endet, weil Gott treu ist bis zur himmlischen Erfüllung.

Vielleicht ist es im Blick auf die konkrete Geschichte des Christentums nicht überflüssig festzuhalten, dass es eine Frau war, die Gott mit einer einzigartigen Aufgabe in das Zentrum der Heilsgeschichte gestellt hat. Wollte er seiner Kirche damit sagen, wie sie mit den Schwestern Marias umzugehen hat (Näheres vgl. Kap. 26)?

15. Jesus-Leute II — Petrus

Der Fischzug des Petrus, Rembrandt, um 1653
(Paris, Louvre)

Um keine Gestalt der frühen Kirche ist so viel Streit entstanden wie um einen Mann, der heute aufgrund seiner bedenklichen Charakteranlagen es kaum schaffte, Päpstlicher Hausprälat, geschweige denn Bischof zu werden, den aber merkwürdigerweise Jesus wie keinen anderen unter seinen engsten Gefolgsleuten ausgezeichnet hat. Der evangelische Theologe U. Kühn beschreibt die Sonderstellung dieser Persönlichkeit mit treffenden Sätzen (Kastentext). Sie hat ihr in der Christentumsgeschichte denn auch eine hervorragende Beachtung und Verehrung gesichert. Seit die alten Angelsachsen um die Wende zum 8. Jahrhundert zum Grab des hl. Petrus in den Vatikan zogen, sich dort taufen und am liebsten auch begraben ließen (noch jetzt liegt unmittelbar an der römischen Peterskirche der „Campo Santo Teutonico", der deutsche Friedhof; eine Kirche der Tiberstadt nennt sich „Santo Spirito in Sassia", Hl.-Geist-Kirche am Sachsenfriedhof), ist der Pilgerstrom nach Rom nicht mehr abgeflaut; er ist nur noch nach Millionen zu zählen. Unsere germanischen Vorfahren nahmen wörtlich, was wir allenfalls noch im Witz belächeln: Weil er die Himmelsschlüssel vom Herrn bekommen hatte, wird er ganz realistisch als der Himmelspförtner gesehen, der über Einlass und Ausschluss entscheidet. Da war es übrigens auch gut, sich schon auf Erden mit den Päpsten, seinen Nachfolgern, auf guten Fuß zu stellen. Kaum jemand hat daher so viel zur herausragenden Stellung des Papsttums in der Geschichte beigetragen wie die Deutschen.

Besonders wichtig scheint nun aber die Erkenntnis zu sein, dass es in den späteren Schichten des Neuen Testaments so etwas wie ein Petrus-Bild, eine „Petrus-Typologie" gibt; das heißt: Petrus wird – über seine „historische Gestalt" hinaus – zu einem Symbol, zu einer Legitimationsgestalt, auf die man sich beruft, um die Notwendigkeit bestimmter zunehmend wichtiger kirchlicher Funktionen zu begründen. Das betrifft die Funktion der Bewahrung der apostolischen Überlieferung ... Petrus ist „Fels" zunächst als authentischer Zeuge, aber er hat auch Schlüsselgewalt im Sinne der Lehrfunktion. Dies betrifft eine gesamtkirchliche Hirtenfunktion ... Die frühe Christenheit meinte zu erkennen, dass ein solcher gesamtkirchlicher Dienst der Wille des Herrn der Kirche ist; und sie machte diesen Dienst an der Person des Petrus fest.

Ulrich Kühn, Papsttum und Petrusdienst, in: J.-A. Möhler-Institut (Hg.), Das Papstamt. Anspruch und Widerspruch, 1996, 112.

Im Banne Jesu: Umrisse eines Lebens

Eigentlich hieß er Simon Barjona, stammte aus einer Familie in Beth-saida, die wohl jüdisch war, aber sehr mit den Griechen sympathisierte: Sein Name wie der seines Bruders Andreas sind eigentlich griechisch. Er leitete einen Fischereibetrieb, der nach neuen Forschungen möglicherweise seine Produkte sogar an den Kaiserhof in Rom verkaufte. Anlässlich seiner Heirat zieht er nach Kafarnaum am See Gennesaret. Dort begegnet ihm mitten bei der Arbeit Jesus (Bild). Er macht ihm das Angebot, „Menschenfischer" zu werden. Petrus akzep-tiert, lässt alles liegen und stehen und folgt Jesus nach. Der nimmt ihn erst in den Zwölferkreis und dann (zusammen mit Jakobus und Johannes) in die besonders vertraute Dreiergruppe innerhalb dieser Schar auf. Außerdem gibt er ihm einen neuen Namen, nach dem Sprachgebrauch der Bibel ein Zeichen für eine besondere Beauftragung: *Kephas* soll er heißen, Stein (vielleicht Edelstein); daraus wird im Griechischen Petros (*petra* Fels). Er besitzt aber alles andere als einen festen Charakter. Wiederholt zeigen ihn die neutestamentlichen Schriften als feige, kleinmütig, glaubensschwach, aufbrausend, unbeherrscht, großmäulig, voreilig. Niemand wird so heftig von Jesus angefahren wie er; sogar Satan wird er geheißen. Eigentlich hat er nur eine einzige Qualifikation für seine Aufgaben. Er liebt seinen Meister über alles Maß. Das genügt diesem, um ihn für Füh-rungsaufgaben in seiner Gemeinschaft heranzubilden.

Nach dem Karfreitag ist er samt seinen Gefährten zutiefst enttäuscht und nimmt seinen Beruf wieder auf. Als ihm dann der Auferstandene ansichtig wird, gibt er zum anderen Male die Arbeit am See auf. Erst einmal sammelt er die Jün-gerschar und die anderen Jesusleute und stellt sich dann ganz in den Dienst der Gemeinde. An Pfingsten hält er eine Predigt, die alle Hörer in den Bann, drei-tausend in die Kirche zieht. Die erste große Krise kommt: Muss man als Ein-trittspreis zum Christentum dem jüdischen Gesetz (immerhin von Gott) Reve-renz erweisen, also z. B. als Mann sich beschneiden lassen, oder gibt es eine Diretissima zum Jesusheil? Nein, sagen die Jerusalemer, Ja sagt Paulus (Kap. 16). Petrus vermittelt, erwirkt auf der Gemeindeversammlung in Jerusalem um 48 einen Kompromiss und wahrt sowohl die Einheit der Gemeinde wie deren Expansionsmöglichkeiten in den ganzen Mittelmeerraum hinein. Irgendwann kommt er nach mehreren anderen Stationen in die Reichshauptstadt am Tiber. Dort stirbt er auch – der Überlieferung nach während der Verfolgung durch Kaiser Nero gegen 64 am umgekehrten Kreuz im kaiserlichen Zirkus am vatika-nischen Hügel. Im unmittelbar danebenliegenden Friedhof wird er in einem

84

Armengrab bestattet. Seit dem 4. Jahrhundert steht darüber eine prachtvolle Kirche, die im Barock durch die noch aufwändigere heutige Basilika S. *Pietro in Vaticano* ersetzt wird. Man kann hinuntersteigen in die Tiefe des römischen Bodens zu den Gräbern rund um seine letzte Ruhestätte.

Petrusdienst

Sieht man von Jesus selber und vielleicht von Paulus ab, so wird uns von keiner Persönlichkeit aus dem Blickfeld der neutestamentlichen Schriften so viel berichtet wie von Petrus. Stellt man deren schon mehrfach in diesem Werk hervorgehobene Perspektive in Rechnung, die Heilsbedeutung des Jesusgeschehens herauszumeißeln, dann muss der Umstand stutzig machen. Ganz offenkundig spiegelt sich in den Erzählungen eine Sonderstellung von höchster Bedeutung. Sie gründet sicher nicht in den menschlichen Eigenschaften jenes Mannes, sondern in der speziellen Beauftragung durch den Meister selbst. Gebündelt ist sie in dem berühmten „Felsenwort" (Mt 16,18–20), das seinerseits ausgelöst wird durch das Bekenntnis des Petrus namens der anderen Jünger: Jesus ist der Messias. Daraufhin überträgt dieser ihm besondere Vollmachten (Schlüssel), die in der Erschließung des Heilsweges für die Menschen bestehen und innerhalb dieses Auftrags innerkirchliche Verantwortung für die Einheit der Gemeinde in der Wahrheit des Glaubens einschließen (Binden und Lösen). Was ihm widerfährt, ist, ähnlich wie bei Maria (Kap. 14) und nicht anders als bei Paulus (Kap. 16), eine ganz und gar auf der Huld (Gnade) Gottes beruhende und seitens des Petrus nur im Glauben begründete Erwählung. Sie gilt nicht ihm persönlich, sondern sofern er Repräsentant der Gemeinde ist.

Wenn nun die Gemeinde über die Lebzeiten dieses Apostels bestehen bleibt, dann liegt es nahe, dass auch dessen Funktion sich fortsetzt. Denn es ist im Wesen der Kirche angelegt, dass sie zum einen den Menschen das Heil erschließen soll – alle Völker sollen Jünger werden (Mt 28,19f) –, dass sie zum anderen dazu erst dann befähigt ist, wenn sie Jesu Evangelium als die Wahrheit für die Welt vermeldet und in sich einig bleibt. Der Katalysator dieser Aufgabe aber ist im konkreten Lebensvollzug das Amt, das einst dem Petrus übertragen worden ist. Diese Konturen – und das ist das eigentlich Bedeutungsvolle daran, wie der Eingangstext von U. Kühn erläutert – sind nicht das Resultat nachträglicher Verklärung aus machttaktischen Kircheninteressen heraus; sie legen sich in der Lektüre der Quellentexte von selbst nahe.

Des Petrus Amt in der Geschichte

Ist das alles stimmig, so bleibt die Frage, wo dieses Amt heute zu finden sei. Die historische Antwort muss lauten: Im Amt des römischen Bischofs, den wir den Papst nennen. Sie hat nicht immer so gelautet. Mindestens 200 Jahre hat es nach den verfüglichen Belegen keinen Bischof am Tiber gegeben. Erst 235 ist er sicher bezeugt. Die später kursierenden „Papstlisten" für die Anfangszeit sind reine Konstruktionen. Immer aber halten die Quellen fest, dass der römischen Gemeinde als Hüterin der Gräber von Petrus und Paulus ein Vorrang in Feststellung und Sicherung der Lehre von den anderen Kirchen eingeräumt worden ist. Als sich das Papsttum ausbildet, übernimmt es selbstverständlich diese Funktionen, seit dem 5. Jahrhundert unter Berufung auf das „Felsenwort".

Über die Jahrhunderte war die Ablehnung dieses Anspruchs sozusagen das Band der Einheit zwischen den nichtkatholischen Kirchengemeinschaften und wenigstens ein Hauptgrund der Distanzierung zu „Rom". In den vergangenen Jahren ist in vielen Punkten ein Konsens über die oben angeführten Daten unter vielen Theologen aller christlichen Konfessionen (Kap. 39 und 40) entstanden. Zu ihm zählt auch die Einsicht, dass die gegenwärtige Verwirklichungsgestalt des Petrusamtes nicht unbedingt und nicht in allen Zügen der Urgestalt entspricht, dass diese also wieder und wieder anzumahnen ist. Ein Wortführer dieser Einsicht ist Johannes Paul II. Er hat gerade die Führer und Theologen der anderen Kirchen, in der Enzyklika „Ut unum sint" von 1995, aufgerufen, ihm zu helfen, eine ebenso sach- wie zeitgerechte Form des Dienstvollzuges zu finden.

16. Jesus-Leute III — Paulus

Der Apostel Paulus schreibt an die Gemeinde in Korinth.
© Sieger Köder, Wirkung. Glasfenster Heilig Geist, Ellwangen

Ohne Jesus gäbe es das Christentum nicht, ohne Paulus gäbe es das Christentum nicht mehr. So ist es berechtigt, ihn unter die „Jesus-Leute" zu listen, obwohl er Jesus zu dessen Lebzeiten nie begegnet ist. Er ist der früheste unter den Schriftstellern, die zum Neuen Testament beigetragen haben; und er ist der, welcher am nachhaltigsten für die kommende Kirchengeschichte dazu beigetragen hat. Die bedeutenden Theologen sind alle in seine Schule gegangen. Er kommt zu Wort in der Apostelgeschichte des Lukas, vor allem aber durch seine Briefe, die in den Kanon aufgenommen worden sind. Man zählt vierzehn, doch nicht alle stammen wirklich aus seiner Feder – gerade die Hälfte lässt ihm die moderne Forschung: In der Reihenfolge der neutestamentlichen Anordnung sind das der Brief an die

> Es gibt keinen, der uns einen authentischeren Einblick in das früheste Christentum vermitteln könnte, als Paulus. In seinen Briefen vernehmen wir die unmittelbare Stimme eines Apostels, mag er auch erst in der zweiten Generation vom erhöhten Christus berufen worden sein und nicht zu den Zwölfen gehören. Seine Briefe gewähren uns einen Einblick in die ersten heidenchristlichen Gemeinden, in ihre Strukturierung und Organisation, ihre Probleme und Nöte, aber auch in ihre Auseinandersetzungen, die entstanden mit der freien Aufnahme von Heiden in der Kirche, die damals noch als Bestandteil der jüdischen Synagoge galt. Die Ablösung der jungen Kirche vom Judentum und das Eintreten des Evangeliums in die Welt, die sich mit dem römischen Imperium um das Mittelmeer gruppierte, werden für uns greifbar.
>
> Joachim Gnilka, Paulus von Tarsus. Apostel und Zeuge, 1996, 7.

Römer, 2 Korintherbriefe, je ein Brief an die Gemeinden in Galatien, Philippi und der erste Thessalonicherbrief; dazu gesellt sich der entzückende kleine Brief an Philemon, gerade eine Druckseite lang, aber ein Schlüssel zum Herzen des Christen Paulus. Der Rest stammt aus der Schule des Paulus, der Hebräerbrief atmet allenfalls noch seinen Geist, hat aber unmittelbar kaum etwas mit ihm zu tun.

Was es mit diesen Briefen auf sich hat, erschauen wir gut auf dem Glasfenster des zeitgenössischen Künstler-Pfarrers Sieger Köder (Bild): Der leidzerfurchte Apostel in der Mitte ist einbezogen in das über ihm schwebende Kreuz, die Mitte und Kraftquelle seines Lebens: „Wir verkünden Christus den Gekreuzigten" (1 Kor 1,23). Er schreibt eben dieser Gemeinde, den Christen in der ziemlich sittenlosen Hafenstadt Korinth: „Es gibt Unterschiede in den Gnadengaben, aber nur einen und denselben Geist." Letztlich ist es „Gott, der alles in allem wirkt", lesen die beiden Männer links von ihm in der Fortsetzung der Stelle (1 Kor 12,4f). Sie stehen neben der zerbrochenen Säule: Die Worte des

Paulus überdauern das Ende der antiken Kultur und sind heute gleicherweise gültig: Rechts hinter Paulus sehen wir moderne Fabrikanlagen. Dass Heil und Heilen so zusammenhängen, dass es für den Apostel eine eigene Gnadengabe der Heilung gibt, bezeugt die Pflegerin ihm zur Rechten, die in seinen Brief lugt (vgl. Kap. 51).

Allen alles werden

Er hat ein sehr bewegtes Leben geführt. Würde er heute geboren, bekäme er die türkische Staatsangehörigkeit: Seine immer noch genau so heißende Heimatstadt ist Tarsus in Kilikien, ganz im Südosten des Staatsgebietes gelegen, damals eine wichtige und wohlhabende Handelsstadt. Er dürfte einige Jahre jünger als Jesus gewesen sein, Jude und zugleich vom Vater her römischer Bürger. Dieses Faktum hat ihm später großen Nutzen eingebracht. Er ist hochgebildet, spricht Griechisch und Hebräisch (Aramäisch), ist ledig (damals sehr ungewöhnlich) und gelernter Zeltmacher. Sein Hauptname ist (damals ebenfalls ungewöhnlich) Paulus; daneben hat er den nur in familiärem Kreis verwendeten Nebennamen Sha-ul, aus dem Lukas „Saulus" gemacht hat. Unser Sprichwort ist mithin falsch, dass aus einem Saulus ein Paulus werde – Paulus ist immer Saulus geblieben. Er hatte eine Schwester in Jerusalem. Dort treffen wir ihn anlässlich der Hinrichtung des christlichen Diakons Stephanus. Als guter Jude verfolgt er dessen Glaubensgenossen. *Das* Ereignis seines Lebens ist die Vision, die ihn vor den Toren von Damaskus buchstäblich aus dem Sattel wirft: Der gekreuzigte Jesus erscheint ihm als Erhöhter!

Er lässt sich taufen und beginnt ziemlich bald danach die Predigt der Botschaft des Evangeliums unter den Heiden mit der gleichen impulsiven Leidenschaft, mit der er sie bis dato bekämpft hatte. In den Auseinandersetzungen mit den konservativen und fundamentalistischen judenchristlichen Kreisen Jerusalems setzt er seine These durch, dass mit der Ankunft Jesu das mosaische Gesetz überholt ist. Man kann Christ(in) werden ohne es. Damit war die Weiche endgültig gestellt für eine weltweite Ausdehnung des Christentums und die Gefahr gebannt, dass es eine jüdische Sekte bliebe. In drei großen Missionsreisen, in denen er sich allen nur erdenklichen Gefahren durch Natur- und Menschengewalt ausgesetzt sieht, verkündet er Christus im östlichen Mittelmeerraum. In jeder Ausgabe des Neuen Testamentes ist eine Karte, auf der man die Routen eingezeichnet findet. Zu den Strapazen kamen Intrigen und Anfeindungen durch missgünstige „falsche Brüder", die ihn oft an den Rand der Erschöpfung gebracht haben. Gesund war er ohnehin nicht gerade; öfters spricht er von seinen Krankheiten. Am Ende erwirken die Feinde seine Verhaftung in Jerusalem. Nach zwei Kerkerjahren in Caesarea wird er, weil römischer Staatsbürger und daher dem kaiserlichen Gericht unterworfen, zur endgültigen Aburteilung nach Rom deportiert. Er entschwindet dem Blick der Bibel. Die Tradition weiß, dass er unter Nero vor den Mauern enthauptet und in der Nähe bestattet worden ist – dort wo sich heute die herrliche Basilika *St. Paul vor den Mauern* erhebt, nahe am Tiberufer gelegen.

Der Gerechte lebt (allein) aus dem Glauben

Es ist unmöglich, den Reichtum der paulinischen Theologie und ihre Wirkungsgeschichte in wenigen Zeilen auch nur anzudeuten. Man darf erinnern, dass der Satz der Überschrift (Röm 1,17) das auslösende Moment der Reformation des 16. Jahrhunderts gewesen ist (Kap. 21). In der Gegenwart befassen sich verstärkt auch wieder jüdische Theologen und Philosophen mit den Paulusbriefen, nicht zuletzt unter dem Aspekt, ob er jüdischer Apostel oder Apostat (vom Glauben Abgefallener) sei.

Der Schlüssel zu seinem Denken ist eine tiefe und innige Christusmystik. *„Sein in Christus"* ist das Kenn- und Leitwort seiner Existenz geworden. In der Berufungsvision hat er den Gekreuzigten vital als den Heiland und Retter erfahren, durch den Gott die Übermächte Sünde, Tod und Gesetz endgültig besiegt hat. Bis dahin konnte niemand sich ihnen entziehen – selbst das mosaische Gesetz erlebt er als Fessel. So ist das paulinische Grunderlebnis die Befreiung des Christen durch Christus zur Freiheit. Darin liegt für ihn Wesen und Wert des neuen „Weges", dadurch bestimmt sich auch seine ganz persönliche Lebenshaltung. Paulus war ein großer Beter; die Briefe enthalten mehrere wunderbare Hymnen und Texte. Beeindruckend ist der Dankgesang am Ende des Nachdenkens über sein Volk, das auserwählte jüdische Volk (Röm 11,33–36).

Es bleibt für ihn nach wie vor in der besonderen Huld Gottes, doch die befreiende Freiheit der Christus-Erlösung überschreitet alle denkbaren Grenzen. Eine wesentliche Konsequenz ist der Satz aus dem Galaterbrief: „Es gibt nicht mehr Juden und Griechen, nicht Sklaven und Freie, nicht Mann und Frau; denn ihr alle seid EINER in Christus Jesus" (4,28). Rasse, soziale Stellung und Geschlecht – in der antiken Gesellschaft und teilweise bis in die Gegenwart stets geschlossene Schranken – haben keine Bedeutung mehr. Die Sprengkraft dieser paulinischen Aussage ist von der Kirche erst in Jahrhunderten eingeholt worden; was die Geschlechterfrage angeht, noch immer nicht ganz (Kap. 26). Paulus ist immer noch zu modern …

Das kann man auch von seiner Auffassung von Kirche behaupten. Sie geht aus vom Wirken des Gottesgeistes (Kap. 17), der jedem Getauften seine unverwechselbaren, durch andere nicht ersetzbaren Gnadengaben („Charismen") zuteilt und deren Einheit selber gewährleistet. Die Paulusdarstellung S. Köders hat mit Bedacht gerade diese Lehre aufgenommen. Kirche ist Gemeinschaft, in der *jedes Glied* unersetzlich wichtig ist und daher auch eigene Würde und Autorität besitzt.

Zur Befreiungstheologie des Apostels gehört auch die berühmte Rechtfertigungslehre, mit der dieses Buch noch eigens befasst sein wird (Kap. 21). Hier sei nur darauf hingewiesen, wie erleichternd es für die Hörerinnen und Hörer der Predigt des Paulus gewesen ist, als sie vernahmen, sie müssten nicht mehr die unendlich vielen, unendlich komplizierten, unendlich beengenden Regeln um ihrer Seligkeit willen beachten, die die zeitgenössischen Gesetzeslehrer einmahnten. Diese Seligkeit ist ein unverdientes, aber auch unverdienbares Geschenk, das man erhoffen kann und darf.

Das Zentrum des Menschen wie des Theologen Paulus ist aufgrund aller dieser und noch vieler anderer Überlegungen die Liebe. Das berühmte Hohelied der Liebe (1 Kor 13) gehört zu den erhabensten Zeugnissen der Literatur- wie der Frömmigkeitsgeschichte der Menschheit. Die Summe seiner Theologie ist: „Die Liebe hört niemals auf!" (V. 8).

17. Der unbequeme Gottesgeist

Dreifaltigkeitsdarstellung in der Kirche St. Jakobus in Urschalling bei Prien,
spätes 14. Jh.: Zwischen Vater und Sohn wird der Gottesgeist
als junge Frau dargestellt.

Mehrere Bildbände über das Christentum und über die Bibel habe ich durchgeblättert. In keinem war eine einzige Darstellung des Hl. Geistes zu finden, auch nicht dort, wo es angebracht gewesen wäre, z. B. bei der Schilderung der Anfänge der Kirche. Seit eh und je haben die Theologen Pfingsten, die Herabkunft des Gottesgeistes auf die Apostel, als deren Geburtstag gesehen. Das scheint vergessen. Vor einiger Zeit fragte mich ein dreizehnjähriges Mädchen, treue Kirchenbesucherin, im Vorjahr gefirmt, was denn eigentlich an Pfingsten gefeiert werde. Das ist verständlich, denkt man daran, dass Weihnachten und Ostern immer noch mit vielen schönen Bräuchen geschmückt sind, die

> Seit den Anfängen des Christentums hat es nicht ein einziges Mal eine so radikale Veränderung in der Welt gegeben wie die, die gegenwärtig in Gang ist. Für die Kirche ist sie wichtiger als der Übergang vom Judenchristentum zum Heidenchristentum, als das Anbrechen der Konstantinischen Ära und selbst als die Reformation im 16. Jahrhundert: Die gegenwärtige Veränderung zwingt uns, tiefer zu schauen, und hinterfragt mehr, als je zuvor hinterfragt worden ist. Allein der Geist vermag neue Formen christlichen Glaubens entstehen zu lassen. Wir brauchen indes Kriterien, um die Zeichen für den wahren Geist klar erkennen zu können.
>
> José Comblin, Der Heilige Geist (1987), dt. 1988, 27f.

Kinder da auch etwas geschenkt bekommen. Beim dritten Hochfest fällt Letzteres weg, das Brauchtum beschränkt sich auf einige wenige Orte.

„Können Sie mir sagen, wer das eigentlich ist, der Heilige Geist?"

So etwa fragt in einem Roman Bruce Marshalls ein bürgerlicher Herr den Pater Malachias, den Helden des humorvollen Romans. Die Antwort ist nicht einfach. Er ist die dritte Person der göttlichen Dreieinigkeit, muss man erst einmal sagen (Kap. 7). Aber damit ist noch nicht viel gewonnen. Wir können uns leicht (wenn auch manchmal etwas leichtfertig) Gott als „Vater" und auch als „Sohn" denken, weil wir feste Bildvorstellungen physischer wie auch geistiger Art von diesen Begriffen haben. Einen Geist hingegen kann man sich nicht vorstellen; das ist nach unseren Vorstellungen geradezu sein Wesen. Die christlichen Künstler haben sich mit den Bildern von Taube und (feuriger) Zunge unter Rückgriff auf biblische Symbole beholfen – doch damit können wir wenig anfangen. Im Gegenteil, mit der Taube verbinden wir, vor allem als Städter, oft nicht gerade erhebende Gedanken.

Das Herkunftswörterbuch hilft uns ein wenig weiter. Das deutsche Wort *Geist* hat eine germanische Wurzel, die *schaudern, erschrecken, erregt sein* bedeutet. Im Lateinischen ist der (wie in unserer Sprache) maskuline Begriff *spiritus* von *spirare* abgeleitet, das *hauchen, atmen* heißt. Ähnlich ist es im Griechischen. Nur ist *pneuma* hier sächlich; die Erstbedeutung ist *Atem* oder *Hauch*. Besonders wichtig ist der Rückgriff auf die älteste Sprache der Bibel, das Hebräische. *Ruach* verbindet sich mit Vorstellungen wie *Brausen, Wehen, Sturm, Atem, leiser Windhauch*. Anders als in den anderen Sprachen ist das Wort ein Femininum. Während sich in der lateinischen und deutschen Sprache mit *Geist* wie bei *Vater* und bei *Sohn* automatisch die Vorstellung von „Mann" einstellt, hören die semitisch sprechenden Völker „Heilige Geistin". Der Idee eines mannmännlichen Gottes wird in den Anfängen (in den semitischen Sprachen) ein Riegel vorgeschoben (vgl. Bild).

Gott in uns

Wir haben uns einen Zugang erschlossen, der sich noch weiter öffnet, wenn wir den ersten Namensbestandteil der dritten Person in Gott mitbedenken: Die Benennung als *Heiliger* Geist drückt aus, dass der Gemeinte vollkommen im göttlichen Bereich, auf der Seite Gottes, in der vollen Gemeinschaft mit Gott (Vater und Sohn) existiert (vgl. Kap. 50). Mit einem Wort: Er ist Gott. Das Große Glaubensbekenntnis spricht ihm darum Qualitäten zu, die nur Gott zu Eigen sind: Er ist aus Vater und Sohn hervorgegangen, wird mit beiden (d. h. so wie die beiden) angebetet und verherrlicht, ist Träger der Offenbarung Gottes („Er hat gesprochen durch die Propheten"). Im Unterschied zu den beiden ersten göttlichen Personen ist er aber wie der Wind nicht unmittelbar zu greifen (den Sohn konnte man sogar buchstäblich anfassen, wie Thomas es tat), sondern nur in seinen Wirkungen. Diese sind sehr verschieden, manchmal sanft wie ein Zephirhauch, manchmal gewaltig und schaudererregend wie ein Orkan. *Sturm, Getöse, Bestürzung, Fassungslosigkeit* sind die Vokabeln, die die Apostelgeschichte zur Beschreibung der Wirkungen des Pfingstereignisses verwendet (Apg 2,2–7). Seine Wirkung besteht ganz offenkundig darin, dass er weniger das göttliche Gegenüber des Menschen als dessen göttliches Innen ist. Paulus konkretisiert sein Evangelium der Freiheit (Kap. 16) durch die Versicherung, der Geist mache

94

uns zu Söhnen Gottes, also so frei wie Gott es ist, indem er *in uns* bete (Röm 8,12–17). Er *erfüllt* uns, lautet eine gängige Aussage der Theologie. Das bedeutet entsprechend seinem Wesen stets, dass er in Bewegung setzt, eine unabsehbare Dynamik entfaltet. Wer sich auf den Geist einzulassen wagt, muss mit Sturm rechnen, der keinen Stein seiner Behäbigkeit auf dem anderen lässt.

Das eigentlich Erschütternde und Staunenerregende schon des ersten Pfingsten besteht darin, dass der Geist keine Exklusivgabe an handverlesene Musterchristen ist, sondern allen zuteil wird, die ins Bad der Taufe steigen. Damals sind in Jerusalem Menschen aus der ganzen Ökumene (was damals „bewohnte Erde" bedeutete) versammelt, die alle möglichen Idiome sprechen – und mit einem Male verstehen sie die Apostel im je eigenen! Für den symbolisch denkenden Erstleser ist klar: Gott hat nun die Sprachenverwirrung von Babylon beseitigt. Mehr noch: Die erste Predigt des Petrus (Kap. 15) an diesem Tage hat als Kernaussage: „Jetzt geschieht, was durch den Propheten Joël gesagt worden ist: Ich werde meinen Geist ausgießen über alles Fleisch. Eure Söhne und eure Töchter werden Propheten sein, eure jungen Männer werden Visionen haben, und eure Alten werden Träume haben. Auch über meine Knechte und Mägde werde ich von meinem Geist ausgießen in jenen Tagen und sie werden Propheten sein" (Apg 2,16–18).

Mitteilung und Gabe

Langsam kristallisiert sich heraus, weshalb die konsultierten Bücher, weshalb ebenfalls, wie hinzuzufügen ist, auch die kirchlichen Amtsinhaber lieber vom Heiligen Geist nicht so laut reden. Er hat einen demokratischen und antihierarchischen und dialogischen Zug, so scheint es ihnen, er bringt die gute Ordnung und die klaren Verhältnisse durcheinander; wenigstens tun es die, die sich auf ihn berufen, immer wieder. Es ist auch gar nicht in Abrede zu stellen, dass manchmal bloße Wirrköpfe die heiße Luft ihrer Gedanken für das Wehen des Pneumas gehalten haben. Doch die Meister des geistlichen Lebens haben schon lange ein paar Regeln zur „Unterscheidung der Geister" bereitgestellt, die Missbrauch eindämmen können. Die ignatianischen Exerzitien sind ein Instrument, mittels derer man sie einüben (exercere, *üben*) sollte. In der Tat haben sie Hunderttausende mit neuen Impulsen auf dem Weg in der Kirche zu Gott beschenkt. Wer nicht ganz dem Tiefschlaf der Bequemlichkeit verfallen ist, während dem der Geist nicht wirken kann, der ist sich bewusst: Nichts bedarf die Glaubensgemeinschaft derzeit mehr als genau jenen Mut zum Aufbruch, der stets die eigentliche Geistesgabe ist; der Text von J. Comblin, einem südamerikanischen Theologen (Kasten) macht nur noch einmal darauf aufmerksam. Dabei dreht es sich nicht um diese oder jene Kirchenkonzeption, dieses oder jenes theologische Programm. Die neutestamentliche Erfahrung, die von den Glaubenden neu und neu erlebt wird, besteht, wie an entsprechender Stelle gesagt worden ist (Kap. 7) darin, dass der Heilige Geist innerhalb der göttlichen Dreifaltigkeit die person-gewordene Liebe zwischen Vater und Sohn ist. Er ist ganz *Mitteilung* und ist ganz *Gabe*. Das ist sein ureigenes Wesen, das ihn Ausmachende. Entsprechend wurde er stets erlebt als die Einwohnung Gottes in uns, als die innerste Kraft, die den Menschen mit Gott verbindet (Mitteilung), indem sie sich dem Menschen ganz zu Eigen macht (Gabe). Gott ist für uns die Liebe, indem sein Geist uns erfüllt. Aus diesem Geist dürfen und müssen wir reden, handeln, feiern, lieben. *Wir*: Das ist jeder Getaufte – Frauen wie Männer, junge wie alte Leute, Gebil-dete wie Ungebildete. Zugleich haben wir – und das ist noch einmal jeder Getaufte ohne Rücksicht auf Rang und Namen und Stellung – die Pflicht, zu hören, was der Geist uns sagt (Offb 2,11 u. ö.). Der Heilige Geist ist sehr unbe-quem. Aber anders räumen wir nicht unsere angestammten Plätze. Ein beliebtes Wort in der Kirche lautet: „Wo kommen wir denn da hin!" Wenn die biblische Theologie vom Gottesgeist stimmt, ist in den allermeisten Fällen schlicht zu sagen: Zu Gott.

18. Zwischen Gott und dem Bösen — Der Mensch

In Erwartung, Walter Habdank, 1975. Der Künstler hat sein Bild selbst gedeutet:
„Wir selbst sind diese babylonischen Zeitgenossen, wir, du, mein Zuhörer,
du und ich. Natürlich sehen wir hier nicht besonders gut aus, keine sportliche
Erscheinungen sind wir, unvollkommen, brüchig, aus dem Lot geraten,
gewissermaßen ausgesetzt, zusammengezwängt, bedroht von der Unsicherheit
und vom Absturz, und befallen vom Gedanken an eine dunkle Todesstunde. …
Wir sehen, meine Zuhörer: Hoffende, sich sehnende Menschen."

Jedenfalls ist der Mensch ein ausgeprägter, unheilbarer Egozentriker. Sein Ego, sein Ich steht unvermeidbar im Mittelpunkt – das gilt für den Einzelnen wie für jede Gruppierung wie von der Gesamtheit der Menschen. Jeder kann die Welt immer nur bestimmen, wenn er sich selber als deren Nabel betrachtet. Schon wenn ich sage: „Rechts von mir" oder „vor mir", stelle ich mich auf eine erhabene Position, die genau genommen immer nur von mir und für mich gilt. Kein Wunder, wenn einer unversehens sich selber und die wie immer ihm verbundenen Menschen wichtiger als alles andere nimmt. So ist die Versuchung zum Stolz dem Menschen natürlicherweise zu Eigen. Aber ebenso auch die Versuchung zur Verzweiflung. Keiner kennt sich wirklich selber, erst recht kennt keiner wirklich

> Wie alle Menschen, so glaubt auch Harry recht wohl zu wissen, was der Mensch sei, und weiß es doch durchaus nicht, obschon er es, in Träumen und anderen schwer kontrollierbaren Bewusstseinszuständen, nicht selten ahnt. Möchte er diese Ahnungen nicht vergessen, möchte er sie sich doch möglichst zu eigen machen! Der Mensch ist ja keine feste und dauernde Gestaltung (dies war, trotz entgegengesetzter Ahnung ihrer Weisen, das Ideal der Antike), er ist vielmehr ein Versuch und ein Übergang, er ist nichts andres als die schmale, gefährliche Brücke zwischen Natur und Geist. Nach dem Geiste hin, zu Gott hin treibt ihn die innerste Bestimmung – nach der Natur, zur Mutter zurück zieht ihn die innigste Sehnsucht: Zwischen beiden Mächten schwankt angstvoll sein Leben.
>
> Hermann Hesse, Der Steppenwolf,
> Jubiläumsausgabe 1975, V, 68.

den Mitmenschen. Niemand weiß, einfaches Beispiel, mit genauer Sicherheit, ob sein Gesprächspartner die Farbe *rot* tatsächlich haargenau wahrnimmt (optisch und psychisch) wie er selber. Peinlicher noch wird nicht selten die Differenz der moralischen Anschauung des Ich und des Anderen. Welcher Gräuel der Mensch fähig ist, haben wir immer gewusst, jetzt müssen wir es auch in zahllosen Fernsehprogrammen anschauen. Um die eigene Schuld weiß jeder, der zu sich selber ehrlich ist. Wer immer über den Menschen nachdenkt, den überkommt mit unversehener Eile der Schwindel. Was ist der Mensch?

Im Bilde Gottes

Unerwartete Antwort liefert die Bibel: „Du hast ihn nur wenig geringer gemacht als Gott, hast ihn mit Herrlichkeit und Ehre gekrönt. Du hast ihn als Herrscher eingesetzt über das Werk deiner Hände, hast ihm alles zu Füßen gelegt" (Ps 8,6f). Unerwartet ist diese Auskunft, weil gerade die Bibel nirgendwo einen Hehl aus der tiefreichenden, fast (aber wirklich nur: fast!) konstitutiven Bosheit und Schlechtigkeit dieses Menschen macht – die ganze Rede vom Gottesheil, das sie von der ersten bis zur letzten Seite vermeldet, wäre anders absolut sinnlos. Dennoch steht sie zum unverlierbaren Wert des Menschen; der Psalmtext ist kein Ausrutscher. Die Garantiekarte steht auf den ersten Seiten der Heiligen Schrift. In feierlicher Proklamation heißt es im Buch Genesis (Übersetzung M. Buber):

> „Gott sprach: Machen wir den Menschen in unserem Bild nach unserem Gleichnis! Sie sollen schalten über das Fischvolk des Meeres, den Vogel des Himmels, das Getier, die Erde all, und alles Gerege, das auf Erden sich regt. Gott schuf den Menschen in seinem Bilde, im Bilde Gottes schuf er ihn, männlich, weiblich schuf er sie. Gott segnete sie" (Gen 1,26–28a).

Das Neue Testament liefert eine wichtige Präzisierung dieses Wortes: Ihm zufolge ist diese Qualität der Gottebenbildlichkeit vollendet verwirklicht in Jesus Christus. In ähnlich hymnischer Sprache rezitiert der Brief an die Kolosser von ihm: „Er ist das Ebenbild des unsichtbaren Gottes, der Erstgeborene der ganzen Schöpfung" (1,15; vgl. 2 Kor 4,4).

Diese beiden Stellen sind für den Entwurf des christlichen Menschenbildes die entscheidenden Konstruktionselemente. Der Mensch, und zwar der *ganze Mensch* mit allen seinen Dimensionen, Bestandteilen, Strukturen, und zwar *jeder Mensch*, gleich welcher Rasse, welchen Geschlechtes, welcher Sozialposition, welchen Alters, welchen Bildungs- und Zivilisationsstandes, besitzt eine besondere, allen anderen Erdwesen versagte Stellung gegenüber Gott. Sie ist unverlierbar; selbst im Zustand der Sünde dauert sie fort (nach dem Sündenfall wird Gen 5,1 die Garantie wiederholt). Sie besteht letzten Endes darin, dass der Mensch *Person* ist, d. h. frei und unverfügbar durch andere sein Leben gestalten darf. In dieser Tatsache sind die Menschenrechte eingeschlossen, deren Verkündigung ein herausragendes Ereignis der Neuzeit gewesen ist (Kap. 19). Dass damit keiner Beliebigkeit das Wort geredet ist, zeigt spätestens die vom Neuen Testament angesprochene Christusförmigkeit der Gottabbildung. Sie bringt eine vitale Dynamik in unsere Existenz: Jemand ist in dem Maße, in der Weise, in der Intensität Bild Gottes, in der er sich Christus gleichförmig macht, in der er, anders gesagt, in die Nachfolge Christi sich begibt. Sie wird zum eigentlichen Gehalt der Menschlichkeit.

Das unruhige Herz

Nach christlicher Auffassung ist Menschsein also ein offener Prozess. Man kann sagen: Indem der Mensch *wird*, ist er. Das erklärt den von allen Anthropologien beobachteten Durst nach der Absolutheit, das Unendlichkeitsverlangen, wie es in klassischer Weise die uralte Faust-Sage dargestellt hat, die in Goethes Dichtung ihre literarische Vollendung gefunden hat (Faust I, VV. 3240f, 3249f):

> „O dass dem Menschen nichts Vollkomm'nes wird,
> Empfind' ich nun …
> So tauml' ich von Begierde zu Genuss,
> Und im Genuss verschmacht' ich nach Begierde."

Es entspricht durchaus dem Wesen des Menschen, dass er nun sucht, wie der Doktor Faustus, die schier unendlichen Möglichkeiten, die ihm seine offene Existenz bietet, zu erkunden und zu realisieren. Gerade so aber entspricht es auch diesem Wesen, dass er, auf Unendlichkeit geschaffen, im Endlichen niemals Erfüllung findet. Augustinus, der seine Autobiographie in der Form eines Gebetes abgefasst hat, bietet die Erklärung: „Preisen will Dich der Mensch, ein kümmerlicher Abriss Deiner Schöpfung. Du selber reizest an, dass Dich zu preisen Freude ist; denn geschaffen hast Du uns zu Dir, und ruhelos ist unser Herz, bis dass es seine Ruhe hat in Dir" (Conf. I,1; Übers. J. Bernhart. Vgl. Kastentext). Diese Ruhe selber ist nicht statisches Stehen in einem Zustand. Denn Gott ist die Fülle des Lebens, die nie verlöschende Glut sich vollziehender Liebe (Kap. 7) – Gemeinschaft mit ihm kann dann nichts anderes bedeuten als Einbezogensein in diese unendliche, also kein Ende erreichende Vitalität. Himmel ist nicht bewegungslose Kontemplation, sondern Tanz der Freude (Kap. 25). Das „endlose Ende" nennt ihn denn Augustinus auf der letzten Seite seines geschichtstheologischen Buches vom „Gottesstaat". Wer da mithalten will, sollte sich schon jetzt einüben in die unabsehbare Offenheit der Möglichkeiten Gottes, indem er selber sich der Wirklichkeit unverstellt erschließt, die Haltung der Erwartung verinnerlicht (Bild).

Gottes Partner ist der ganze Mensch

Im Laufe der Geschichte des Christentums sind zwei Momente der theologischen Anthropologie ausgebildet worden, die nicht den Quellen, sondern eher der Umwelt verdankt sind. Das eine Moment ist die auf die griechische Philosophie zurückgehende Teilung des Menschen in den materiell-sexuell-abwertigen Leib und die geistig-geschlechtslos-hochgewertete Seele. Diese Rangordnung mitsamt ihrer ethischen Qualifizierung hat viel Unheil angerichtet und sehr beigetragen zum Misskredit des Christentums in weiten Kreisen heute. Man kann jedoch die Heilige Schrift mit dem Elektronenmikroskop lesen: Dualismus und Hierarchisierung in der Konstitution des Menschen wird man vergeblich dort suchen. Sie kennt zwar verschiedene Schichten oder Aspekte des Menschen, die auch u. a. als Fleisch und Seele bezeichnet werden, aber sie kennt keine sauber scheidbaren Bestand-Teile. Der Mensch ist für sie seine Ganzheit, die in Beziehung zu Gott steht, in einer Beziehung, die nicht unproblematisch ist – und zur Kennzeichnung der Problemlage führt sie diese Aspekte ein: Die Hinfälligkeit wird mit *Fleisch*, die Gottbezogenheit mit *Geist* bezeichnet. Die heutigen Erkenntnisse der Humanwissenschaften gehen in die gleiche Richtung. Der Mensch ist eine psychosomatische Einheit, eine Ganzheit, die unter verschiedener Perspektive betrachtet werden kann, ja muss, die aber niemals zerspalten werden darf (vgl. Kap. 12 und 51).

Mensch und Natur

Das zweite Moment: In der ökologischen Diskussion der letzten Jahrzehnte ist wiederholt das Menschenbild der Bibel verantwortlich für die Zerstörung der Schöpfung gemacht worden, da nach ihm der Mensch Herr über die Natur sei. Richtig ist daran, dass Naturwissenschaften und Technik erst möglich waren, seitdem die Vergöttlichung der Natur, Kennzeichen der antiken Religionen, für Christen als gegenstandslos erklärt worden war. Falsch ist jedoch, dass daraus mit Notwendigkeit die Ausbeutung der natürlichen Ressourcen erwachse. Bis ins 18. Jahrhundert galt der Gebrauch der Schöpfung als ihr gegenüber verantworteter Lobpreis Gottes. Erst die Entgöttlichung der Welt als Schöpfung (vgl. Kap. 9) hat mit dem daraus sich ergebenden Atheismus den heute als Katastrophe erkannten Umgang mit ihr angebahnt.

19. Menschenrechte — Christenrechte

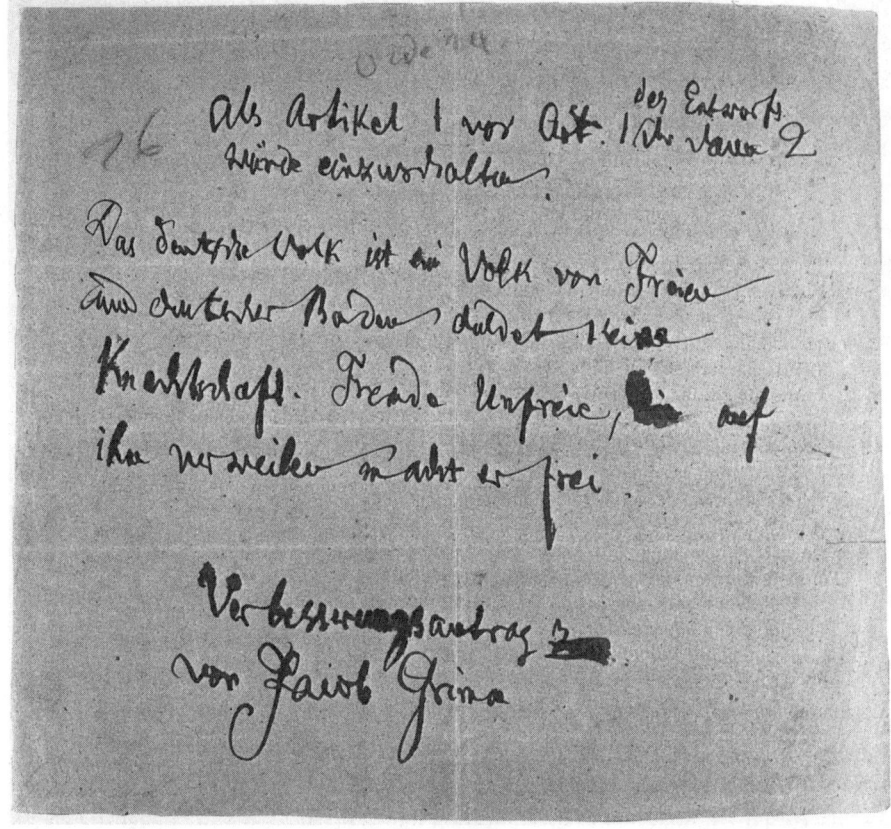

„Das deutsche Volk ist ein Volk von Freien." Jacob Grimm: Antrag zur Beratung
der Grundrechte des deutschen Volkes in der Deutschen Nationalversammlung
in der Paulskirche zu Frankfurt a. M., 1848.
(Original des Brüder Grimm-Museums in Kassel, Signatur Gr. Slg Autogr. 361)

D as 20. Jahrhundert ist wahrlich eine Schreckenszeit gewesen, wie sie in dieser Massivität ohne Vorbild in der Geschichte ist. Namen wie Hitler oder Stalin stehen für millionenfachen Mord, für unbeschreibliche Schändungen, für die Entmenschlichung des Menschen. Im Museum des ehemaligen KZ Mauthausen nahe Linz hängt ein Photo, das ausgehungerte Häftlinge am Boden liegend zeigt, wie sie sich um ein Stück Brot raufen – gierig wie die Hunde. Das 20. Jahrhundert ist aber auch eine Periode, die wie keine andere zuvor die Bedeutung der Menschenrechte erkannt und ihre weltweite Geltung angestrebt hat unter dem Einsatz aller politischen Mittel. Auch die Katholische Kirche hat sich vornehmlich durch den Mund Papst Johannes Pauls II. zur beredten Verteidigerin gemacht und kennt, wie unten gezeigt wird, einen Katalog der Christenrechte in ihrem neuen Gesetzbuch.

Die Grundrechte von Virginia (12. 06. 1776)
Artikel 1
Alle Menschen sind von Natur aus in gleicher Weise frei und unabhängig und besitzen bestimmte angeborene Rechte, … und zwar den Genuss des Lebens und der Freiheit, die Mittel zum Erwerb und Besitz des Eigentums und das Erstreben und Erlangen von Glück und Sicherheit.

Grundgesetz für die Bundesrepublik Deutschland vom 23. 05. 1949
Artikel 1
(1) Die Würde des Menschen ist unantastbar. Sie zu achten und zu schützen ist Verpflichtung aller staatlichen Gewalt.
(2) Das Deutsche Volk bekennt sich darum zu unverletzlichen und unabänderlichen Menschenrechten als Grundlage jeder menschlichen Gemeinschaft, des Friedens und der Gerechtigkeit in der Welt.

Codex des Kanonischen Rechtes vom 25.01.1983
Canon 208
Unter allen Gläubigen besteht, und zwar aufgrund ihrer Wiedergeburt in Christus, eine wahre Gleichheit in ihrer Würde und Tätigkeit, kraft der alle je nach ihrer eigenen Stellung und Aufgabe am Aufbau des Leibes Christi mitwirken.

Wahnsinn oder Rechtsgut?

Der ist ihr überhaupt nicht leicht gefallen. 1832 bezeichnete Papst Gregor XVI. in der Enzyklika „Mirari vos" noch die Lehre von der Gewissensfreiheit als „höchst pesthaften Irrtum" und als „Wahnsinn", der durch die Meinungsfreiheit gefördert werde (vgl. Kap. 20). 1983 deklariert der Codex des Kirchenrechtes

(Can. 227): „Die Laien haben das Recht, dass ihnen in Angelegenheiten des irdischen Gemeinwesens jene Freiheit zuerkannt wird, die allen Bürgern zukommt." Im Entwurf der Konstitution über die Kirche für das Erste Vatikanische Konzil stand 1870 die damals selbstverständliche Lehre: „Die Kirche ist jedoch nicht eine Gemeinschaft von Gleichgestellten, in der alle Gläubigen dieselben Rechte besäßen. Sie ist eine Gesellschaft von Ungleichen." Sie wurde damals nicht verabschiedet, weil das Konzil abgebrochen werden musste, aber Pius X. hat sie sich 1905 in einer Enzyklika amtlich zu Eigen gemacht. Was das nach dem Zweiten Vatikanischen Konzil erlassene Gesetzbuch der Kirche sagt, steht im Kastentext.

Warum dieser Wechsel der Lehre? Das Problem der Traditionsgebundenheit der Kirche zeigt sich kaum anderswo so deutlich wie gerade hier am Thema der Menschen- und Christenrechte (vgl. Kap. 3). Die Gesellschaft, in der die Kirche groß geworden war, war vom Ideal der Gottesordnung geprägt. Sie war ein statisches System von Ständen und Ämtern, das Gott selber so gewollt und gefügt hatte, das darum unabänderlich schien. Ganz oben standen der Papst und der Kaiser, die im Mittelalter ausgiebig darüber stritten, wer von beiden wirklich *ganz* oben hin gesetzt worden war. Ganz unten standen die Bauern, die zwar nichts zu sagen, aber viel zu tun hatten. Sie mussten dafür sorgen, dass Papst und Kaiser und alle anderen dazwischen genügend zu essen hatten. Sie bildeten die Beine, auf denen der Sozialkörper aufruhte.

Im Gefolge der Aufklärung wurde diese Ordnung als widernatürlich angeklagt. Die Menschen vor allem in den sich gerade bildenden Vereinigten Staaten von Amerika wie in Frankreich protestierten dagegen – und als die Autoritäten ihre Ohren verschlossen, griffen sie zur Gewalt. Die Gräuel der Französischen Revolution waren die Folge. Der Widerstand gegen die herkömmliche Gesellschaft wurde namens der allgemeinen Rechte des Menschen erhoben. Die ersten Deklarationen wie die Grundrechte von Virginia (Kastentext) und die Erklärung der Menschen- und Bürgerrechte von 1789/91 in Frankreich gerieten so in den Kontext des Umsturzes einer Gesellschaft, in der die Katholische Kirche große Privilegien und Macht besaß. Sie gingen ihr alle verloren. So ist es nicht verwunderlich, dass sie zuerst einmal dagegen war.

Es bedurfte des Infernos der zwei Weltkriege des letzten Jahrhunderts, um das Anliegen des Menschenschutzes zur Eilsache werden zu lassen. 1948 erfolgt die „Allgemeine Erklärung der Menschenrechte", 1950 wird die „Europäische Konvention zum Schutz der Menschenrechte" unterzeichnet; eine Reihe anderer nationaler und internationaler Deklarationen folgen. In den europäischen Verfassungen nach dem Zweiten Weltkrieg werden entsprechende Artikel aufgenommen; den Anfang unseres deutschen Grundgesetzes bringt der Kasten. Das kirchliche Lehramt hatte sich zum ersten Mal anlässlich der Arbeiterfrage am Ausgang des 19. Jahrhunderts mit den Menschenrechten befasst. Das Zweite Vatikanische Konzil setzt sich ausdrücklich dafür ein (Gaudium et spes 41). Der mehrfach erwähnte Codex hat im Buch II über das Gottesvolk eine Liste der „Pflichten und Rechte aller Gläubigen" (can. 208–223) sowie eigens einen Katalog von „Pflichten und Rechten der Laien" (can. 224–231). Der Vatikan ist aber nicht der Europäischen Menschenrechtskonvention beigetreten.

Modernismus oder Evangelium?

Man kann bei diesem Befund manchmal den Verdacht hören, die Kirche habe eben in einer Art Schwächeanfall der Ideologie der aufgeklärten Gegenwart nachgegeben. In Wahrheit sei und bleibe sie eine hierarchische Gesellschaft, in der es echte Gleichheit nicht geben könne. Ob er stimmt, muss von den Quellen des Glaubens her beantwortet werden. Zuvor haben wir uns klar zu werden, wovon wir sprechen: Was sind eigentlich Menschenrechte? Darunter versteht man alle jene Rechte, die dem Menschen deswegen zukommen, weil er *Mensch* ist. Sie stehen ihm durch und mit seinem Menschsein zu, sind also angeboren und unveräußerlich. Er besitzt sie mithin nicht deswegen, weil er eine bestimmte Qualität des Menschseins hat (z. B. Mann oder Weißer, Priester oder Staatspräsident ist), sondern einfach aufgrund seiner Zugehörigkeit zur Menschheit. Sie sind daher mit diesem Menschsein identisch, können nicht verloren, entzogen oder freiwillig aufgegeben werden, weil niemand es in der Hand hat, sich oder anderen abzusprechen, dass er der Menschenfamilie angehört. Daraus folgt die Würde des Menschen, die die gleiche Eigenschaft wie die Menschenrechte hat – sie ist unveräußerlich.

Natürlich ist der Begriff selber modern. Die Sache aber findet sich vielfältig in der Heiligen Schrift. Die Basis ist die Gottebenbildlichkeit des Menschen, die ebenfalls mit dem Menschsein identisch ist (Kap. 18). Konkret erweist sie sich in den biblischen Plädoyers für die Armen und Entrechteten, für die Witwen und Waisen. Das Neue Testament zeigt Jesus als Persönlichkeit, die sich der gesellschaftlichen Randgruppen intensiv annimmt und gerade ihnen den Weg zum Reich Gottes erschließen möchte. Auch die Forderung der Nächstenliebe hat zum Fundament die Gleichwertigkeit aller Menschen. Vertieft wird der Gleichheitsgedanke durch die Aufnahme des Begriffs der „Menschenfreundlichkeit (philanthropia) Gottes" aus der stoischen Humanitätsphilosophie (Tit 3,4). Menschenrechte und Menschenwürde sind also Ausfluss der Liebe Gottes selber. Man müsste mithin gewissermaßen der Bibel die Zähne ziehen, wollte man in Abrede stellen, dass es die Menschenrechte tatsächlich vom Willen Gottes her gibt und dass sie zu beachten sind. Sie sind auch Christenrechte, wobei beizufügen ist, dass wegen der Struktur der Kirche an spezifische Realisierungen zu denken ist, etwa im Bereich der Differenzierung von Klerus und Laienschaft, von Ehe und Familie, von den Rechten der Frau in der Kirche, der Aufgabenstellung der Theologie und dergleichen.

Hier stehen noch sehr viele Fragen zur Klärung an. Manche werden auch in diesem Buch diskutiert (Kap. 6, 26, 29, 34). Die Kirche muss sich Rechenschaft darüber geben, ob sie auf der Höhe der zeitgenössischen Rechtskultur befindlich ist. Fachleute beklagen beispielsweise das Fehlen einer im bürgerlichen Recht fast überall selbstverständlichen unabhängigen Verwaltungsgerichtsbarkeit. Bestehende Verfahrensordnungen entbehren im kirchlichen Bereich der Transparenz, die im säkularen Raum genau geregelt ist.

20. Gewissen

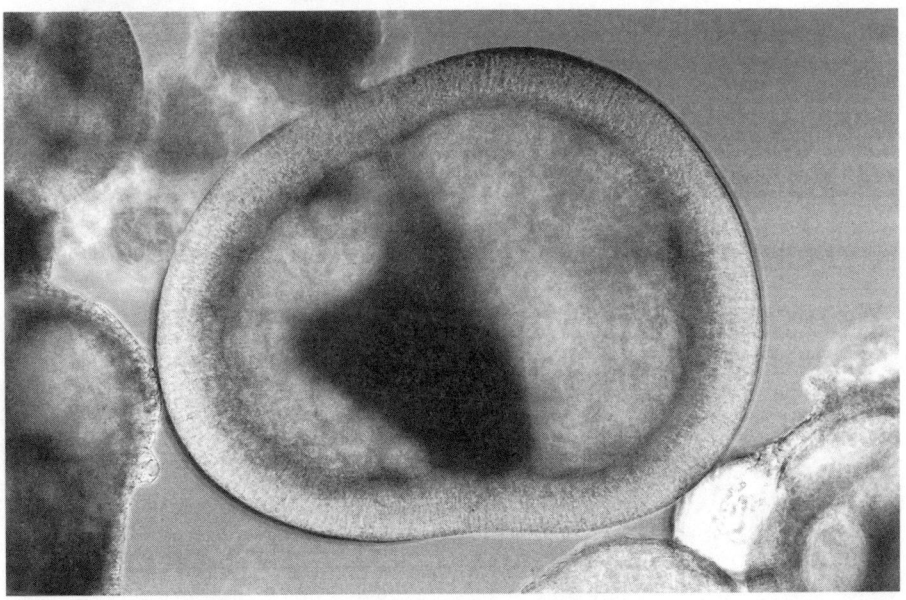

Blastozyste: Menschlicher Embryo im Frühstadium. In der Blastozyste befinden sich die embryonalen Stammzellen; sie sind noch undifferenziert und können sich in jedes der 210 verschiedenen Körpergewebe entwickeln. Seit dem Beginn des 21. Jahrhunderts wird diskutiert, ob zur Gewinnung von Stammzellen zu therapeutischen Zwecken Embryonen getötet werden dürfen.

W enn ältere Leute der guten, alten Zeit nachtrauern, dann eigentlich nicht, weil es ihnen persönlich besser gegangen wäre, sondern weil früher die Welt überschaubar, die Entscheidung vorgegeben, die Ausführung leicht, die Befindlichkeit berechenbar schien. Inzwischen explodiert das materielle Wissen, die technischen Möglichkeiten wachsen ins nahezu Unermessliche, vom Individuum werden immer öfter Entscheidungen abverlangt, die es überfordern. Im Bereich von Sexualität und Fortpflanzung (Bild) sind wegen der explodierenden Forschungserfolge im genbiologischen und gentechnischen Bereich bereits heute, und morgen werden es unabsehbar mehr sein, vom Einzelnen Urteile über Wohl und

> Dass sich immer häufiger die Befürworter der neuen Biologie durchsetzen, hat sich erst Mitte Januar bestätigt: In aller Stille gewährte das britische Patentamt zwei Patente auf jene Technik, mit der das Schaf Dolly geklont worden ist. Das Schutzrecht bezieht sich keineswegs nur auf tierische Zellen. Vielmehr schließt es ausdrücklich menschliche Embryonen ein, und zwar bis zu einem Stadium von ungefähr 140 Zellen. „Erstmals hat die Regierung eines Landes erklärt, dass ein Mensch, der durch den Prozess des Klonens entstanden ist, in der früheren Phase seiner Entwicklung von einem Patentamt als Erfindung anzusehen ist", wettert der amerikanische Gentechnik-Gegner Jeremy Rifkin.
>
> Der Spiegel, Nr. 9/28.02.2000, 209.

Wehe anderer gefordert, die generationenlang Folgen haben werden (Kastentext). Hilfen von außen sind immer weniger zu erwarten. Die alten ethischen Maßstäbe sind nicht auf die neuen Herausforderungen geeicht und die Ethiker werden ratloser und ratloser, wenn sie zeitgerechte produzieren sollen. Genetische Eingriffe beispielsweise machen zu Recht vielen Angst, aber sie können Menschen zur Gesundheit in bislang nicht möglicher Weise helfen. Wie verhält sich das Recht auf Heilung kranken zum Schutz des Rechtes von noch ungeborenem Leben? Was ist erlaubt, was nicht – was geht in diesem Falle und was geht nicht? In dieser Situation bekommt die alte Lehre vom Gewissen eine nie gekannte Aktualität.

Gewissen ermöglicht Verantwortung

Der Ursprung des Begriffs *Gewissen* ist nicht in der Bibel zu suchen. Das Erste Testament kennt überhaupt kein entsprechendes Wort; für die Sache steht meist *Herz*. Das Neue Testament hat das Wort in den späten Textschichten, aber es ist aus dem Denken der Griechen entnommen. Es lautet *syneidesis* und ist in ihrer Sprache ebenso wie das lateinische *conscientia*, das deutsche *Gewissen* und alle Ableitungen in den europäischen Sprachen gebildet. Es besteht aus einem Bestandteil, der *mit* (griech. *syn*, lat. *cum*, ursprünglich dt. *ge-*) heißt, und einem anderen, der von *Wissen* kommt. *Ge-Wissen* ist also von der Herkunft her ein inneres Wissen, eine im Sein des Menschen angelegte Bewusstheit, die *mit* der äußeren Erfahrung zusammen besteht. Sie ruht immer in einem theologischen oder philosophischen Zusammenhang unter anthropologischer Reflexion. Der Mensch erfährt sich als ein Geschöpf, das ein intimes Wissen um den sittlichen Anspruch der Wirklichkeit hat: Das Gute muss ich tun, das Böse lassen. Das Gewissen ist darum die Voraussetzung für die Verantwortlichkeit des Menschen. Es ist eine *Grundanlage* aus der ethischen Grunderfahrung heraus. In der Theologie wird sie seit Thomas von Aquin mit dem Begriff *synderesis* bezeichnet.

Davon zu unterscheiden ist die konkrete *Ausübung* der Verantwortung angesichts einer genau umschriebenen Herausforderung. In der Intensivstation eines Krankenhauses sind fünf Betten. Ein schweres Unglück passiert, acht Notfallpatienten werden zur Intensivbehandlung eingeliefert. Welche drei werden *nicht* angeschlossen und damit auf jeden Fall dem Tod überliefert? Das Urteil des Leiters aus ärztlicher Verantwortung heraus würde Thomas *conscientia* nennen. Sie ist die Anwendung der ethischen Prinzipien der *synderesis* und der praktischen Gegebenheiten auf den aktuellen Fall.

Oberste Entscheidungsnorm

Die Gewissensproblematik ist historisch entstanden aus dem Konflikt zwischen objektiven Vorschriften einerseits (in der neutestamentlichen Zeit das mosaische Gesetz, in der Zeit der Kirche die Weisung des Lehr- und Hirtenamtes), und der unmittelbaren Verantwortung eines Individuums angesichts des vorliegenden Falles andererseits. Wem muss man gehorchen, wenn die sachgerechte Lösung dieses Falles eine objektive Gesetzesübertragung unabweislich macht? Im Markusevangelium wird Jesus mit einer solchen Lage konfrontiert. Seine Jünger halten sich nicht an „die Überlieferungen der Alten", werfen ihm die israelischen Autoritäten vor. Jesus pariert den Angriff durch den Hinweis auf deren fundamentalistischen Legalismus: Sie halten sich an den Gesetzesbuchstaben, verraten aber dabei den Willen Gottes. Die sittliche Qualität hat aber als Kriterium nicht einen Buchstaben, sondern die gottbezogene oder nicht gottbezogene Haltung des zum Handeln aufgeforderten Menschen. So ist die Antwort des Herrn gemeint: „Was von außen in den Menschen hineinkommt, (kann) ihn nicht unrein machen. Denn es gelangt ja nicht in sein Herz … Was aus dem Menschen herauskommt, das macht ihn unrein. Denn von innen, aus dem Herzen der Menschen, kommen die bösen Gedanken …" (Mk 7,18–21, die ganze Begebenheit 1–23).

Maßstab ist also die *Herzens-Güte*, die innere Ausrichtung an Gottes Norm, nicht schon das Gesetz als solches. *Herz* aber ist, wie erinnerlich, in der biblischen Sprache identisch mit *syneidesis*. Das Gewissen bildet also die entscheidende und letzte Norm des ethischen Verhaltens eines Menschen. Das trifft auch dann zu, wenn sein Spruch erweisbar unrichtig ist – erweisbar für die anderen! Der Handelnde muss dem objektiv irrenden Gewissen folgen, was immer es sagt. Im Wesen des Irrtums liegt ja, dass das Falsche dem Handelnden gerade nicht bewusst ist (sonst käme das Handeln aus einer ethisch natürlich verwerflichen Lüge!). Auch hier finden wir eine einschlägige und hoch interessante Begebenheit im Neuen Testament. Die korinthische Gemeinde hatte Paulus folgendes Problem vorgelegt: Bei den heidnischen Opfern wurden Tiere geschlachtet. Die Innereien wurden zu Ehren der Götter verbrannt, der Rest auf dem Markt verkauft. Einige ängstliche Gemüter hatten Skrupel, ob sie solches „Götzenopferfleisch" verzehren dürften, ohne in den Verdacht der heimlichen Götzendienerei zu geraten. Sie wollten saubere Hände wie einst Pilatus behalten. Die Antwort des Apostels ist klipp und klar (1 Kor 8,1–13; vgl. Röm 14,1–23): Es gibt keine Götter, also kann man auch keinen Götzendienst treiben. Der Christ darf immer die Freiheit wählen. Er kann essen, was ihm Spaß macht. Nur: Wenn ein paar Mitchristen ein „schwaches Gewissen" haben, d. h. objektiv falsch liegen, aber subjektiv Qualen litten, äßen sie von jenem Fleisch, müssen die anderen das respektieren. Emphatisch ruft Paulus aus: „Wenn darum eine Speise meinem Bruder zum Anstoß wird, will ich überhaupt kein Fleisch mehr essen, um meinem Bruder keinen Anstoß zu geben" (V. 13).

Warum eigentlich steht ausgerechnet in so existentiellen Fragen das subjektiv Irrige über dem objektiv Richtigen? Gerade wegen deren Eigenart, das Innerste eines Individuums zu betreffen! Nach biblisch-christlichem Verständnis ist das Evangelium keine Sammlung richtiger Lehren, sondern eine Weg-Weisung zum Leben mit Gott, die alle Dimensionen des Menschen angeht. Dementsprechend ist auch dessen Antwort, die wir Glauben nennen (Kap. 1), keine Zustimmung zu irgendwelchen dogmatischen oder ethischen Sätzen, sondern zur Liebe Gottes, der die Menschen, also auch dieses Individuum, selig machen möchte. Vertrauen und Liebe sind aber Haltungen, die aus der existentiellen Zustimmung kommen müssen. Sie bedürfen der verantworteten Zusage. Diese aber kann nur aus dem Gewissen kommen und aus nichts anderem, was außerhalb des Menschen liegt.

Das war nicht immer ganz klar in der Kirche (Kap. 19: Gregor XVI.). Mit allem Nachdruck hat sich das Zweite Vatikanische Konzil für den Primat des Gewissens eingesetzt (Gaudium et spes 16). Unter Hinweis auf die Erklärung über die Religionsfreiheit der gleichen Kirchenversammlung sagt der „Katechismus der Katholischen Kirche" von 1993: „Der Mensch hat das Recht, in Freiheit seinem Gewissen entsprechend zu handeln, und sich dadurch persönlich sittlich zu entscheiden. ‚Er darf also nicht gezwungen werden, gegen sein Gewissen zu handeln. Er darf aber auch nicht daran gehindert werden, gemäß seinem Gewissen zu handeln, besonders im Bereich der Religion'" (Nr. 1782).

Gewissensbildung

Für einen Chirurgen ist die Fingerfertigkeit eine wesentliche Voraussetzung einer verantworteten und erfolgreichen Berufstätigkeit. Sie muss lebenslang trainiert und eingeübt werden. Das Gewissen ist für jeden Menschen die letzte sittliche Instanz und daher gegebenenfalls haftbar für unabsehbare Folgen aus seinem Spruch. So ist es ebenfalls zu schulen und einzuüben. Gewissensbildung ist eine unersetzbare Pflicht. Sie beginnt bereits in den frühen Jahren der Erziehung und ist nie fertig. Über diese lebenslange Schulung hinaus hat der Einzelne auch vor der konkreten Entscheidung alle Mittel anzuwenden, um sich ein Urteil zu bilden, das sachentsprechend ist. Zu diesen Mitteln zählen unter anderen auch die Aussage der Heiligen Schrift, die Erkenntnis der Theologie und in qualifiziertem Maß die Vorgabe der kirchlichen Autorität (Kap. 4). Nicht an letzter Stelle ist das Gebet um die Erleuchtung durch den Gottesgeist zu nennen.

Hat man das alles getan, darf man mit dem Kardinal John Henry Newman einen guten Tropfen trinken. Er hat erklärt: „Wenn ich genötigt wäre, bei den Trinksprüchen nach dem Essen ein Hoch auf die Religion auszubringen (was freilich nicht ganz das Richtige zu sein scheint), dann würde ich trinken – freilich auf den Papst, jedoch zuerst auf das Gewissen und dann erst auf den Papst" (Ausgewählte Werke IV, 1959, 49).

21. Rechtfertigung — Sein dürfen, der man ist

Christus als Erlöser am Kreuz, Lucas Cranach d. Ä., fertiggestellt von seinem Sohn
Lucas Cranach d. J. 1555
(Weimar, St. Peter und Paul)

Der Text im Kasten ist die Mitte eines Dokumentes, welches am 31. Oktober 1999 in Augsburg durch eine „Gemeinsame Offizielle Feststellung des Lutherischen Weltbundes und der Katholischen Kirche", unterzeichnet vom Leiter des Vatikanischen Einheitsrates und dem Präsidenten des Lutherischen Weltbundes, in Kraft gesetzt wurde. Damit waren Dialogbemühungen zwischen beiden Seiten zu einem bis zuletzt in Frage gestellten guten Ende gekommen, die seit 1967 in den USA, in der Bundesrepublik Deutschland und auf internationaler Ebene stattgehabt hatten. Obschon solche Ereignisse in der Ökumene selten sind und obwohl es sich

> Das in dieser Erklärung dargelegte Verständnis der Rechtfertigungslehre zeigt, dass zwischen Lutheranern und Katholiken ein Konsens in Grundwahrheiten der Rechtfertigungslehre besteht, in dessen Licht die … verbleibenden Unterschiede in der Sprache, in der theologischen Ausgestaltung und der Akzentsetzung des Rechtfertigungsverständnisses tragbar sind. Deshalb sind die lutherische und die römisch-katholische Entfaltung des Rechtfertigungsglaubens in ihrer Verschiedenheit offen aufeinander hin und heben den Konsens in den Grundwahrheiten nicht wieder auf.
>
> Gemeinsame Erklärung zur Rechtfertigungslehre, Nr. 40).

nach Ansicht aller Beteiligten seit dem 16. Jahrhundert um eine Fundamentalfrage des christlichen Glaubens handelt, blieb das Echo recht bescheiden. Das hat vor allem gewisslich damit zu tun, dass den Christinnen und Christen von heute nicht mehr recht verständlich ist, welche herausragende Bedeutung für jede und jeden von ihnen das Thema Rechtfertigung hat.

Wie findet man einen gnädigen Gott?

Die Grundfrage, die der junge Martin Luther stellte, treibt heute kaum jemanden um. Der Augustinermönch war von Herkunft und Erziehung noch ganz und gar ein mittelalterlicher Mensch, aufgewachsen in den Ordnungsvorstellungen der Epoche (Kap. 19), gepeinigt von den vielen Lebensängsten, die eine undurchschaubare und rational nicht erklärbare Wirklichkeit mit Hunger, Pest, Krieg erzeugte. Die größte unter ihnen war die Angst vor der Strenge des Richtergottes, vor dessen Auge der Sünder keine Chance hatte. Augustinus, der Ordensvater des Wittenberger Paters, hatte knapp gesagt: Die Menschheit ist ein verdammter Haufen (*massa damnata*). Zwar hatte er auch gelehrt, dass der Mensch unter diesen Umständen nur auf die Gnade Gottes und auf sonst nichts hoffen könne, doch seine Nachfahren am Ausgang des Mittelalters waren nicht mehr so rigoros. Die Kirche stellte damals ein ganzes Instrumentarium von Rettungsmaterial bereit: Gute Werke, den Ablass, Stiftungen, die Sakramente. Wer etwas springen ließ zu gutem Zweck, der konnte hoffen. Aber wieviel kostet Gottes Wohlwollen? Bleiben nicht alle Leistungen hinter seinen berechtigten Ansprüchen zurück?

Luther wurde durch solche Fragen in schiere Verzweiflung und lebensbedrohende Depression getrieben, bis er die Erleuchtung in der paulinischen Lehre von der Rechtfertigung des Sünders fand (Kap. 16): Es bedarf der Leistung nicht, der vertrauensvolle Glaube genügt. Das letzte Bild des älteren Cranach, für dieses Kapitel ausgewählt, veranschaulicht, um was es geht. Wir sehen im Vordergrund das Kreuz. Aus der Seite des Sterbenden fließt das Blut auf die Gruppe rechts vom Betrachter – den Täufer Johannes, den Maler und Luther. Dieser zeigt auf die Bibel. Dort stehen drei Stellen, die bekräftigen, dass wir durch das Kreuz, also durch Gottes Gnade allein erlöst worden sind. Natürlich ist das Kreuz von Ostern nicht zu trennen: Links schauen wir den Sieg des Auferstandenen über das höllische Gewürm.

Ein störrisches Wort

In der abendländischen Theologie wurde schon lange vor Luther die Erlösungstat Christi unter dem von Paulus gegebenen Stichwort *Rechtfertigung* verhandelt. Wir haben dazu keinen direkten Zugang mehr, weil das Wort inzwischen nicht nur selten geworden ist, sondern auch den Sinn verändert hat. Heute bedeutet es immer eine Handlung des Subjektes, meist mit einem negativen Hauch behaftet. Man rechtfertigt *sich* gegenüber einer Anschuldigung oder für eine Maßnahme, die man treffen musste. Dahinter steht als Grundaussage: *Ich habe Recht.* Im 16. Jahrhundert hingegen ist Rechtfertigung ein Geschehen, das man passivisch an sich erfährt. Nicht ich rechtfertige mich, sondern *mir wird Recht gegeben.* Die Menschen denken in dieser Zeit beim ersten Wortbestandteil sehr an den Grundgehalt von *recht*, nämlich *gerade, richtig, wie es sein soll.* Er ist noch im *rechten Winkel* erhalten geblieben: Ihm steht kein linker Winkel entgegen, sondern einer, der nicht aus zueinander „geraden" Schenkeln besteht. Der zweite Wortbestandteil *fertigen* bedeutet *tun, machen, herstellen* – heute noch verwendet im Wort *Fertigungsanlage* oder im Verbum (eine Urkunde) *ausfertigen,* d. h. durch Unterschrift aus einem beliebigen Text ein verbindliches Dokument machen. Rechtfertigung ist also ein Tun, das richtig macht, in die rechte Ordnung bringt, gerade fügt. Nach dem mittelalterlichen, vom Ordnungsdenken geformten Rechtsempfinden bringt ein Verbrechen die Gottesordnung heillos durcheinander. Dann findet der Prozess statt, der Übeltäter wird verurteilt und wenn die Strafe ausgeführt ist, ist die Verkehrung der Welt beseitigt: Die Exekution ist Rechtfertigung. So ist es auch zwischen Gott und den Sündern. Diese haben an sich den ewigen Tod verdient; selber können sie sich nicht retten. Es bedarf also unbedingt der Geraderichtung durch Gott selber, damit die lebenserhaltende Weltordnung wieder hergestellt wird.

Darin stimmen alle überein, kontrovers ist allein die Frage, wie der Vorgang der Rechtfertigung konkret zu denken ist.

Rechtfertigung allein oder mit der Kirche?

Auf diese Alternative konzentrierte sich die Auseinandersetzung, die die Theologen schon lange führten, die aber durch Luther und die von ihm ausgelösten politisch-religiösen Bewegungen eine solche Zuspitzung erfuhr, dass es darüber am Ende zur Kirchentrennung kam. Die Vertreter der alten Kirche wollten die Gebräuche der spätmittelalterlichen Kirche verteidigen gegen den Vorwurf der „Neuerer", sie seien gottlose Werkerei, die aus der Gnade kurzerhand ein im Übrigen sehr einträgliches Geschäft gemacht habe. Immerhin kamen aus dem Handel mit dem Ablass Summen in die Kirchenkassen, die den Neubau von St. Peter in Rom erst ermöglichten. Zwar steht hinter der Einbeziehung der Glaubensgemeinschaft ins Rechtfertigungsgeschehen der ebenfalls paulinische Gedanke vom Leib Christi, dessen Glieder vom Haupt (Christus) ermächtigt sind, füreinander einzutreten; wenn sie das tun, dann also nicht aus eigener Leistung, sondern aus der Gottesgnade, die kirchlich vermittelt wird. Doch lässt sich aus den tatsächlichen (Miss-)Bräuchen der Zeit sehr wohl verstehen, dass die Leute meinten, die Kirche trete eigenständig und dank eigener Vollkommenheit in den Vorgang der Begnadung ein.

Demgegenüber stellten die Reformatoren mit äußerster Schärfe heraus, dass die Kirche absolut und überhaupt nicht ins Spiel komme. Das „Logo" dieser Lehre ist das vierfache „Allein" (solus): Das Lehrfundament ist *die Schrift allein*. Folgt man ihr, ersieht man keinen anderen Grund der Rechtfertigung als *Christus allein*, der *allein aus Gnaden* den Sünder rettet. Freilich braucht es einen Haftpunkt für diese Gnade, soll sie personales Liebeshandeln bleiben. Dieser Haftpunkt ist *allein der Glaube*.

„Lenker und Richter über alle Stücke christlicher Lehre"

So nannte der Wittenberger Reformator seine These. Die mühsam langen und manchmal für die Beteiligten ziemlich frustrierenden Verständigungsverhandlungen, welche zu dem eingangs erwähnten Augsburger Ereignis geführt haben, ließen die Einsicht reifen, zum einen, dass er recht hat, zum anderen, dass die Problematisierung der Reformations- und Gegenreformationszeit zwar nicht gegenstandslos, wohl aber nicht mehr kirchentrennend ist. Das Problem der Nichttheologen liegt aber nach wie vor in der Uneinsichtigkeit der Bedeutung der Lehre. Wir haben heute sicher nicht mehr die mittelalterlichen, aber wir haben andere Ängste, die aus anderen Ursachen erstehen. Die Undurchschaubarkeit der Welt (Kap. 20), die Globalisierung der Märkte, die Unkontrollierbarkeit des ökonomischen Geschehens führen auch in unseren Tagen nicht wenige Menschen zu Depressionen, zu Verzweiflung und zum Gefühl existentieller Ohnmacht. Was kann man tun, um seine Haut zu retten? Die Rechtfertigungsbotschaft ist die zentrale christliche Aus- und Ansage, dass Gott in und trotz allem der Herr der Geschichte ist, der sie und damit auch uns als deren Subjekte gnädig und gütig lenkt. Wir können die heile Welt nicht schaffen; wir brauchen es vor allem nicht, weil Gott uns so liebt, wie wir sind. Haben wir den Mut, auch so zu sein – dann hat die Gnade ihren festen Ansatzpunkt. Gott macht uns gut und gerade.

Es geht in der Tat bei der Rechtfertigungsbotschaft um Kern und Stern der Verkündigung im Christentum: Der liebende Gott liebt uns so sehr, dass er uns zur Freiheit der Kinder Gottes befreit. Und nun sind wir frei! Das ist die Zusammenfassung der Botschaft des Evangeliums (vgl. Gal 4,8–6,10).

22. Der Tod

Zeichnung von Jenni Puomila (14 Jahre) aus Finnland: Sie entstand nach dem
plötzlichen Tod eines Mitschülers.
(Ausstellung im Provinzial-Museum, Schloß Turku/Finnland)

Mit den Worten im Kasten unterbrach der asketische Mönch Bernhard, der duldsame Großheilige des 12. Jahrhunderts, seine Predigt, nachdem sein Bruder gestorben war. Das Bild zu diesem Kapitel stammt von einem Schulmädchen aus Finnland; ich fand es in einer Ausstellung von Schülerarbeiten in der Burg von Turku. Es trägt den Titel: „Auch ich bin sterblich". Von der Lehrerin erfuhr ich, dass ein Mitschüler plötzlich umgekommen war. Das Mädchen hat mit der schlichten Zeichnung verstanden, wie der Mönch mit seinen Worten, der namenlosen Traurigkeit angesichts des Todes Ausdruck zu verleihen – und auch der christlichen Hoffnung. In das weinende Antlitz strahlt die Sonne! Beide Zeugnisse, das der religiösen und politischen Zentralfigur des 12. Jahrhunderts wie jenes

> Die Trauer zwingt, Schluss zu machen, das Unglück, das mich getroffen hat. Wie lange soll ich mich noch verstellen? ... Bislang habe ich meinen Gefühlen Gewalt angetan und konnte mich bis jetzt verleugnen, um nicht den Eindruck zu erwecken, als hätten die Gefühle den Glauben besiegt. Andere weinten – ich folgte, wie ihr sehen konntet, trockenen Auges dem schrecklichen Leichenzug. Trockenen Auges stand ich am Grab, bis die ganze Beerdigungsfeier vorüber war ... Mit allen Kräften meines Glaubens kämpfte ich gegen meine Gefühle ... Den Tränen konnte ich gebieten, der Traurigkeit nicht ... Der unterdrückte Schmerz setzte sich nur um so tiefer im Innern fest; immer bitterer wurde er – ich fühle es –, je weniger er sich nach außen Luft machen durfte. Ich gestehe, ich bin besiegt. Es muss hinaus, das Leid, das drinnen ist.
>
> Bernhard v. Clairvaux, Hoheliedauslegung 26,3, Übers. A. Wolters.

eines einfachen Menschen unserer Tage, sind in ihrer Art erschütternd. Und vor allem: Sie sind unmittelbar verständlich für jeden, der sie wahrnimmt. Seit etwa seinem dritten Lebensjahr weiß der Mensch, dass sein Leben zu einem unbekannten, aber sicher eintreffenden Zeitpunkt endet. Er ist das einzige Geschöpf, das solches Wissen hat. Der Mensch ist wohl auch das einzige Lebewesen, das seit Bestehen seiner Art systematisch die Verstorbenen mit festen Riten bestattet. Von Anbeginn an hat er den Tod endlich mit der Religion verknüpft. Denn der Tod stellt in unerbittlicher und unausweichlicher Schärfe die Frage: *Warum?* Sie ist die menschlichste und zugleich die schwerste, die er stellen kann. Es ist die Frage nach dem Sinn des Lebens, seines höchsten Gutes: Warum endet es mit dem Tod? Die Religionen geben alle Hoffnung: Es gibt über das Ende eine Voll-Endung *des Lebens*, also ein todesjenseitiges Leben.

Warum müssen wir sterben?

Unser biologisches Leben ist abhängig von der geregelten Teilung der Zellen. Vollzieht sie sich zu schnell, erkrankt der Mensch an Krebs und stirbt. Vollzieht sie sich überhaupt nicht mehr, stirbt er gleichfalls. Nach derzeitiger Kenntnis hört – aus biologischen Gründen – die Teilung spätestens nach 115–130 Jahren auf. Der Tod ist dann unausweichlich. Bekanntlich sterben die meisten Leute wesentlich früher an Krankheit, Gewalteinwirkung, Alterschwäche. Die Lebenserwartung ist dank medizinischen Fortschritts allein im vergangenen Jahrhundert um rund 30 Jahre gewachsen: Dennoch könnte sie weit hinausgeschoben werden. Doch einmal ist das Ende gekommen.

Die späten Schichten der Bibel, vor allem Paulus, bringen den Tod in Zusammenhang mit der Sünde. Ein berühmter Spitzensatz im Römerbrief lautet: „Durch einen einzigen Menschen kam die Sünde in die Welt und durch die Sünde der Tod, und auf diese Weise gelangte der Tod zu allen Menschen, weil alle sündigten" (Röm 5,12; vgl. Kap. 49). Das ist keine biologische, sondern eine theologische Aussage. Sie hebt darauf ab, was wir in Bild und Wort zu Beginn dieser Überlegungen und vor allem auch in der eigenen Erfahrung erkennen: Der Tod hängt mit dem Bösen zusammen, weil er Trennung der Liebe, Depressivität, Schmerz, Beziehungsabbruch ist und damit sehr häufig durch sündhaftes menschliches Verhalten wenn nicht herbeigeführt, so doch gefördert wird. So gehört er zum wesentlichen Leid in der Welt (Kap. 8). Das ist nicht in sich mit dem Tod gegeben. Wer viel an Sterbebetten gestanden ist, weiß, dass es auch den gefassten, den gelösten Tod gibt: „Lebenssatt" nennt die Bibel die Haltung der alten Patriarchen Abraham, Isaak, Jojada und Ijob gegenüber dem Tod (Gen 25,8; 35,29; 1 Chron 23,1; 2 Chron 24,15; Ijob 47,7). Die Aussage des Römerbriefes ist ferner auf dem Hintergrund der Auferstehung Christi zu lesen. Seine Lebenshingabe erschließt im Sterben neues Leben ohne Schuld und Makel und Leiden für die Menschen: Darum wird Gott „alle Tränen von ihren Augen abwischen. Der Tod wird nicht mehr sein, keine Trauer, keine Klage, keine Mühsal. Denn was früher war, ist vergangen" (Offb 21,4).

Der Tod ist das Ende

Wenn Theologen vom Tod sprechen, dann mischen sie sich nicht in die medizinische Diskussion ein, wann dieser wirklich eintritt, ob schon der Hirntote tot ist oder erst der Kreislaufstillstand das Ende bewirkt und dergleichen. Jedenfalls gibt es das irreversible, also durch keine Maßnahme mehr umkehrbare Ende der biologischen Lebensprozesse eines Individuums. Dieses hört damit auf, *dieses* Individuum zu sein. Gleich ob man in der Folge der griechischen Menschenanschauung den Menschen als Zusammenklang von Leib und (unsterblicher) Seele sieht oder ihn ganzheitlich versteht (Kap. 18) – wenn der Tod eingetreten ist, gibt es *diesen* Menschen nicht mehr. Folgerichtig reden wir nicht mehr von Paul, sondern vom Leichnam (= Leib, vgl. Fronleichnam = Herrenleib) Pauls und gegebenenfalls von Pauls Seele. In der traditionellen Redeweise heißt der Tod darum „Ende des menschlichen Pilgerstandes". Der Mensch stirbt ganz und wirklich; er ist mausetot.

Das Ende ist nicht das Aus

Ist das das letzte Wort? Wir erwähnten schon: Alle Religionen protestieren gegen diese Unterstellung. Die konkreten Antworten sind unterschiedlich. Seit geraumer Zeit sympathisieren viele Christen (nach einer europaweiten Umfrage immerhin 20 %) mit der Vorstellung von einer *Reinkarnation*, d. h. der Wiederverkörperung der Seele nach dem Tod. Wir treffen sie in vielen Religionen, auch bei den Kelten und Germanen und dann vor allem in Asien. Die christliche Lehre hat sie abgelehnt (vgl. dazu Kap. 45). Stattdessen richtet sich die christliche Hoffnung auf eine Auferstehung der Toten, auf ein neues Leben der Menschen. Der Grund für diese Erwartung ist der Glaube an die Liebe Gottes, wie sie uns in Jesus Christus aufgeleuchtet ist. Wenn Gott die Liebe ist und wenn darum alles aus seiner Hand Liebe ist, auch die Welt mitsamt jedem einzelnen Menschen, dann schließt seine Liebe wie jede Liebe die Treue, d. h. die Dauer ein. Liebe will Ewigkeit. Die Tragik geschöpflicher Liebe besteht darin, dass eben dieser Wille unerfüllbar ist. Menschenliebe vergeht, zerbricht, ist unstet, jedenfalls begrenzt durch den Tod. Gottes Liebe kennt solche Grenzen und Bedingtheiten nicht: Sie ist unbedingt. Daraus ergibt sich, dass er die Geschöpfe seiner Liebe immer lebendig sehen will, auch dann, wenn genau die Geschöpflichkeit seitens der Kreaturen unausweichlich endlich, sterblich mithin ist. Gottes schöpferische

120

Liebe ist so groß, dass er die Geschöpfe über ihre eigenen Grenzen hinaus trägt. Die Lehre von der Weiterexistenz des Menschen über den Tod hinaus gründet also in der biblischen Lehre von der Geschöpflichkeit des Menschen (Kap. 9).

Auferstehung der Toten

Zwei Eckpunkte sind bei jeder Erklärung der Auferstehung der Toten zu beachten, wie sie sich auch sonst in der Interpretation unterscheiden mögen: Der Mensch, der stirbt, ist *ganz und gar* tot; der *ganze Mensch* wird von Gott mit dem neuen Leben bedacht. Durch diese Pflöcke jeder theologischen Theorie zum Thema ist ausgeschlossen die Ansicht, dass eigentlich nur der Leib im Tode stirbt, die Seele aber munter weiterlebt. Dann stirbt nicht mehr *der Mensch*, sondern nur ein *Teil des* Menschen. Ausgeschlossen ist ebenso die Ansicht, dass die Tat Gottes in einer Neuschöpfung des Individuums besteht. In diesem Falle lebt nicht der Tote, sondern jemand anderes, der ihm höchstens gleicht.

Wie aber kann man dann den Glaubenssatz deuten? Als erstes ist bescheiden festzustellen, dass uns ein näheres Wissen nicht verfügbar ist – weder durch die Offenbarung noch durch irgendeine Philosophie. Man kann sich höchstens auf Mythen stützen. Als zweites ist zu sagen: Auferstehung der Toten bedeutet, dass *dieser Mensch* infolge des Todesereignisses *ein anderer* wird. Es ist also sowohl Kontinuität wie Neuheit gegeben. Sprachlich wird ein solcher Vorgang durch den Begriff *(ver)wandeln* beschrieben. Paulus benutzt ihn und führt ihn ein durch das Beispiel der Umwandlung vom Samenkorn zur Pflanze (1 Kor 15,35–58). Die Liturgie greift ihn auf: „Deinen Gläubigen wird das Leben gewandelt, nicht genommen" (Präfation von den Verstorbenen I).

23. Für die Toten beten

Der nackte Tote, Grandes Heures de Rohan, um 1430: Der Tote auf dem Friedhof
spricht mit Gott in der lateinischen Kirchensprache: IN MANUS TUAS DOMINE
COMMENDO SPIRITUM MEUM. REDDEMISTI ME DOMINE DEUS VERITATIS
(In deine Hände, Herr, empfehle ich meinen Geist. Herr, du Gott der Wahrheit, du hast
mich erlöst). Gott antwortet in der Sprache des Toten, in Französisch: POUR TES
PECHIEZ PENITENCE FERAS. AU JOUR DU JUGEMENT AUECQUES MOY SERAS
(Bereue deine Sünden. Am Gerichtstag wirst du in Gemeinschaft mit mir sein).
Ein Engel sucht dem Teufel die Seele des Mannes zu entreißen.

Man kann der Kirche nachsagen, was man will, dass sie der Toten schmerzliches Sehnen unerfüllt ließe, das der Dichter ihnen zuschreibt, darf man ihr gewiss nicht unterstellen. Es gibt keinen einzigen offiziellen Gottesdienst, keine Eucharistiefeier und keine Tagzeit des Stundengebetes, in denen nicht für sie gebetet wird. Ein eigener Tag ist ihnen gewidmet, der 2. November (dessen Inhalt in manchen Gegenden unseres Landes missbräuchlich am Tag davor, der den Heiligen gewidmet ist, zur Sprache kommt). Lange Zeit war es auch den Kirchengemeinden vorbehalten, das Friedhofsmonopol zu

> **O bleibe treu den Toten (1848)**
>
> O bleibe treu den Toten, Sie starben; doch sie blieben
> Die lebend du betrübt; Auf Erden wesenlos,
> O bleibe treu den Toten, Bis allen ihren Lieben
> Die lebend dich geliebt! Der Tod die Augen schloß.
>
> Indessen du dich herzlich
> In Lebenslust versenkst,
> Wie sehnen sie sich schmerzlich,
> Dass ihrer du gedenkst!
>
> Theodor Storm, Sämtliche Werke I, Frankfurt 1987, 39 (Strophe 1–4).

haben. Ungebrochen ist bei den Katholikinnen und Katholiken der Eifer, mit dem sie einen Priester um besonderes Gedenken bei der Messe ersuchen („Messintention"). Warum muss, soll, darf und kann man eigentlich für Verstorbene beten?

Wie geht man mit dem Jenseits um?

Die Frage ist akut geworden, seitdem sich die Christen und ihre Kirchen mehr als in der Vergangenheit mit dem Nachtodesbereich auseinandergesetzt und die überkommenen Auffassungen anhand neuer theologischer Forschungen überprüft haben. Die dafür zuständige Disziplin *Eschatologie* (griech. *eschatos*, letzter) hatte über Jahrhunderte ein ziemlich unbehelligtes Randdasein geführt, bis sie vor ein paar Jahrzehnten aus dem Dornröschenschlaf geweckt wurde. Sehr bald erschraken erst ihre Vertreter, dann die restlichen Christenmenschen.

In den ersten christlichen Jahrhunderten drängten sich Fragen der Gotteslehre für die Kirche im Vordergrund, etwa die außerordentlich komplizierte Trinitätstheologie (Kap. 7). Hier standen Existenz und Glaube der Kirche unmittelbar auf dem Spiel! Die Fragen ließen sich nur einigermaßen befriedigend bewältigen, wenn man die zeitgenössische Philosophie zu Hilfe rief und mit subtilen Spekulationen Vernunft und Glaube in Gleichklang brachte. Deswegen herrschen in den entsprechenden Lehrbüchern sehr rationale Überlegungen, abstrakte Argumentationen vor. Bei der Eschatologie dagegen gab es nicht diese Lebenswichtigkeit der Probleme für die Kirche (wenn auch für den einzelnen Christenmenschen); es reichte augenscheinlich aus, die überlieferten Anschauungen zu tradieren. Jedenfalls: Eine bedeutendere kritische Entwicklung des Fragestandes blieb aus.

Die überlieferten Anschauungen nun bewegten sich fast ausschließlich im Bereich und auf der Ebene der Bilder und Symbole. Viele von ihnen hatte das Christentum aus der Umwelt übernommen – alle Leute glaubten damals an ein Leben nach dem Tode und alle Religionen hatten ein Instrumentarium entsprechender Vorstellungen entwickelt. Diese Genügsamkeit war zunächst unvermeidlich. Kein Mensch hat je hieb- und stichfest beweisen können, dass er in der anderen Welt leibhaft gewesen ist. Man projizierte darum einfach Extremvorstellungen des Schönen (Garten, Fest, Musik) und des Schrecklichen (Feuer, Folterqualen, Heulen und Zähneknirschen als Schreckensreaktionen) in überhöhender Weise auf das Jenseits; und desgleichen tat man mit den Raum- und Zeitvorstellungen, denen der Mensch zeitlebens verhaftet ist. Unversehens freilich wurden diese Bilder für bare Münze und platte Realität genommen. Erst in der Neuzeit wurde man angesichts der kosmologischen Erkenntnisse der Naivität der Jenseitstopographie gewahr und versuchte sie durch rational verantwortbare Aussagen zu ersetzen – was hinwiederum bei vielen einfachen Menschen Verwirrung hervorrief. Näheres dazu wird in den beiden nächsten Folgen dieses Werkes zu sagen sein.

Im Augenblick ist wichtig sich klar zu machen, dass das Haupthandicap der vorneuzeitlichen Eschatologie die Übertragung von Zeit und Raum ins Jenseits ist. Beide sind Qualitäten, die dem Menschen ausschließlich in der irdischen Existenz zukommen. Es ist theologisch vollkommen richtig, wenn dessen Leben etwa auf dem Grabstein durch die Angabe von Geburt und Tod charakterisiert wird. Mit der Geburt (genauer: der Zeugung, die aber nicht immer genau datierbar sein muss) hebt an, mit dem Verscheiden endet ganz und gar die Existenz dieses Individuums (Kap. 22). Und wie die Verhaftung in der Zeit hört auch jene im Raum auf. Sie bleibt selbstverständlich für die noch Lebenden bestehen. Peter kann sagen: „Vor 5 Jahren starb mein Vater Paul"; Paul kann keine Zeitangabe mehr machen.

Reinigung nach dem Tode

Die Heilige Schrift kennt nur zwei Jenseits-„Orte", den Himmel als Zustand der Beseligung durch Gott, die Hölle als Zustand der Verwerfung, beide verstanden als ewig während. Im Laufe der Zeit erkannte man, dass es drei Möglichkeiten für den moralischen Zustand eines Menschen im Moment des Todes gibt. Eine Person stirbt vollkommen gerechtfertigt und geheiligt – dann ist ihr der Himmel sicher. Stirbt sie dagegen im Zustand der vollkommenen Abkehr von Gott („Todsünde") – dann ist ihr zweifellos die Hölle reserviert. Aber beide Fälle erschienen als eigentlich selten. Der Normalfall ist doch, dass ein Mensch in der Lebenssumme als teils gut (also Himmelsanwärter), teils böse (also Höllenkandidat) erscheint. Drastisch zeigt die Miniatur aus dem Stundenbuch des Herzogs von Rohan (Bild) den armen, nackten, also hilf- und schutzlosen Toten, um den Teufel und Engel raufen. Er bittet Christus, der aber ziemlich reserviert bleibt, um den Himmel. Wohin gehört so ein verlassener Mensch? Beide Mächte haben gewisse Rechtsansprüche, aber keine einen klaren.

Die Idee von einer Reinigung nach dem Tod entsteht nun, endgültig ausgebaut im 12. Jahrhundert. Das lateinische *Purgatorium* heißt eigentlich Reinigung und verstand sich praktisch als Reinigungs*ort*, in dem eine „Arme Seele" (die lebte zufolge dem griechischen Menschenbild weiter) eine *Zeit*lang schmachtete. War sie von den Resten des Bösen frei, konnte sie in den Himmel gelangen. Während also dieser wie die Hölle nur eine Eingangstür besaß, hatte das Purgatorium auch noch einen Ausgang. In der deutschen Sprache nahm man die Sache noch bildhafter und gab das lateinische Wort wieder durch *„Fegfeuer"*. In diesem Rahmen bekam das Gebet für die Toten eine außerordentlich tragende Rolle. Unser Bild findet sich in einem *Stundenbuch*, also einer Gebetssammlung. Der Herzog sollte durch den Blick auf den einsamen Toten, dessen ewiges Schicksal gerade verhandelt wird, angeregt werden zur Fürbitte: *Herr, gib ihm die ewige Ruhe.*

Entkleidet man die Vorstellung vom Reinigungsort (Fegfeuer sollte man überhaupt nicht sagen, weil weder gefegt noch gefeuert wird) der Bildelemente, bleibt immerhin eine außerordentlich wichtige Erkenntnis übrig, nämlich diese, dass ein Mensch nur dann der Gottesgemeinschaft würdig ist, der ganz heilig und rein, der *lauter* ist. Der Halbgute/Halbböse dagegen muss erst noch ge-*läut*-ert werden. Nur kann diese *Läuterung* nicht als ein zeitlich gedehnter Vorgang gedacht werden. Denn Zeit existiert für Tote nicht mehr. Vielmehr darf man annehmen, dass sich dieser Vorgang (unzeitlich gedacht!) im Moment (auch das darf man nicht zeitlich nehmen) der Begegnung mit Gott, im Tod als dem Übergang vom irdischen zum ewigen Leben, im Geschehen der Verwandlung, die wir Auferstehung der Toten nennen, vollzieht. Er ist gewiss schmerzlich – und insofern hat die Vorstellung vom feurigen Brennen ein Recht – und noch gewisser beschämend. Der Mensch sieht sich vor Gott in seiner ganzen moralischen Nacktheit, wie der Tote des Stundenbuchs, angewiesen ganz und gar auf die bergende Barmherzigkeit und Liebe des Schöpfers und Erlösers.

Gebet für jetzt, die Todesstunde, die Zeit nach dem Tod unserer Mitmenschen

Kann man unter solcher Perspektive noch für schon längst Gestorbene *jetzt* beten? Sicher in dem Sinne nicht, als könnten wir sie aus einem Zeitkerker durch Erwirken vorzeitiger Begnadigung seitens Gottes herausholen. Sehr wohl, wenn wir daran denken, dass (ähnlich wie der Tote) auch Gott nicht in der Zeit lebt. Für ihn ist, was wir Vergangenheit, Gegenwart und Zukunft nennen, ein stetes „Nun" (nochmals: ohne Zeit zu denken). Er ist der absolute Herr der Geschichte (Kap. 10), der vor sich sieht, was den Zeitwesen gegenüber verborgen ist. So ist es in höchster Weise sinnvoll zu beten, wie im Ave Maria, für „jetzt und die (*uns im Augenblick des Gebetes unbekannte*) Stunde unseres Todes". Wir vertrauen: Unser Rufen wird dann „ankommen", wenn sie eintritt. Wenn wir aber so für das uns (nicht für Gott) Zu-Kommende flehen dürfen, dann auch für das uns (nicht Gott) bereits als Vergangenheit Entzogene. Auch da können wir gewiss sein: Gott platziert unsere Fürsprache dort, wo sie „ankommen" soll. Wir stehen dem Sterbenden in seiner Todesstunde bei, auch wenn für unsere Befindlichkeit dieses Geschehen schon lange her ist.

24. Gott verdammt?

Höllentor in Bomarzo (Lazio/Italien), Pierfrancesco Orsini, Mitte 16. Jh.

Was empfinden Sie nach der Lektüre des Kastentextes? Vielleicht schmunzeln manche Leserinnen und Leser wegen der kindlichen Vorstellung von den Höllenmaßen; die skeptischen machen sich Gedanken, woher der *weiland Pfarrer* sie so genau kennt. Andere werden den Kopf schütteln ob des offenen Sadismus, der aus den Passagen erkennbar ist. Sehr ernst wird sie kaum jemand freilich nehmen. Doch dürfen wir nicht vergessen: Ganze Generationen sind in dieser Höllenangst groß geworden, die der *Doktor der heiligen Schrift* erzeugt. In Süddeutschland war das Buch in weiten Kreisen verbreitet: Hier ist die 21. Auflage zitiert! Gewiss darf das Werk aus der Zeit heraus interpretiert werden: Da herrschte nicht nur in der Kirche eine Bewahrenspädagogik, die irgendwie gut gemeint war. Nur ist *gut gemeint* meistens das Gegenteil von *gut gemacht*. Solange man den Text

> *Eine Höllenbeschreibung*
>
> Nun ist aber die Hölle nicht allein zwei Meilen groß, sondern fünfzig deutsche Meilen lang, fünfzig deutsche Meilen hoch, und fünfzig deutsche Meilen breit. Jetzt bedenke, was dies für ein ungeheuer großes Feuer, und was dies für eine unerträglich große Hitze sei …
>
> *Die Qualen derer, die die kirchlichen Fasttage nicht einhalten und am Freitag Fleisch gegessen haben:*
> Anstatt der Speise und des Trankes lässt sie der erzürnte Gott mit Schlangen speisen und mit Gift und Galle tränken. Ja, er lässt ihnen von den Teufeln ganze Becher voll brennenden Peches und Schwefel, Gift und Galle, geschmolzenes Erz und Blei so grausam eingießen, dass ihr ganzes Eingeweide mit Bitterkeit und Hitze erfüllt wird.
>
> Caspar Erhard's der heiligen Schrift Doktor und weiland Pfarrer zu Paar in Bayern Christliches Hausbuch (Erstauflage mit kaiserlicher Empfehlung und kirchlicher Druckerlaubnis 1724), [21]1858, 562.578.

für bare Münze nimmt, setzt man sich der Gefahr einer ekklesiogenen Neurose aus, einer Nervenbelastung, die die Kirche erzeugt hat. Und wenn man ihn schlicht ignoriert? Der Theologe kann das aus zwei Gründen nicht. Der eine ist pastoraler Art. Noch immer werden viele Menschen bewusst oder unbewusst durch eine Vision des Schreckens hinsichtlich ihres eigenen endgültigen Schicksals gequält: Sie ist schließlich über die Jahrhunderte tradiert worden. Der andere Grund ist im Glauben selbst gegeben. Man möchte den Herrn *Doktor der heiligen Schrift* gern fragen, wie er seine Ausführungen, die übrigens im gleichen Stil sich über viele Seiten hinziehen, mit der Aussage der Bibel vereinbart, dass Gott *die Liebe ist* (Kap. 7).

An diesem Punkt liegt das eigentlich Unerträgliche: Wenn Gott in der Tat so wäre, wie er in dem Hausbuch geschildert wird, dann kann man die Bibel am besten in den Papierkorb werfen. Für viele sensible Menschen war denn auch die Lehre von der ewigen Hölle der Grund, den Rücken denen zu kehren, die sie verkündigt haben. Einer der berühmtesten war der französische Dichter und Politiker Charles Péguy. Der Kulturphilosoph Ferdinand Ebner († 1931) schrieb: „Alle, die im tiefsten Grunde ihres Herzens nicht vergeben können, glauben es natürlich, dass auch Gott nicht vergeben könne, und darum erfinden sie die ewige Höllenpein. Wie sehr sie mit dieser Erfindung Gott, der die Liebe ist, schmähen, das wissen sie nicht" (Schriften I, 990).

Die Bibel und die Hölle

Aber ist die Hölle wirklich nur eine Erfindung abartiger Neurotiker oder angstgepeinigter Pädagogen, die die Zöglinge bei der Stange halten wollen, indem sie ihnen die eigenen Ängste einpflanzen? Wer die Heilige Schrift liest, begegnet seit den jüngeren Schichten des ersten Testamentes wieder und wieder klaren und unmissverständlichen Texten, die die Existenz eines ewigen Strafortes für jene Leute voraussetzen, die dem Evangelium zuwider leben. Selbstverständlich benutzen sie die damals umlaufenden Bilder und Beschreibungen von peinvollen Behältnissen, vom Höllenfeuer, dem stets nagenden Wurm, dem Dunkel, dem fatalen Schwefelduft und dergleichen. Auch wenn man die Texte dieser zeitgenössischen Metaphorik entkleidet, bleibt die Sache bestehen. Paulus beispielsweise, der keine Höllenbeschreibungen liefert, besteht durchaus darauf, dass es ein ewiges Unheil für die Gottlosen gibt: Am Ende der Tage, so schreibt er der Gemeinde in Saloniki (Thessalonich), wird der Richter Jesus „Vergeltung an jenen üben, die Gott nicht kennen und dem Evangelium Jesu, unseres Herrn, nicht gehorchen. Fern vom Angesicht des Herrn und von seiner Macht und Herrlichkeit müssen sie sein, mit ewigem Verderben werden sie bestraft" (2 Thess 1,8f).

Doch das ist, wohlgemerkt, nur die eine Hälfte der Botschaft der neutestamentlichen Autoren. Die andere ist die schon oft erwähnte Predigt von der ewigen Liebe, vom Versöhnungswillen Gottes, von der unermüdlichen Bereitschaft zur Verzeihung gegenüber den verlorenen Kindern Gottes. Mit der Autorität des gleichen Paulus schreibt der Verfasser des 1. Briefes an den Bischof Timotheus: Gott „will, dass alle Menschen gerettet werden und zur Erkenntnis der Wahrheit gelangen" (1 Tim 2,4).

Beide Aussagenreihen stehen unverbunden nebeneinander. Sie können aber auf Gefahr der Widersprüchlichkeit nicht in gleicher Weise gelten. Damit entsteht eine Problematik, die alle Epochen der christlichen Theologie in Atem gehalten hat.

Höllenlogik

Eine Lösung kann nur von einer richtigen und umfassenden Gotteslehre her gefunden werden sowie von einer ebenso stimmigen wie vollständigen Lehre vom Menschen (Kap. 7–10, 18). Die daraus folgende erste Erkenntnis heißt: Das Verhältnis zwischen Gott und Menschen ist personale Begegnung, personaler Dialog. *Himmel* und *Hölle* sind daher Beziehungsaussagen, die angeben, wie es je mit diesem Dialog steht. Damit fallen alle Fragen über Ort und Art der Hölle wie des Himmels als gegenstandslos weg: Sie sind mangels Offenbarung nicht einsichtig; die entsprechenden Texte sind Bilder, nicht Reportagen über eine Realität. Die zweite Erkenntnis lautet: Wenn das Grundverhältnis zwischen Schöpfer und Geschöpf die Liebe ist, dann folgt das ewige Geschick des Menschen der Logik der Liebe. Von ihr steht bezüglich Gottes fest: Er ist auf ewige Gemeinschaft mit dem Menschen aus. Sein Heilswille für alle ist also die Basis jeglicher Reflexion. Bezüglich des Menschen ist zu sagen: Liebe existiert nur in Freiheit. Wenn mithin ein Mensch aus eigenem Antrieb und in hinreichender Erkenntnis der Sache sich entschließt, ein endgültiges, klares und bewusstes *Nein* zum Heilswollen Gottes zu sagen, dann *kann* ihn Gott in Ewigkeit nicht in seine Liebesgemeinschaft einbeziehen, will er ihn nicht der Freiheit und damit seines Menschseins berauben, ihn, kurz und schlecht gesagt, vergewaltigen. Das heißt nun nach den unerbittlichen Gesetzen der Logik: Wer die Ewigkeit der Hölle leugnet, leugnet im gleichen Atemzug die menschliche Freiheit. Hölle ist, mit anderen Worten, eine reale, eine tatsächliche Möglichkeit.

Gotteslogik

Damit ist aber das Dilemma noch nicht gelöst zwischen Gottesliebe und Höllenlogik. Was uns wirklich interessiert, ist nicht so sehr die Existenz einer Hölle als vielmehr deren „Bevölkerung". Leben wirklich Menschen unter dem Urteil der ewigen Verwerfung? Das oben erinnerte Grundverhältnis zwischen Gott und Menschen ist nicht das zwischen zwei vollkommen gleichen Partnern, die aus gleich freien Stücken beschließen, Beziehungen aufzunehmen. Vielmehr ist Gott der Initiator dieser Verhältnisse: Er bietet den Bund an und bleibt dessen Herr. Das hat eine wiederum logische Konsequenz für jenen allgemeinen Heilswillen, der fester dogmatischer Bestand des christlichen Glaubens ist. Herr der Geschichte bleibt Gott nur, wenn sein Wille nicht nur ein prinzipielles, aber letzthin doch ohnmächtiges Wollen ist, das durchkreuzt werden könnte, sondern zur restlosen Wirkung kommt. Das Gottsein Gottes liegt darin, dass er das vermag ohne Beeinträchtigung der von ihm selber gesetzten Schöpfung, zu der auch die Existenz freier Menschen gehört (Kap. 10). Man kann zwar nicht wissen, darf aber darauf hoffen, dass er die Menschenherzen so erleuchtet und die Dinge so fügt, dass der Ernstfall „Hölle" für keinen einzigen Menschen eintritt. Unser Vertrauen (nicht Wissen!) ist schriftgemäß, wenn es sich in traditioneller Sprache dahingehend ausspricht, dass es die Hölle „gibt", dass sie aber „leer" ist.

Tatsächlich hat das kirchliche Amt zwar in Heilig- und Seligsprechungen seit eh und je den Glauben manifestiert, dass bestimmte Menschen sicher in der Liebeseinheit mit Gott („im Himmel") sich befinden; es hat aber niemals parallel dazu geäußert, dieser oder jener Mensch habe sich die ewige Verdammnis zugezogen.

Menschenlogik

Wir entsprechen als Glaubende dem ganzen Komplex der Fragen, die sich um unser Thema auftun, gewiss am ernsthaftesten dadurch, dass wir uns bewusst bleiben, was die bizarre Architektur von Bomarzo (Bild) andeutet: Das Höllentor ist offen, die Möglichkeit der bleibenden Verfehlung Gottes stets gegeben. Gerade deswegen werfen wir unser Vertrauen auf den Vater, richten unsere Hoffnung auf Christus, beten wir unter dem Hauch des Geistes um das Geschenk seiner Liebe für immer.

25. Gott-Lob — Der Himmel

Die Seligen in Abrahams Schoß,
Detail einer Archivoltenfigur am Bamberger Dom, um 1230

Die frommen Meister des Mittelalters, erfüllt von den Lehren der christlichen Religion, haben sich gern und oft mit dem Jenseits beschäftigt und in ungezählten Darstellungen – Bildern, Plastiken, Dichtungen – geschildert, wie sie es sich vorstellten. Eines der bedeutendsten literarischen Zeugnisse in der Kulturgeschichte gehört in diese Gruppe, die „Divina Commedia" des Dante Alighieri. Mit 35 Jahren im ersten Heiligen Jahr 1300 wird er, erst durch den römischen Dichter Vergil, dann durch seine Jugendgeliebte Beatrice durch die drei Jenseitsreiche Hölle, Purgatorium und Himmel geleitet.

> *Selige Gewissheit*
>
> Ja, du bist Welle vom frühesten Licht,
> Hast ein Erdenkleid genommen,
> Bist in eine Welt gekommen.
> Glaub an die Heimat! Betrübe dich nicht!
> Glaub an die Heimat, sie ist überall.
> Schwarze Kohle wird heller Kristall,
> Vom Strahl des Geistes getroffen.
> Der Weg zum Ursprung, noch steht er uns offen.
> Liebende flochten die magische Leiter,
> Immer liebender wage dich weiter
> Bis zu der letzten Sprosse hinan,
> Wo dich ergreift der unendliche Bann!
> Wenn die Seele dann herrlich erschrickt
> Vor Abgründen, in die kein Auge geblickt –
> Stürze hinab! Geheiligt dein Fall –
> Heimat umleuchtet dich bald überall.
>
> Hans Carossa, Gedichte, Frankfurt/M. 1995, 35f.

Eines haben ungeachtet aller Unterschiede die Erzeugnisse der abendländischen Kunst gemeinsam: Immer ist die Hölle mit aller Farbigkeit, der Himmel mit seltsamer Blässe ausgestattet. Das mag damit zu erklären sein, dass es auf Erden hinreichend Anschauungen des Bösen gibt, das leicht Modell stehen kann; mit dem Heiligen und Guten steht es nicht so günstig. Eine der Folgen war, dass die Menschen seinerzeit gewöhnlich eine massive Höllenangst, aber nur eine magere Sehnsucht nach dem Himmel aufgebracht haben. Heute haben viele erstere nicht mehr, letztere aber auch nicht. Sicher, wir würden wohl alle sagen, dass wir in den Himmel wollten, aber laut oder beiseite zufügen: Aber bitte nicht so schnell. Wie verträgt sich das mit dem Glauben daran, dass er unsere ewige Beseligung ist?

Kann man im Himmel Eis essen?

An erster Stelle ist noch einmal ins Gedächtnis zu rufen, dass alle Begriffe über das endgültige Schicksal des Menschen Bildaussagen für eine Beziehungswirklichkeit sind (Kap. 24). Sie haben als Inhalt das Verhältnis zwischen Gott und Menschen. Konkretisiert kann es nur werden, indem man je klare Inhalte mit beiden Partnern verbindet. Das ist hinsichtlich des Menschen sehr schwierig (Kap. 18), hinsichtlich Gottes letztendlich unmöglich (Kap. 7). Unter eschatologischer Perspektive sagt Paulus: „Der König der Könige und Herr der Herren, der allein die Unsterblichkeit besitzt", ist einer, „der in unzugänglichem Licht wohnt, den kein Mensch gesehen hat noch je zu sehen vermag" (1 Tim 6,15f). An dieser leicht einsichtigen Tatsache scheitern alle Bemühungen einer Beschreibung dessen, was Himmel meint. Denn *Himmel* ist ein Wort für die Existenzweise und Heilsmacht Gottes selber, für sein Wesen. Dieses aber ist nicht unmittelbar, sondern nur analog, durch Aufspüren von Ähnlichkeiten zu erreichen. Das ist der Grund dafür, weshalb die frommen Juden von biblischen Zeiten bis heute den Namen Gottes (Jahwe) niemals aussprechen, aber u. a. mit *Himmel* umschreiben.

Alle diese Ähnlichkeiten aber bleiben weit hinter dem Gemeinten zurück. Sie sind gewöhnlich nach den Vorstellungen gebildet, die eine Gesellschaft sich vom Schönen, Guten und Erstrebenswerten macht. Himmel ist dann wie eine Hochzeit, wie ein herrliches Mahl, bei dem man sich nach Herzenslust satt essen darf, wie eine prächtige Stadt, wie Trauerlosigkeit, Wasserreichtum (bei Wüstenbewohnern gewiss etwas Großartiges) oder einfach wie ein dauerndes Ansichtigwerden der Pracht Gottes. Eine solche Bilderwelt birgt einmal die Gefahr, dass sie in dem Augenblick banalisiert wird, da die kulturellen Beseligungsmuster sich wandeln. In einer Gegend ewigen Regens und ständig drohender Überschwemmung ist Wasserfülle nicht unbedingt etwas Wünschenswertes. So kommt es zu Trivialvorstellungen, wie sie im Witz erhalten sind: Himmel ist ein langweiliger Ort, wo Menschen und Engel in langen weißen Hemden Harfe spielen und Halleluja säuseln. Da ist regelrecht erfrischend die Frage eines kleinen Mädchens: Kann man im Himmel eigentlich auch Eis essen? Das immerhin war *seine* Idee von Seligkeit. Kann man es aber wirklich? Wenn nicht, wie will man dem Mädchen dann nahe bringen, dass es so leben soll, dass es in den Himmel kommt?

Himmel ist Heimat

Für den Arztdichter Hans Carossa erscheint Beseligung als Beheimatung (Kastentext). Der Mensch ist für ihn eine exilische Existenz, die durch das Dunkel des Todes an den Ursprung zurückkehrt: „Heimat umleuchtet dich bald überall." Er greift damit eine Vorstellung auf, die die paulinische Gedankenwelt formt (vgl. Kap. 16). Der Apostel hat vor Damaskus einen Blick in die göttliche Sphäre tun dürfen, der ihn lebenslang in eine ruhelose Dynamik versetzt hat, aus dem Augen-Blick eine endlose Schau werden zu lassen. Er ist erfüllt von einem Sehnen und Seufzen nach der himmlischen Herrlichkeit (2 Kor 5,1–10), nach dem Sein bei Christus (Phil 1,23) – und schließlich sagt er ohne Umschweife: „Unsere Heimat ist im Himmel" (Phil 3,20). Das griechische Wort *politeuma*, welches er verwendet, bedeutet eigentlich *Staatswesen, Bürgerrecht*.

Von der Herkunft aus ist *Heimat* verwandt mit *Heim, Dorf, Familie, Heirat*. Mit diesen Begriffen wird die Sphäre und Befindlichkeit beschrieben, in die eine Person hineingehört, der sie zugehört, wo sie ganz sie selber sein darf, wo sie Erfüllung des Menschseins gewinnt, beglückende Gemeinschaft erfährt. Heimat ist alles und das Ganze. Das existentielle Unglück des Menschen, das er auch dann gewahr wird, wenn seine äußeren Verhältnisse durchaus als gelungen betrachtet werden müssen, besteht darin, dass er immer außenbestimmt und außengeleitet ist, also unter Zwängen steht, die seine eigentliche Freiheit beeinträchtigen und niederhalten – Beruf und politische Verhältnisse, wirtschaftliche Abhängigkeit und soziale Verpflichtungen, Temperament und Trieb, psychische Verengungen und körperliche Krankheit; tausend solcher Taue gibt es, die uns fesseln. So erheben wir wieder und wieder Protest dagegen. Wir sind Wesen, die ständig über sich hinaus sind, mehr Möglichkeit als Erfüllung, mehr Mangel als integrale Ganzheit (Kap. 18). Wohl sind wir manchmal wirklich glücklich, aber nicht von ungefähr hat die Mythologie sich Fortuna als verführerisches Mädchen auf rollendem Rad vorgestellt: Nie können wir sie fassen. Glück zerbricht so leicht wie Glas.

Wenn wir von dieser uns allen vertrauten *condition humaine*, der menschlichen Befindlichkeit, nochmals auf die Aussage schauen, dass Gott die Liebe ist und dass er in dieser Liebe unsere bleibende Gemeinschaft sucht, erschließt sich vielleicht ein wenig besser, was der Himmel ist: Himmel ist das unverdiente und unverdienbare Geschenk Gottes, das er selber ist, um unsere Existenz endgültig und unverlierbar zu jenem einmaligen Eben- und Gleichbild Gottes zu gestalten, als welches er jeden Menschen entworfen und geschaffen hat. Genau darin liegt unsere Beseligung und Voll-Endung, die das glückliche Lächeln auf unsere Lippen zaubern wird, das der gotische Steinbildhauer in Bamberg so trefflich gestaltet hat (Bild).

Himmel auf Erden

Die aus der Bibel stammende Tradition hat stets darauf bestanden, dass die Güte Gottes darin besteht, dass er uns schon hinieden, schon diesseits der Todeslinie ein wohl vages, doch wirkliches Gespür für dieses Glück gegeben hat. Seine Gnade, sagten die Scholastiker, ist qualitativ nichts anderes als die Seligkeit des Himmels. Es gibt, anders gesagt, schon ein (Gottes-)Leben vor dem Tode!

Nicht so trocken hält diese Einsicht die chassidische Erzählung lebendig, die Martin Buber aufgezeichnet hat (Die Erzählungen der Chassidim, 1949, 463): Rabbi Jizchak, visionär begabt, und Rabbi Baruch fahren gemeinsam durch das Land. Als sie aussteigen, fragt Baruch, was der Freund sehe. Die Antwort: „‚Die Felder des heiligen Landes.' Als sie den Hügel überquerten, der die Straße vom Bache trennte, fragte Baruch: ‚Was riecht der Seher?' Er antwortete: ‚Die Luft des Tempelberges.' Als sie in den Bach tauchten, fragte der Enkel des Baalschem: ‚Was spürt der Seher?' Und Rabbi Jaakob Jizchak antwortete: ‚*Den Balsamstrom des Paradieses*'.“

Jetzt können wir dem kleinen Mädchen eine theologisch exakte Antwort geben: Eis essen kann man im Himmel nicht, aber was schön ist am Eisschlecken, gibt es auch im Himmel – und was schön ist am Himmel, kann man selbst im Eisgenuss spüren.

26. Vater Unser — Mutter Gott: Die Geschlechter im Licht der Offenbarung

Zwei Kinder Adams, Piero della Francesca, um 1460
(Arezzo, San Francesco)

1576 veröffentlichte der großherzoglich-klevische Pfarrer Jakob Vallick das Buch „Tractat von Zauberern, Hexen und Unholden", in dem er der Frage nachging, weshalb mehr Frauen als Männer zu Hexen werden: „Zum Ersten, weil die Weiber leichtlicher glauben weder die Männer tun … Die andere Ursache ist, weil die Weiber neufindig sind, wollen alle Dinge wissen und erfahren. Also wollte Eva Gutes und Böses wissen. Zum Dritten, so sind die Frauleut gar rachgierig. Sobald ihnen etwas mangelt, wollen sie solches rächen, und da es ihnen an der Macht fehlt, ist alsbald der Satan darbei und lehret sie solches heimlich durch Zauberei thun … Die Weiber sind auch gemeinlich geizig. Deshalb wollen sie reich sein, alle Ding haben und nach der Pracht leben. Solches verheißt ihnen der Satan und bringt sie also darbei" (W. Behringer, Hexen und Hexenprozesse, München 1988,

> Mann und Frau sind *erschaffen*, das heißt *gottgewollt* in vollkommner Gleichheit einerseits als menschliche Personen, andererseits in ihrem Mannsein und Frausein. „Mann sein" und „Frau sein" ist etwas Gutes und Gottgewolltes: beide, der Mann und die Frau, haben eine unverlierbare Würde, die ihnen unmittelbar von Gott, ihrem Schöpfer zukommt (vgl. Gen 2,7.22). Beide, der Mann und die Frau, sind in gleicher Würde „nach Gottes Bild". In ihrem Mannsein und ihrem Frausein spiegeln sie die Weisheit und Güte des Schöpfers wider … In den Vollkommenheiten des Mannes und der Frau spiegelt sich … etwas von der unendlichen Vollkommenheit Gottes wider: die Züge einer Mutter (vgl. Jes 49,14–15; 66,13; Ps 131,2–3) und diejenigen eines Vaters und Gatten (vgl. Hos 11,1–4; Jer 3,4–19) …
>
> „Die heilige Weihe empfängt gültig nur ein getaufter Mann (vir)" (CIC, can. 1024).
>
> Katechismus der Katholischen Kirche, München u. a. 1993, Nr. 369f, 1577.

158). Das eigentlich Bestürzende an diesem Text: Man kann ihn nicht leichthin abtun als Erguss eines spätmittelalterlichen Landklerikers. Er ist gedeckt nicht bloß durch die Standardwerke der Zeit wie den berüchtigten „Hexenhammer", sondern referiert die gängige kirchliche Meinung seit den Tagen der Kirchenväter, ja von Teilen der Heiligen Schrift selber. Der alttestamentliche Jesus Sirach etwa hatte geseufzt: „Von einer Frau nahm die Sünde ihren Anfang, ihretwegen müssen wir alle sterben. Gib dem Wasser keinen Abfluss, und einer schlechten Frau keine Freiheit! Geht sie dir nicht zur Seite, trenn sie von deinem Leib!" (25,24–26)

Liest man auf dem Hintergrund solcher Sätze, die aus allen christlichen Jahrhunderten beigebracht werden können, die Aussagen des „Katechismus der Katholischen Kirche" (Kasten), erkennt man: Alles hat sich in der kirchlichen Bewertung der Geschlechter geändert – beinahe alles, um genau zu sein. Da erhebt die Frage sich: Wer hat recht und was ist passiert? Sie entsteht aus einer Problematik, die zu den wichtigsten jeder Anthropologie gehört, jeder Lehre vom Menschen. Denn bei Licht betrachtet, ist *Mensch* ein abstrakter Begriff wie *Obst*. Konkret gibt es kein Obst, sondern *Äpfel, Kürbisse* und *Kiwis*; konkret gibt es auch keine Menschen, sondern *Männer* und *Frauen*. Der Unterschied liegt nur darin, dass keinem eingefallen ist, Kiwis für das eigentliche Obst und Äpfel für uneigentliches Obst zu halten, dass aber lange Zeit gängige Ansicht war, die *männischen* Leute seien die eigentlichen *Menschen* (so auch in vielen anderen Sprachen: *gli uomini*, ital., sind die Männer *und* die Menschen!), man aber Probleme mit der These hatte, Frauen seien *richtige* Menschen und sie könnten, ohne Männer zu werden, in den Himmel kommen.

Die Zweigeschlechtlichkeit in der Offenbarung

Die Frage ist deswegen so schwierig zu beantworten, weil sich zwei nur locker verknüpfte Problemkreise in ihr treffen. Es geht einmal um die Bedeutung, die die biologisch-anthropologische Tatsache der *Zweigeschlechtlichkeit* besitzt, d. h. die Existenz von untereinander in vielfacher Hinsicht unterschiedenen Formen des Menschseins; es geht weiter um die Bedeutung der soziologisch-anthropologischen Geschlechterdifferenz, d. h. der *Geschlechterrollen*. Hinter beiden steht als immer aktuelle Aufgabe die *Geschlechterbeziehung*, ihr praktisches Verhältnis zueinander. Die Kompliziertheit wächst, weil der ganze Fragenkreis so tief zu den Wurzeln des Menschseins hinabreicht, dass er von allen denkbaren anthropologischen Disziplinen (Biologie, Medizin, Kulturanthropologie, Rechtswissenschaft usw.) angegangen werden muss; sie wächst überdies in der unmittelbaren Gegenwart durch die Neubewertung sexueller Normvarianten wie der Gleichgeschlechtlichkeit. An diesem Ort können wir nur einen Blick auf die theologischen Daten werfen.

Für die Heilige Schrift ist der Mensch von vornherein und von Anfang an geschlechtsspezifisch erschaffen – der „Katechismus" (Kasten) sagt dazu alles Wesentliche. Weil aber *der Mensch* Eben- und Abbild Gottes ist, ist er es in seiner ganzen Realität: Frauen sind also nicht allein wie Männer Gleichbilder Gottes, sondern Frauen sind es *als* Frauen so wie Männer es *als* Männer sind. In Gott kann es dann zwar nicht sexuelle Ausprägungen geben (die an die Leiblichkeit gebunden sind), sehr wohl muss das in Gott urbildlich da sein, was die *spezifische* Gottebenbildlichkeit des Mannes und die *spezifische* Gottebenbildlich-

139

keit der Frau ausmacht. Es existiert, so kann man sagen, in Gott eine *männliche und eine weibliche Dimension*. Die das Mann- und Frausein wesentlich und konstitutiv realisierende Sexualität des Menschen ist mithin in sich gut, lebenswichtig, in den Dienst der Gottzuwendung des Menschen einzubeziehen. Das zeigt sich in der Bibel nicht nur ausdrücklich (besonders im *Hohenlied* mit seiner sublimen Erotik), sondern, weitreichender vielleicht noch, in der Bildsprache für die Gottesbeziehungen der Menschen: Gott erscheint öfters als Bräutigam seines Volkes; der Bund mit ihm wird im Alten wie im Neuen Testament als eheliche Partnerschaft beschrieben (z. B. Jer 3,1–13; Eph 5,21.31). Vor allem aber muss uns die Tatsache nachdenklich machen, dass in der Mitte der Zeit die Erlösung so ins Werk von Gott selbst gesetzt wird, dass der Erlöser ein Mann ist (Jesus), das Ja der Menschheit zu ihm aber von einer Frau (Maria) gegeben wird (vgl. Kap. 14). Ganz offensichtlich nimmt er die Geschlechtlichkeit im zentralen Akt der Geschichte höchst ernst.

Die Geschlechterrollen

Warum ist die christliche Religion auf dieser Höhe nicht geblieben? Weil sie sich zu stark von soziologischen Mustern und außerchristlichen Geistesströmungen beeinflussen ließ! Das junge Christentum fand bei seinem Übergang von der jüdischen Kultur in den hellenistischen Zivilisationsraum mit Manichäismus und Platonismus (in der Form des Neuplatonismus) prägemächtige Denkmuster vor, die in manchen Dingen durchaus den asketischen Tendenzen der Religion in einer Spätwelt entgegenkamen. Es blieb nicht aus, dass dabei auch der abgrundtiefe Dualismus dieser Richtungen übernommen wurde. Sie nahmen selbstverständlich wie alle tiefen Beobachter der Realität die vielen Dualitäten (Doppeltheiten) in der Welt wahr – Leib/*Geist*, Wille/*Verstand*, Frau/*Mann* – und stülpten ihnen, überhaupt nicht selbstverständlich, aber in einem tiefen kulturkritischen Pessimismus gegenüber dem Materiellen beheimatet, die Grunddualität *GUT* und *BÖSE* dergestalt über, dass die in den Beispielen zuerst genannte Dualität mit dem Bösen, die letztgenannte mit dem Guten gleichgesetzt wurde. Weil natürlich das Gute höher als das Böse steht, war mit dieser Spaltung auch eine Hierarchisierung verbunden: *Geist* und *Verstand* sind gut und also höher wertig als Leib und Wille, der *Mann* steht höher als die Frau. Das Grundmuster des Patriarchalismus ist geboren und die einleitungsweise gebotenen Texte bekommen ihre Logik …

140

Sie ist nicht die Logik Gottes, wie sie uns in den anthropologischen Haupttexten der Bibel begegnet. Sie entspricht auch nicht den Erfahrungen, die wir in den letzten 40 Jahren im Gefolge der Frauenbewegung gemacht haben. Beides tendiert dazu, die Herrschaftsverhältnisse, so altehrwürdig sie auch sind, aufzulösen, um den Blick freizubekommen für die biblische Grundeinstellung: Erst wenn das Männliche und das Weibliche in ihrer ganzen Unterschiedenheit wie Bezogenheit aufeinander zur Reife kommen, wird der Mensch wirklich zum Ebenbild der Fülle und des Reichtums seines Schöpfers. Die Bestrebungen um die Emanzipation der Frau, die Diskussionen um die volle Gleichstellung und Gleichberechtigung des weiblichen Geschlechtes auch in der römisch-katholischen Kirche mögen gewiss gelegentlich des Guten zu viel getan und noch tun – das soll aber bei anderen Debatten gleichfalls passieren. Die Sache ist nicht von Randunschärfen her zu beurteilen, sondern vom Zentrum des Glaubens. Der Spruch kann unter diesem Gesichtspunkt nur heißen: Gottes Lob als Urbild der Menschen ist so lange verdunkelt, wie die schöpfungsgegebene Bezogenheit Gottes zum Mann *und* zur Frau als seinen Abbildern nicht von den Kirchenleuten als Gottes Wille respektiert und im täglichen Umgang realisiert wird. Und da steht noch manches dringend zu erhoffen.

27. Die Kirche als Sakrament

Zug der Getauften zur Ekklesia (Kirche), die zum Gekreuzigten führt, Ende 10. Jh.
(Staatsbibliothek Bamberg, Msc. Bibl. 22, fol. 4v)

Kirche: Institution und geistliches Ereignis

Kirche ist *Institution*, in vielem dem Staat ähnlich: Es gibt eine Zentralregierung, Bezirksregierungen, Dienststellen, Steuerhoheit, ordnungschaffende Behörden (daher „Ordinariat") – und all den Ärger, den der Normalbürger mit solchen Einrichtungen hat, hat auch der Normalchrist: Oft erscheinen sie als lebensfern, formalistisch, geldbetont, machtversessen, starr und weniger regierend als reagierend. Bei der Kirche allerdings ist der Ärger noch ärger als anderswo. Die (Christen-)Menschen erwarten von ihr und damit von ihren Amtsvertretern mehr und anderes als jene Mechanismen, die Institutionen sonst kennzeichnen. Und da haben sie recht: „Bei euch soll es nicht so sein", hatte

> Die Kirche ist ja in Christus gleichsam das *Sakrament*, d. h. Zeichen und Werkzeug für die innigste Vereinigung mit Gott wie für die Einheit der ganzen Menschheit (Nr. 1).
>
> Auferstanden von den Toten (vgl. Röm 6,6), hat (Christus) seinen lebendigmachenden Geist den Jüngern mitgeteilt und durch ihn seinen Leib, die Kirche, zum allumfassenden *Heilssakrament* gemacht (Nr. 48).
>
> Zweites Vatikanisches Konzil, Konstitution „Lumen gentium" über die Kirche.

Jesus zu diesem Thema einst gesagt (Mk 10,43) und als Vorbild für die Amtsträger ein machtloses Kind erkoren (Mk 9,33–37).

Damit ist gewiss nicht gesagt, dass es in der Glaubensgemeinschaft keine institutionellen Strukturen geben dürfe: Schon ganz kleine Gruppen (z. B. die Familie) kommen nicht aus ohne sie, erst recht so große wie die Kirche nicht. Nur darf nie vergessen werden, dass sie höchst nachrangig sind vor dem eigentlichen geistlichen Ziel der Kirche. Ihr geht es laut Stifterauftrag nicht um irdische Behauptung, sondern um das endgültige Glück der Menschen bei Gott und im Vorgriff darauf auch um den Frieden unter diesen Menschen. Was immer die Kirche sagt und tut, muss die gleiche Richtung haben wie das Evangelium. Johannes formuliert sie so: „Damit ihr glaubt, dass Jesus der Messias ist, der Sohn Gottes, und damit ihr durch den Glauben das Leben habt in seinem Namen" (Joh 20,31).

Die Kirche ist somit in eine bleibende Spannung hineingestellt, die ihr bleibend Probleme bereitet: Sie ist sichtbar *und* unsichtbar, Institution *und* geistliches Ereignis, Rechtsordnung *und* Liebeserweis Gottes – und das alles in einem und zugleich. Uns Menschen sind solche Spannungen unerträglich, und so haben auch die Kirchenleute stets versucht, die der Kirche eingestifteten auf den einen oder den anderen Pol hin aufzulösen: Bald begeisterten sie sich für die geistliche

Gestalt allein – und die Kirche wurde zu einem schwärmerischen Haufen ohne Bodenhaftung, bald betonten sie die äußere Verfassungsgestalt bis zum Exzess – und die Kirche wurde ein geistloser Machtkoloss, der vor lauter Erdenschwere den Hals nicht mehr zum Himmel heben konnte.

Was ist ein Sakrament?

Das Zweite Vatikanische Konzil hat einen großartigen Begriff aufgenommen, der ursprünglich für kirchliche Vollzüge entwickelt worden war, der aber in genialer Weise für die Kirche selber die beiden fraglichen Spannungsextreme zusammenbinden konnte: Die Kirche ist *Sakrament* (Texte siehe Kasten)! Dieser Begriff gehört der Ordnung der Zeichen an. Sie hat zwei wichtige Unterabteilungen. Man unterscheidet *informierende* und *realisierende Zeichen*. Erstere weisen auf etwas anderes hin, mit dem sie selber sonst nichts zu tun haben. Ein Beispiel sind die Piktogramme auf Bahnhöfen und Flughäfen. Messer und Gabel in Verbindung mit einem Pfeil sagen: „Wer seiner Richtung folgt, findet ein Restaurant." Statt des Zeichens könnte man auch eine Schrift verwenden: „Wenn Sie rechts gehen, kommen Sie zu einem Gasthaus." Der Sache nach hätte sich nichts geändert. Das Zeichen ist ihr gegenüber rein äußerlich.

Realisierende Zeichen hingegen sind mit dem, was sie bezeichnen, unlösbar verbunden, so dass Setzung des Zeichens und Sache praktisch in eins fallen. Ein Kuss bedeutet „Ich liebe dich" und vollzieht im gleichen Moment, was er sagt, den Erweis der Zuneigung. Im gleichen Moment, in dem eine Ernennungsurkunde von der zuständigen Person einer anderen überreicht wird, ist der Empfänger ernannt. Ein Sakrament gehört dieser zweiten Zeichengruppe zu. Uns allen vertraut ist das Wort als Bezeichnung von sieben Heilszeichen (Taufe, Eucharistie, Ehe usw.: vgl. Kap. 38). Vertraut ist uns ferner, dass jemand *in dem Augenblick* getauft, d. h. von allen Sünden befreit, in die Kirche aufgenommen wird und was der Tauffolgen mehr sind, *in dem* der Wasserritus erfolgt. Dieser (ein sichtbares Begebnis) und die Folgen (ein unsichtbares Heilsgeschehen) fallen zusammen; und genau ein solcher Zusammenklang begründet je und je, was wir Sakrament nennen, in diesem Falle die Taufe.

144

Ursakrament — Ganzsakrament — Einzelsakramente

Nun zeigt sich dem Glaubensdenken leicht, dass sich ein derartiges Zusammenklingen sichtbarer und unsichtbarer Wirklichkeiten im zugespitzesten Fall bei der Menschwerdung des Gottessohnes ereignet hatte. Jesus von Nazaret hat auf Gott nicht als einen vollkommen Anderen hingewiesen wie die alten Propheten und die modernen Prediger, sondern sich *in seinem Menschsein* selber geoffenbart als göttlich: Wer ihn sieht, sieht Gott (vgl. Joh 14,9). Er ist, so bekannte später die Kirche auf dem Konzil von Chalkedon (451) *wahrer Gott und wahrer* Mensch in einem und zugleich. In der Gestalt Jesu begegnet uns leibhaftig Gott: Damit ist die Definition von „Sakrament" verwirklicht. Weil hier der Ur- und Grundfall von Sakrament vorliegt, spricht man in der neueren Theologie von Jesus als *Ursakrament*.

Bei der Kirche liegen die Verhältnisse ähnlich. Man wird angelegentlich ihrer Aktivitäten nicht dergestalt auf das Heil verwiesen wie man etwa bei einer Werbeveranstaltung auf ein Produkt hingewiesen wird und sich sogar davon zum Erwerb anregen lässt. Vielmehr geschieht einem Menschen Heil genau darin und dadurch, dass er aktives Glied der Kirche, also deren Teil, wird. Unter diesem Horizont haben auch das vielumstrittene Wort von der „alleinseligmachenden Kirche" und der Satz „Außerhalb der Kirche kein Heil" ihren guten Sinn. Damit ist nicht unbedingt gemeint, man müsse eingeschriebenes Kirchenmitglied sein, um zu Gott zu kommen, wohl aber, dass in der nachösterlichen Geschichte die Kirche aus dem Heilsgeschehen nicht mehr ausgeschaltet werden kann, wo und wie immer es sich auch am Einzelnen auswirke (vgl. Kap. 41).

Kurz und knapp gesagt: Kirche ist *so* gnadenhafte Wirklichkeit, dass diese Wirklichkeit *in der institutionellen Gestalt* zum Vollzug gelangt. Damit erfüllt sie gleichfalls die Voraussetzungen, um Sakrament genannt zu werden. Die Begnadung geschieht in der Wortverkündigung und in konkreten Handlungen, unter denen die schon erwähnten sieben Sakramente besondere Bedeutung haben. Zur Unterscheidung von ihnen und auch von Jesus Christus nennt man die Kirche daher *Grundsakrament*: Wie aus dem Boden einer Wiese verschiedene Pflanzen nach oben wachsen, so erstehen aus dem Grund der Kirche diese Einzelsakramente. Das Bild aus dem 10. Jahrhundert verdeutlicht das: Im Zentrum tauft ein Priester – in langem Zug ziehen die Getauften himmelwärts. Ganz oben, unmittelbar vor dem Kreuz, von dem herab der Erlöser die Menschen umfangen will, steht eine prachtvoll gewandete Frau mit einem Kelch

(Symbol der Eucharistie) in der Hand: Sie stellt die Ekklesia, die Kirche, dar. Durch sie und das bedeutet: in Spendung und Empfang der Einzelsakramente, zu der stets auch die Wortverkündigung gehört, erreichen die Menschen das Gottesheil, ihr volles Glück.

Verdunkeltes Zeichen?

Kirche und Gottesheil sind also miteinander verknüpft, doch damit sind sie noch nicht deckungsgleich. Denn auch bei realisierenden Zeichen sind Zeichenebene und Wirklichkeitsebene nicht schlankweg identisch. Ein Kuss kann auch ein Judaskuss sein, die Ernennung wirkungslos, weil nicht regelkonform. So kann auch im Leben der Kirche das institutionelle Moment das geistliche dermaßen überwuchern, dass dieses niemandem mehr zu Gesicht gelangt. Vor lauter Schuld und Fehlverhalten der Kirchenglieder kann die wesenhafte *Heiligkeit* der Kirche, die ihr im Glaubensbekenntnis zugesprochen wird, nicht mehr erkannt werden. In allen Fällen, in denen Johannes Paul II. am 12. März 2000 für die Kirchenmenschen ein Schuldbekenntnis abgelegt hat, dreht es sich um derartige Verschattungen der geistlichen Wirkgestalt Kirche. Diese – und sie besteht aus uns Getauften aller Ränge – hat also keinen Grund zu Stolz und Selbstsicherheit. Käme es auf sie, d. h. auf die ihr zugehörenden und in ihrem Namen handelnden Menschen allein an, wäre also nur das institutionelle Moment entscheidend, könnte sie organisatorisch nicht viel, im Heilsbereich nicht das mindeste bewirken. An dieser Stelle befindet sich der Ansatzpunkt für die Kirchenkritik und konsequenterweise, wenn sie rechtens ist, für die Reform der Kirche. Wo die Sakramentalität der Kirche bedroht ist, muss Alarm geschlagen werden, muss eine Kurskorrektur eingeleitet werden. Maßstab und Maßregel sind dabei klar gegeben. „Wenn ihr nicht in mir bleibt, könnt ihr keine Frucht bringen", deckt der Herr die Verhältnisse auf. Bleibt man aber in ihm, ist reiche Frucht verheißen. Und wie macht man das? „Dies trage ich euch auf: Liebt einander" (Joh 15,4.8.7). Das Zeichen Kirche leuchtet und schafft das Neue, wo immer das sich ereignet.

146

28. Die Kirche ist eine und katholisch

Kristallkirche in Los Angeles, 20. Jh.

Die Kircheneigenschaften

Es sind uralte geheiligte Worte, in denen alle Christen in Ost und West den gemeinsamen Glauben im Großen Credo bekennen: „Wir glauben an den Heiligen Geist ...: *die eine, heilige, katholische und apostolische Kirche.*" Die Glaubensgemeinschaft wird damit als Werk des Heiligen Geistes bekannt – wenn wir *an* ihn glauben, glauben wir auch *die Kirche*. Die vier Adjektive bezeichnen die Wesenseigenschaften oder Attribute des geistgewirkten Sakramentes (Kap. 27) *Kirche*. Je zwei gehören zusammen in eigenartiger Spannung: *Heiligkeit* (als geistliches Moment) und *Apostolizität* (als institutionelle Seite) sowie *Einheit* und *Katholizität*. Was zum ersten Paar zu sagen ist, wird an anderer Stelle ausgeführt (Kap. 27, 49 und 30); hier geht es um das zweite Doppel.

> Sie ist die katholische Kirche: nicht die lateinische, nicht die griechische, sondern die allgemeine. Sie sagt noch immer wie zur Zeit Augustins: „In allen Sprachen bin ich: die griechische Sprache ist meine eigene, meine eigene die lateinische, die syrische, die hebräische Sprache, die Sprache aller Stämme ist meine eigene Sprache, denn in Einheit aller Völker bin ich." Nichts wirklich Menschliches, woher es auch stamme, darf ihr fremd bleiben. „Das Erbteil aller Völker ist ihre unveräußerliche Mitgift." Als der Ort der Begegnung aller Sehnsüchte der Menschen und aller Wünsche Gottes will sie, indem sie allüberall den Menschen seine Pflicht lehrt, zugleich und darüber hinaus die Hoffnungen und Strebungen aller Seelen und Zeiten erfüllen. Alles sammeln, um alles zu weihen, alles zu retten.
>
> Henri de Lubac, Glauben aus der Liebe (Catholicisme), Einsiedeln 1970, 262f.

Die Begriffe

Was *Einheit* bedeutet, scheint klar, was *katholisch* heißt, für die meisten Leute auch: Die Bezeichnung einer christlichen Konfession. Das war der Grund, weshalb bei der deutschen ökumenischen Übersetzung der Glaubensbekenntnisse an dieser Stelle die Gemeinsamkeit aufgegeben wurde: Lutheraner beispielsweise beten hier „christlich" (Apostolisches Glaubensbekenntnis) oder „allgemein" (Großes Glaubensbekenntnis). Die Wahrheit ist wesentlich verwickelter. *Katholisch, evangelisch* und *orthodox* sind in Wirklichkeit nur Abkürzungen, wenn man damit Konfessionsgestalten des Christentums meint. Die volle und richtige Schreibung lautet: *römisch-katholische Kirche,* d. h. jene, die den Bischof der Tiberstadt als Oberhaupt anerkennt, *evangelisch-lutherische*

Kirche, also jene, die der von Martin Luther ausgehenden Reformbewegung verpflichtet ist, *griechisch (russisch, rumänisch …)-orthodoxe Kirche*, will meinen: Kirche nach der in Griechenland usw. geltenden Ordnung. Was jetzt Abkürzung ist, war ursprünglich und ist eigentlich unverkürzbar Lebensform für Christinnen und Christen in ihren Gemeinden, von der keine Christin und kein Christ lassen darf: *Evangelisch* heißt dem Evangelium Christi verpflichtet, *orthodox* den rechten Glauben bekennen – und *katholisch*?

Dieses Wort ist griechisch und heißt ursprünglich *ganz, vollkommen, in Fülle*. Die Griechen konnten von einer „katholischen Wassersucht" reden und wollten sagen: Sie hat nicht nur einzelne Glieder (z. B. die Beine), sondern den ganzen Körper erfasst. Eine „Katholische Geschichte" war eine Beschreibung der Weltereignisse und nicht nur des Geschehens in einer bestimmten Gegend. Christianisiert wurde die Vokabel zu Beginn des 2. Jahrhunderts durch Ignatius von Antiochien; dann hat das Wort eine große Karriere gemacht, weil es für eine Menge von kirchlichen Wirklichkeiten passte. So bezeichnete man damit die weltweite Ausbreitung, die zeitüberdauernde Existenz, die Rechtgläubigkeit der Kirche und noch andere kirchliche Charakteristika. Der Grundsinn kann umschrieben werden: Die Kirche hat die Fülle des Christusheiles der Fülle der Schöpfungswirklichkeit zu vermitteln.

Weil *katholisch* ein so fassettenreiches Wort ist, blieb es in den meisten Sprachen, das Lateinische nicht ausgenommen, unübersetzt, im Deutschen aber nicht. Die Reformatoren fanden zwei Übertragungen (nicht eigentlich wörtliche Übersetzungen!) aus vorreformatorischer Zeit vor, die sie, wie wir gerade sahen, verwendet haben. Als „katholisch" zur Konfessionstitulatur wurde, mussten sie wohl oder übel dabei bleiben, um ihnen unliebsame Mißverständnisse zu meiden.

Einheit und Katholizität in Spannung

Die erste und die dritte Kircheneigenschaft des Credo sind aufeinander bezogen, so dass die eine mit der anderen lebt und stirbt. *Einheit* kann man nur denken, wenn man auch *Vielheit* (die dem Katholischen stets zugrunde liegt) denkt, sonst ist Einheit Totalitarismus; jede *Vielheit* setzt ein Einheitsprinzip voraus, sonst ist sie nur Chaos. In der Geschichte des Abendlandes einschließlich der Kirchen- und Theologiegeschichte hat man freilich aufgrund des Einflusses des griechischen Philosophen *Platon* diese Bezogenheit (Korrelation) der beiden

Gegebenheiten oft vergessen: *Einheit* galt immer mehr und stand immer hierarchisch höher als *Pluralität*. So war man, grundsätzlich der Lehre des Neuen Testamentes treu, auf eine möglichst haarrissfreie Einheit(lichkeit) in Lehre, Liturgie, Lebensformen, Leitung aus, vergaß aber, dass im Neuen Testament die *eine* Lehre (u. a.) in *vier* Evangelien, die *eine* Christustreue in *vielen* Strukturformen kirchlicher Verfassung (Kap. 29) sich darbot und darbieten lassen sollte. Das Leitwort lautete statt „Einheit in Vielfalt" *Einheit gegen Vielfalt*. Die letztere hatte allenfalls Bedeutung als Quantität („Die eine Kirche zählt Millionen Mitglieder"). Damit wurde auch die Katholizität zu einem quantitativen Prinzip: Bis in die Mitte des letzten Jahrhunderts stand in den Lehrbüchern: Katholisch ist die Kirche, weil überall auf Erden verbreitet.

Das Credo hat es so nicht gemeint: Im Kasten ist ein Auszug aus einem Epoche machenden Buch des später zum Kardinal erhobenen französischen Jesuiten *Henri de Lubac* wiedergegeben, der, gestützt auf die Kirchenväter, zeigt, was wirklich *Katholizität* bedeutet. Sie ist eine *qualitative Kennung* der Kirche: Wichtig ist nicht, dass sie überall Filialen hat, die der Konzernzentrale und untereinander wie ein Ei dem anderen gleichen, sondern dass dort, wo Kirche ist, die schöpfungsgegebene vielförmige Wertigkeit der Menschen und Dinge durch Christus geheiligt und damit zu ihrer vollen Würde gebracht wird. Die Kirche in Los Angeles macht das deutlich (Bild): Sie entspricht den Erfordernissen des christlichen Gottesdienstes (Beachtung der Einheit), tut das aber in Aufnahme moderner Stilelemente (Verwirklichung der Katholizität).

Katholisch ist, wer katholisch wird

Das Doppel *Einheit/Katholizität* hat seinen tiefsten Grund in der Christuswirklichkeit: Jesus ist wahrer Gott und damit Erscheinung der unendlichen Fülle Gottes und er ist ebenso wahrer Mensch und deswegen mit der vielfältigbunten Schöpfung verbunden. Nachfolge Christi ist wie für den Einzelnen so für die Gemeinschaft der Glaubenden nur möglich, wenn sie mit dem einen Herrn und durch ihn mit dem dreieinen Reichtum Gottes verbunden ist – und so die *eine Kirche* ist; aber weil die einzelnen Individuen und die Gemeinschaft Zeiten, Räume und Völker umspannen, muss die darin beschlossene Vielfalt Lebensrecht und Lebensglück in dieser Kirche finden, die darum wesentlich *katholische Kirche* ist. Wer die Realität kennt, der weiß, dass das Problem heute weniger die Einheit als die Katholizität ist: Es gibt noch über alle Maßen viel Uniformismus,

Zentralismus, Totalitarismus, Absolutismus bei den Christen auf allen Ebenen und in allen Rängen. Das mag verständlich sein, denkt man an die Gefahr und Realität der Spaltung und des Streites, die in jeder Generation latent und oft auch virulent sind. Da scheint es leichter und sicherer zu sein, die qualitative Vielheit wieder auf die quantitative Dimension zu reduzieren, aus der Einheit Gleichförmigkeit zu machen. Damit aber würde die Kirche in ihrem Kirchesein unkenntlich: Sie wäre Zeichen nicht mehr der Geschwisterlichkeit der so unterschiedlichen Kinder Gottes, sondern allenfalls einer militärischer Disziplin. Die volle Verwirklichung der Einheit und der Katholizität steht, so wie die Dinge gegenwärtig liegen, noch aus. Noch einmal: Beide können nur miteinander gedeihen oder miteinander untergehen. Wir leben heute in der immer mehr zusammenwachsenden Welt, dem *global village*, dem Weltdorf. Friede in diesem Dorf kann nur werden, wenn die Schätze aller in die gemeinsame Scheuer eingebracht werden. Die Marschrichtung zu diesem Ziel hatte vor vierzig Jahren das Zweite Vatikanische Konzil bereits ausgegeben. In der Pastoralen Konstitution „Gaudium et spes" über die Kirche in der Welt von heute, dem erst während der Kirchenversammlung entstandenen zukunftsträchtigen Dokument, hatten die Bischöfe im Schlusswort als Auftrag der Glaubenden definiert, „die ganze Welt mit der Botschaft des Evangeliums zu erleuchten" und als Weg dazu Geschwisterlichkeit und Dialogbereitschaft genannt. „Das aber verlangt von uns", so fuhren sie fort, „dass wir vor allem in der Kirche selbst, bei Anerkennung aller rechtmäßigen Verschiedenheit, gegenseitige Hochachtung, Ehrfurcht und Eintracht pflegen, um ein immer fruchtbareres Gespräch zwischen allen in Gang zu bringen, die das eine Volk Gottes bilden, Geistliche und Laien. Stärker ist, was die Gläubigen eint als was sie trennt. Es gelte im Notwendigen Einheit, im Zweifel Freiheit, in allem die Liebe" (Nr. 92). Katholisch sein heißt katholisch werden.

29. Die Verfassung der Kirche

Der thronende Christus zwischen Petrus und Andreas zur rechten,
Paulus und Lukas zur linken Seite; zu Füßen der Stifter, Papst Honorius III.,
Mosaik um die Wende zum 13. Jh.
(Basilika St. Paul vor den Mauern)

Fast alle modernen Staaten besitzen eine geschriebene Verfassung; für Deutschland ist diese das „Grundgesetz" vom 23. Mai 1949. Verfassungen enthalten die Regeln, nach denen die Staatsgewalt gehandhabt und die Staatsorgane eingerichtet werden sollen; sie behandeln das Verhältnis des Staates zu den Staatsbürgerinnen und Staatsbürgern; vor allem sichern sie diesen die Grundrechte. Damit sind Verfassungen das Gegenstück zu Systemen der Willkürherrschaft und des Absolutismus, in denen der Wille des Herrschers Leitgesetz ist.

In diesem *formalen Sinn* gibt es in der römisch-katholischen Kirche keine Verfassung. Im Zug der Neugestaltung des kirchlichen Rechtsbuches (erschienen 1983) gab es Versuche, ein „Grundgesetz der Kirche" (*Lex Ecclesiae fundamentalis*) zu erarbeiten; sie kamen nicht zu Erfolg. Damit ist nicht gesagt, dass die Kirche anarchisch oder dem unbeschränkten Wollen der Kirchenleiter ausgesetzt sei. Sie verfügt über eine Verfassung im *materialen Sinn*, sofern genau die Vorkehrungen, die gewöhnlich in einem eigenen Dokument zusammengefasst sind, hier im normalen Gesetzes- und Gewohnheitsrecht enthalten sind. Wie wir schon wissen (Kap. 19) kennt jenes Rechtsbuch, das *Corpus Iuris Canonici* einen eigenen „Titel" mit der Überschrift „Pflichten und Rechte aller Gläubigen" (can. 208–223) und einen anderen mit den „Pflichten und Rechten der Laien" (can. 224–231). Das ist neu; und früher waren solche Rechte nicht kodifiziert.

> Weil nämlich Gott selbst vor allem als „communio" der Liebe zwischen Vater und Sohn im Heiligen Geist verehrt wird, wird die Kirche als Gleichnis, als „Sakrament" dieser Communio verstanden … Deswegen kann ihre sichtbare (auch soziologisch beschreibbare) Erscheinungsweise nicht etwas bloß Äußerliches und Zweitrangiges sein, sondern muss zeichenhaft diesen ihren theologischen Sinngehalt zum Ausdruck bringen. Gehalt und Gestalt der Kirche werden darum als untrennbare, sakramentale Einheit gesehen: Sie ist nur dann wahre Communio im Glauben, wenn sie sich in allen Bereichen als „kommunikativer" Lebensraum des Glaubens verwirklicht. Eine hohe Sensibilität für das Zusammenstimmen von Communio-Theologie und kommunikativem Lebensstil zeichnet diese Sicht der Kirche aus.
>
> Medard Kehl, Die Kirche. Eine katholische Ekklesiologie, Würzburg 1992, 37.

Die Grundstruktur der Kirche

Dass sich die Kirche etwas schwer tut, der modernen Rechtskultur zu folgen, hat mit ihrem Wesen zu tun. Verfassungen sind ein Kennzeichen des modernen, d. h. des säkularen, nicht mehr im „Gottesgnadentum" verwurzelten Staates. Die Kirche versteht sich aber nach wie vor und unaufgebbar als eine Institution, welche ihr Fundament im Willen Gottes hat: Sie ist *Heilssakrament* (Kap. 27) und sie ist als die *eine Kirche katholisch* (Kap. 28). Infolgedessen können prinzipiell alle institutionellen Elemente, die der heilschaffenden Einheit von Nutzen sind, auch Struktur- und Verfassungselemente der Kirche sein. Das theologische Moment steht also deutlich im Vordergrund. Man sieht das sehr schön im Apsismosaik der römischen Grabeskirche des hl. Paulus: Christus lehrt, umgeben von den Hauptaposteln und zwei weiteren wichtigen Jüngern seiner Gefolgschaft. Der Papst, zur Fertigungszeit des Kunstwerks wie heute der unbestrittene Leiter der römisch-katholischen Kirche, ist winzig klein in gekrümmter Haltung: Seinem Herrn gegenüber ist der Träger der Kirchenvollmacht unwichtig – aber nicht überflüssig.

Tatsächlich hat sich zum einen die Rechtsregelung im Organismus der Kirche sehr langsam zur heute geltenden Gestalt entwickelt, zum anderen hat sie keine Form ganz ausgeschlossen, die in menschlichen Institutionen ausgebildet worden ist. In den verschiedenen Kirchentümern, die entstanden sind, ist allerdings jeweils die Balance zwischen den Verfassungsstrukturelementen nicht gewahrt worden. Das bildet heute einen der kompliziertesten Hinderungsgründe für die Einheit der Christenheit (vgl. Kap. 40). So ist in der römisch-katholischen Kirche mit der Konzentration auf den päpstlichen Primat eine eher monarchische Verfassung in Kraft. In den orthodoxen Ostkirchen finden wir die bischöfliche Macht im Zentrum der Kirche, die damit an aristokratische Organisationen erinnern. An moderne Demokratien gemahnt die Synodalstruktur in den lutherischen Kirchentümern: Die Regierung vollzieht sich eher kollegial. In den Freikirchen endlich begegnet uns eine Art Basisdemokratie: Jede Gemeinde ist weitestgehend autonom. Mit Bedacht sind die letzten Sätze mit Einschränkungen versehen: Keine Konfession nämlich ist die pure Gestaltwerdung des Typs, dem sie angehört. So gibt es, um eine naheliegende Illustration zu verwenden, in der römisch-katholischen Kirche trotz der Zuspitzung auf den Papst auch die Lehre von der Kollegialität der Bischöfe, die ebenfalls die höchste Macht (zusammen mit dem Papst) in der Kirche besitzen. Im letzten Konzil wurde aber nicht nur diese Lehre neuerlich betont, sondern auch die in der frühen Kirche ausgeprägte synodale Gestalt wieder belebt durch die Einrichtung der verschiedenen „Räte", deren bekanntester der Pfarrgemeinderat ist. Im Übrigen weiß jeder: In vielen Dingen sind die Pfarrgemeinden praktisch sehr autark; sie müssen sich von niemanden etwas dareinreden lassen. Ähnlich ließe sich leicht auch für die anderen Konfessionen zeigen, dass die jeweilige Verfassung eine Akzentgebung, aber keine Exklusivsetzung bestimmter Strukturformen darstellt.

Die Communio-Gestalt der Kirche

Gleichwohl verrät man kein Geheimnis, wenn man erklärt: Viele Menschen in der römisch-katholischen Kirche fühlen sich angesichts der konkreten Verfassung der gegenwärtigen Kirchengestalt in keiner guten Verfassung. Der bekannte Politikwissenschaftler Hans Maier hatte 1970 zusammen mit dem damaligen Professor Joseph Ratzinger ein Büchlein „Demokratie in der Kirche. Möglichkeiten und Grenzen" veröffentlicht. In der Neuausgabe 2000 prüft er in einem Nachwort, wie es mit der Umsetzung der „Möglichkeiten" in die Alltagswirklichkeit der Kirche steht. Schlecht, registriert er. Das Rechtsstaatsprinzip, die Gewaltenteilung, die Mitwirkung der Laien, die Differenzierung der Gesetze – alles das hinkt gewaltig dem Niveau der weltlichen Rechtspartner hinterher, meint der Autor.

Das muss nicht so sein. Das Zweite Vatikanische Konzil hatte im Rückgriff auf das Wesen Gottes als des Dreifaltigen und somit als Gemeinschaft der göttlichen Personen wie auch auf die Gemeinschaftsnatur der Menschen als Kinder Gottes die Kirche wieder in den theologisch-anthropologischen Kontext gestellt, der ihr als Heilssakrament zukommt. Gemeinschaft (lat. *communio*) muss daher Grundstruktur und Grundverfassung der Kirche sein. Auf mehreren Ebenen kommt sie zur Umsetzung. Zuerst ist Kirche communio als *Kommunion*, also als Gemeinschaft mit Gott in Wort und Sakrament (vor allem in der Eucharistie). Dann ist sie communio *der Glaubenden untereinander*, die vor allem in den Ortsgemeinden gelebt werden muss. Drittens ist sie communio *mit den Amtsträgern* der Kirche, deren gesamtkirchliche (Papst) und diözesane Spitze (Bischof) daher in jeder Eucharistiefeier namentlich erwähnt werden. Endlich zeigt sie sich als communio der *Ortskirchen untereinander*, vertreten durch die Bischöfe einzeln in der alltäglichen Lehrverkündigung in ihren Diözesen oder versammelt in einem Ökumenischen Konzil oder auch gemeinsam in Zwischeninstanzen wie den Bischofskonferenzen und den Patriarchaten (im

Osten). Wie alle diese Ebenen zusammenhängen, hat der Ekklesiologe Medard Kehl sehr schön gezeigt (Kastentext). Darüber hinaus ist hinzuweisen, dass der communio-Begriff in den *ökumenischen Dialogen* eine große Rolle spielt: Auch die Beziehungen der Konfessionen zu- und untereinander müssen – gerade wegen der Unschärfe der jeweiligen Verfassungsprofile – unter diesem Aspekt durchleuchtet werden.

Kirche als Gemeinschaft der Heiligen

Die Communio-Gestalt der Kirche ist in der Neuzeit neu entdeckt worden, etwas Neues ist sie keineswegs. Sie ist im christlichen Glaubensbekenntnis selber von den Anfängen an verankert. „Ich glaube ... die Gemeinschaft der Heiligen (*communionem Sanctorum*)", heißt es im Apostolicum. Erstmals taucht die Formel am Ausgang des 4. Jahrhunderts auf. Sie bezog sich zuerst auf die *sancta*, die heiligen Gaben, also auf die Eucharistie, wurde aber dann aufgrund des kirchenbegründenden Charakters derselben (Kap. 37) auf deren Empfänger ausgeweitet, die als *sancti*, durch die Gaben geheiligten Menschen, bereits im Neuen Testament figurieren. Die Kirchenglieder sind von der Schöpfung wie von der durch die Kirche sich vollziehenden Heiligung her (Kap. 9, 27 und 50) Kinder Gottes und folglich zueinander wie Schwestern und Brüder. Das sind nicht Bezeichnungen frommen Überschwangs, sondern Angaben über Sein und Wesen der Christen mit Verfassungsbedeutsamkeit.

Verfassungen müssen dem Wesen ihrer Institution ebenso wie dem Wesen der Mitglieder gerecht und der Lebenswelt der Zeit, in der diese die Institution verkörpern, gemäß sein. Mit der Communio-Theologie ist ein Strukturprinzip für die Kirche Christi wieder gefunden worden – jetzt muss es von den Christinnen und Christen in der Kirche Christi gemäß der Treue zu deren Verfassung realisiert werden. Da gibt es eine Menge zu tun!

30. Das Amt in der Kirche

Auf dem Konzil von Konstantinopel (381) verfassen die Bischöfe das (Große) Glaubensbekenntnis als Lehrer und amtliche Zeugen der Kirche. Das aufgeschlagene Buch zeigt den Text des 3. Glaubensartikels in griechischer Sprache: „Und (ich glaube) an den Heiligen Geist, der Herrscher ist und Leben spendet, hervorgegangen aus dem Vater."

© Sieger Köder, Fassung. Glasfenster Heilig Geist, Ellwangen

Was amtlich ist, kann man meist schwarz auf weiß nach Hause tragen: Das ist verlässlich, das ist wirklich so, darauf darf man vertrauen. Aber das Amtliche ist sehr oft auch unangenehm, einschränkend, im Alltag nur schwer umzusetzen. Ämter besucht man nicht gern, Amtsträger erzeugen bei den anderen Leuten latent Misstrauen. Das trifft auch für das Kirchen-Amt zu. Das Neuwort „Amtskirche" ist geradezu zum Schimpfwort geworden. Es legt nahe, dass die Kirche aus zwei Teilen besteht, dieser verknöcherten „Amtskirche" eben und einer „charismatischen" Basiskirche – und alles Böse und alles Gute ist säuberlich auf die beiden Hälften verteilt. Leben wir mithin in einem Schisma, einer Spaltung der einen Kirche?

> Kirche sollte sein; Jesus hat keine individualistische Gläubigkeit gewollt. Aber doch wohl eine Kirche des Vertrauens, der Freiheit und der Liebe. Damit ist keine „geistige Kirche" gemeint, die nicht Leib würde; keine pneumatische Kirche, die nicht wirklich in Geschichte eingehen könnte. Immer wäre Gliederung und Ordnung gewesen; Amt und Unterschied der Befugnisse, Führende und Geführte, Priestertum und Laien; Lehre in Autorität und Annahme in Gehorsam. Doch in Freiheit, Vertrauen und Liebe. Dann aber ist der zweite Sündenfall geschehen, in Auflehnung gegen den Sohn Gottes, und von da her liegt die Kirche in Gefahr, die heilige Ordnung als „Gesetz" misszuverstehen und zur Unfreiheit zu missbrauchen.
>
> Romano Guardini, Der Herr, Mainz–Paderborn [16]1997, 288.

Die Klärung der Begriffe

Was ist eigentlich *Amt* und was ist *Charisma* im theologischen Sprachgebrauch? An erster Stelle muss man wissen, wovon wir reden wollen. *Amt* hieß ursprünglich im Althochdeutschen „Dienst" oder „Gefolgschaft". Im Keltischen ist *ambaktos* der Gesandte; die Griechen hätten das mit *apostolos* (Apostel) übersetzt. Inhaltlich verstand man darunter wie auch heute noch eine offizielle, mit bestimmten Funktionen verbundene Position innerhalb der (in unserem Falle: christlichen) Gemeinschaft. Gewöhnlich ist sie gekennzeichnet durch Dauer, festen Titel, Autorität, rechtliche und finanzielle Absicherung wie durch geordnete Bestellung. Das altgriechische Wort *Charisma* bedeutet seit den paulinischen Briefen (Hauptbelegstelle ist 1 Kor 12) vor allem eine durch den Heiligen Geist verliehene Gabe oder Befähigung, vor anderen dadurch ausgezeichnet, dass sie zum Dienst an der ganzen Gemeinschaft (nicht zur persönlichen Vervollkommnung) gegeben ist. Paulus kennt viele solcher „Gnadengaben", wie man am besten übersetzt, zur Auferbauung der Kirche, darunter auch solche, die wir heute als Leitungsaufgaben bezeichnen. Andere sind später hinzugekommen; ihre Liste ist nicht abschließbar. Jedenfalls ergibt der Befund: Dem Neuen Testament zufolge ist zwischen *Amt* und *Charisma* kein Gegensatz, vielmehr ist „Charisma" der Oberbegriff, unter den „Amt" fällt: Das *Amt* ist *ein* Charisma unter anderen. Diese sind zum Dienst am Ganzen der Kirche bestimmt; das Amt hat daher nichts anderes als alle anderen Charismen, wenn natürlich auch anders als je sie, zu tun, dem Ganzen nämlich auf *seine Weise* zu Dienst zu sein, wie die anderen es auf die *ihre* tun.

Apostolizität

Wir müssen nach dieser besonderen Dienstgestalt fragen, wenn wir wissen wollen, was das Amt in der Kirche ist. In Kap. 28 hatten wir als eine der Wesenseigenschaften die *Apostolizität* erwähnt. Darunter ist die für die Existenzerhaltung der Kirche unerlässliche Verbindung zum Ursprung, also letztlich zu Jesus, gemeint, die historisch aber nur über die Apostel als Erstzeugen der Auferstehung geknüpft werden kann. Sie ist wie ein Seil, geflochten aus vier Strängen: Die Einzelkirchen (ohne die es die communio der Gesamtkirche nicht gibt: Kap. 29) verdanken ihre Existenz den Aposteln; die Glaubenslehre ist von den Aposteln (und ihren Schülern) verbindlich im Neuen Testament festgeschrieben (Kanon: vgl. Kap. 2); die Lebensnachfolge Christi ist in der Weise der Apostel zu vollziehen; die Apostel haben ihre Vollmacht zum Dienst an der Glaubensgemeinschaft so weitergegeben, dass nur in der Kontinuität des Weitergabeaktes (die Handauflegung) jemand Vollmacht zum Dienen an und in der Kirche, kurz: Amtsbestellung bekommt. Ist jemand in dieser Weise berufen worden, sagt man: Er steht in der *apostolischen Sukzession* (lat. *succedere*, nachfolgen).

Auf diesen letzten Punkt kommt es in unserer Überlegung an. Denn an ihm hängt Gestalt und Gehalt des kirchlichen Amtes. Was die Gestalt anlangt, so ist die Frage nach der Tatsächlichkeit der Sukzession die Kern- und Sternfrage der römisch-katholischen Kirche an die anderen christlichen Konfessionen, zuletzt in aller Deutlichkeit erhoben in der Erklärung „Dominus Jesus" der Glaubenskongregation aus dem Jahr 2000: Habt ihr ein gültiges, d. h. das apostolische Amt? Da nach katholischer Überzeugung nur vollgültige Amtsträger Eucharistie vollziehen können, entscheidet die Antwort auch, ob ein Katholik etwa beim lutherischen Abendmahl kommunizieren darf oder nicht. Dem hier angerissenen Problembündel, das übrigens heute der Haupthinderungsgrund für Kirchengemeinschaft in Wort und Sakrament zwischen der römisch-katholischen und den aus der Reformation kommenden Kirchen ist, gehen wir an dieser Stelle nicht nach (vgl. Kap. 39). Nachfolgend soll nur von den Ämtern der römisch-katholischen Kirche und ihrer Gestalt zunächst, dann vom Gehalt des Amtes gesprochen werden.

Amtsgestalt

In der römisch-katholischen Kirche unterscheiden wir *Grundämter* und *Hilfsämter*. Erstere gehören zur Grundgestalt der Kirchenverfassung (Kap. 29). Sie geben der jeweiligen kirchlichen Gliederung die personale Spitze. Für die Gesamtkirche ist das der Bischof von Rom, der Papst. Für die mit ihm geeinten Rituskirchen des Ostens ist es ein Patriarch, für die westlichen Diözesen der Bischof. Mehrere Diözesen sind zusammengefasst zu einer Metropolie, die ein Metropolit (gewöhnlich im Rang eines Erzbischofs) vorsteht. Schließlich gibt es die Teilgemeinden einer Diözese, die Pfarreien, die von einem Pfarrer geleitet werden. Der gegenwärtige Priestermangel in Deutschland zwingt dazu, dass die zuletzt getroffene Feststellung bald nur mehr den Idealfall beschreibt.

Hilfsämter sind alle anderen Ämter, selbst wenn sie als hochrangig gelten, so z. B. die vielen Ämter in der römischen Zentralverwaltung, Kardinäle einbegriffen. Aber auch Domkapitulare, Offiziale, Kapläne sind nur Helfer des Trägers eines Grundamtes und daher in ihrer Kompetenz und ihren Rechten von diesem her bestimmt.

Voraussetzung für die Aufnahme in die Grundämter ist die Einbeziehung in die apostolische Sukzession. Sie geschieht durch das Weihesakrament (sacramentum ordinis). Es kennt drei Teilsakramente und entsprechend drei Weihestufen: Durch die Diakonatsweihe wird man Diakon, durch die Priesterweihe Priester, durch die Bischofsweihe Bischof. Um Amtsträger zu werden, bedarf der Geweihte noch zusätzlich der Erteilung der Amtsvollmacht (*Jurisdiktion*) durch die zuständige Autorität. Sie kann für ein Grundamt oder ein Hilfsamt gegeben werden. Einer kirchlichen Beauftragung, der *missio canonica*, bedürfen auch Nichtgeweihte, wenn sie amtliche Aufgaben ausüben – so die Religionslehrerinnen und Religionslehrer für die Katechese im Namen der Kirche.

160

Amtsgehalt

Das Wesen des Amtes bestimmt sich von seiner Qualität als *Charisma*. Es ist zum Dienst bestimmt, in allen seinen Realisierungen auf das Wohl der Kirchenglieder ausgerichtet – Romano Guardini hat knapp und genau beschrieben, was das für Folgen haben sollte (Kastentext). Seit alters (auch außerhalb des Christentums) gibt es das Bild vom Hirten: In einer agrarischen Welt ist Vieh kostbarer Besitz, der gepflegt werden, für den jede Lebensmöglichkeit aufgeschlossen werden muss. Im Einzelnen besteht diese Hirtenaufgabe in der Verkündigung des Glaubens, die feierlich durch eine päpstliche Unfehlbarkeitsentscheidung oder durch ein aus den Bischöfen der Weltkirche mit dem Papst tagenden Ökumenischen Konzil (Bild) erfolgt, ansonsten durch die täglichen Vollzüge des Lehramtes (Kap. 4), ferner durch die Spendung der Sakramente zur Heiligung des Gottesvolkes und endlich durch alle einheitsstiftenden Leitungsvollzüge in der und für die Kirche.

Neue Ämter?

Weil grundsätzlich alle Kirchenmitglieder für das Wohl der Kirche verantwortlich sind und mit je ihren eigenen Charismen dazu beitragen, haben sich in den letzten Jahrzehnten nicht allein, aber doch wesentlich durch den Mangel an geweihten Amtsträgern veranlasst, Männer und Frauen gefunden, die hauptberuflich für die Gemeinden tätig sein, aber nicht in die apostolische Sukzession treten wollen (z. B. weil sie nicht bereit sind, die Ehelosigkeit auf sich zu nehmen: Kap. 35) oder können (z. B. weil sie Frauen sind: Kap. 26). So haben sich neue kirchliche Berufe gebildet wie der des Pastoralreferenten oder Pastoralassistenten (einschließlich der weiblichen Parallelen). Diese Personen können unter bestimmten kirchenrechtlich geregelten Bedingungen sogar bisher ausschließlich Amtsträgern vorbehaltene Funktionen übernehmen, z. B. die Leitung einer Pfarrei. Die Entwicklung ist gegenwärtig im Fluss; ob sie zu einer Neudefinition des Amtsbegriffs führen wird, steht dahin.

31. Gehorsam in der Kirche

Schulunterricht, Gottfried de Os, 1486

Der Holzschnitt aus einer Lateingrammatik des ausgehenden 15. Jahrhunderts, den wir reproduzieren, zeigt auf einem prächtigen Lehrstuhl in nicht minder prächtiger Gewandung einen Magister mit der Rute in der Hand. Zu seinen Füßen sitzen winzig klein drei dickliche Knaben und schauen gläubig zu ihm auf. Das Strafwerkzeug lässt solche Haltung auch sehr geraten erscheinen: Gehorsam pur! Die Nachfolge jenes Ober-Lehrers können von solchen Zeiten nur noch träumen. Die Ober-Kirchenleute auch. Gehorsam war eine mittelalterliche Grundtugend, die wie in der Schule so auch in der Kirche galt, ja in der Kirchenwelt ihren Grund sah. Eine häufige Benennung der Kirche lautet „Mater et Magistra", mütterliche Lehrerin. Gemeint

> *Wenn einem Bruder etwas Unmögliches aufgetragen wird.*
>
> Wenn einem Bruder etwas aufgetragen wird, was schwer oder unmöglich ist, nehme er die Weisung des Auftraggebers in aller Ruhe gehorsam entgegen. Wenn er aber sieht, dass die auferlegte Last das Maß seiner Kräfte völlig übersteigt, suche er die Gründe seines Unvermögens seinem Vorsteher in geeigneter Form und mit Geduld verständlich zu machen, ohne Stolz, Widerstand oder Widerspruch. Wenn der Obere nach einem solchen Vorschlag bei seinem Wort oder Befehl bleibt, wisse der Jüngere, dass es für ihn so zuträglich ist, und er gehorche aus Liebe, im Vertrauen auf Gottes Hilfe.
>
> Benedikt v. Nursia, Regel Nr. 68, Übers. G. Holzherr, Die Benediktsregel, Einsiedeln 1980, 271.

war mit „Kirche" nicht die Glaubensgemeinschaft als solche, sondern deren Amtsträger. Die Älteren haben Friedrich Schillers Ballade „Der Kampf mit dem Drachen" (1798) wahrscheinlich noch auswendig lernen müssen: *„Mut zeiget auch der Mameluck, Gehorsam ist des Christen Schmuck; ... der Pflichten schwerste zu erfüllen, zu bändigen den eignen Willen."* Das ist die Lehre des Ordensmeisters für den jungen Ritter, der gemeint hatte, oberstes christliches Gebot sei die Nächstenliebe, weshalb er wider die Weisung des Oberen den Kampf mit dem Ungeheuer aufgenommen hatte.

Gehorsamseide

Alles das sind zwar Geschichten aus der alten Zeit, aber die neueste Geschichte berichtet auch nichts anderes aus Kirchenkreisen. Im 20. Jahrhundert wurden sie nicht müde, wieder und wieder Gehorsam nicht allein einzufordern, sondern die Kirchenglieder zu veranlassen, diesen eidlich zu beschwören. Solche Notwendigkeit stand ihnen so hoch, dass sie darüber das sehr klare Schwurverbot Jesu (Mt 5,33–37) übergehen zu dürfen meinten. Papst Pius X. hatte den so genannten *Antimodernisteneid* gefordert, der von Paul VI. aber abgeschafft, bzw. durch eine kurze Formel ersetzt worden war. Gegen bestimmte vom Lehramt als *modernistisch* (also nicht traditionsentsprechend) eingestufte Sätze aus dem philosophischen, theologischen und ethischen Bereich hatten die Schwörenden sich mit der päpstlichen Lehrauffassung konform zu erklären. Der jüngste Fall reicht weit darüber hinaus: Am 14. März 2000 schrieb die Deutsche Bischofskonferenz für ihren Bereich eine bereits 1989 von Rom geforderte „Professio fidei" (Glaubensbekenntnis) mit einem „Treueid" vor, den dem Kirchenrecht zufolge bestimmte Personen bei der Übernahme eines kirchlichen Amtes ablegen müssen. Der letzte Satz der „Professio fidei" lautet:

> „Außerdem hange ich mit religiösem Gehorsam des Willens und des Verstandes den Lehren an, die der Papst oder das Bischofskollegium vorlegen, wenn sie ihr authentisches Lehramt ausüben, auch wenn sie nicht beabsichtigen, diese in einem endgültigen Akt zu verkünden."

Man muss also, wenigstens wenn man dem Personenkreis zugehört, dem der Eid abverlangt wird, z. B. den Priesteramtskandidaten, die geweiht werden wollen, offenbar allen oberhirtlichen Anweisungen ohne jede Ausnahme absoluten Gehorsam leisten. Es ist auch nicht abgrenzend vom theologischen oder ethischen Bereich die Rede, den seinerzeit der Antimodernisteneid betraf – Einschränkungen werden nicht gemacht. Für viele Betroffene ist damit die Gehorsamproblematik höchst akut geworden.

Kadavergehorsam?

Gehorsam war zweifellos einmal eine Haupttugend in unserer Gesellschaft. Ebenso außer Zweifel steht: Heute hat er keine hohe Geltung. Das liegt nicht zuerst daran, dass die Menschen selbständig und selbstbezogen geworden sind: Das waren sie früher auch nicht selten. Gehorsam hat nie süß geschmeckt. Aber wir gehören einer Generation an, die immer noch geschockt ist von den Exzessen, die im Namen des Gehorsams in der Zeit der nationalsozialistischen Herrschaft, in den Kriegen des vergangenen Jahrhunderts geschehen sind. Wenn darum heute in Umfragen bei Eltern *Verantwortung* an erster, Gehorsam an letzter Stelle unter den Erziehungswerten genannt werden, die sie ihrem Nachwuchs vermitteln wollen, kann das nicht verwundern.

Hinzu kommt eine weitere Erfahrung, die die Menschen in der Kirche gemacht haben. Sie sind heute wesentlich informierter über die Ereignisse der Kirchengeschichte als die Vorgenerationen; auch die Informanten in der Kirche selber, die Kirchenhistoriker, berichten jetzt ungeschminkt und fernab verkrampfter Verteidigungshaltung über das Böse der Vergangenheit. An erster Stelle in Wissenschaft wie Kirche steht die Wahrheit! Und zu ihr gehört: Hohe und höchste Kirchenleiter haben mit hoher Verbindlichkeit gelehrt, was ganz sicher und heute diskussionslos als falsch zu betrachten ist. Dazu zählen nicht nur den Kosmos betreffende Behauptungen („Sonne dreht sich um Erde"), sondern auch die Annahme der Existenz von Hexen, des Minderwertes der Frauen und der Berechtigung des Antisemitismus – um Weniges aus einer langen Liste zu nennen, die man hier einsetzen könnte. Am 15. Juni 1520 verurteilte Papst Leo X. folgenden Satz Luthers als Irrtum: *„Dass Häretiker verbrannt werden, ist gegen den Willen des Heiligen Geistes"* (DH 1483). Der heutige Papst würde sich, getragen vom Zweiten Vatikanischen Konzil und seiner Lehre von der Religionsfreiheit, nicht seinem Vorgänger, sondern dessen Gegner anschließen.

Man kann also, steht man ehrlich zu den Tatsachen, die kirchenamtlichen Gehorsameinforderungen nicht unbesehen und diskussionslos zum Nennwert nehmen. Wie aber dann? Denn so viel kann als sicher gelten: Ohne Gehorsam zerfällt eine Gemeinschaft, ohne Lehrgehorsam geht die Glaubensgemeinschaft zugrunde. Die Theologen der Kirche haben seit eh und je Kriterien entwickelt für die konkrete Umsetzung dieser notwendigen Tugend. Zu unterscheiden ist z. B. die Bedeutung eines Lehrsatzes – ist er grundlegend für den Glauben oder nur eine periphere Entfaltung der Glaubensfundamente? – oder der Vortrag einer Weisung – stützt sie sich auf Argumente und sind diese stichhaltig oder nicht? Nicht zuletzt ist auch die Förderlichkeit für den Glauben bedeutungsvoll – mehrt eine Maßnahme den Glauben und die Liebe in der Kirche oder weckt sie (wenigstens hier und unter den hiesigen Bedingungen) schädlichen Widerstand gegen die Kirche überhaupt? Eine autoritative Vorlage ist stets auf die Annahme (*Rezeption*) durch die Adressaten angewiesen, wobei nicht außer acht gelassen werden darf, dass alle Getauften Geistträger und geistgeleitet sind (Zweites Vatikanisches Konzil „Lumen gentium" 12). Kirchlicher Gehorsam ist also ein sehr differenziertes Geschehen. Wie es sich regelt, zeigt ein Blick in eine uralte Tradition.

Mönchische Weisheit

Der Gehorsam ist ein wichtiger Pfeiler des mönchischen Lebens; er gehört mit Armut und Ehelosigkeit zu den drei Grundforderungen, zu denen sich verpflichtet, wer in einen Orden treten will. In allen Regelwerken spielt er darum einen wesentlichen Part – auch in der Benediktusregel, der ältesten des Abendlandes. An vielen Stellen wird er gegenüber dem Abt, dem Klostervorsteher, eingefordert. Aber er ist alles andere als Kadaverdisziplin. Das zeigt jene Regel 68, die im Kasten nachzulesen ist. Es geht um einen Konflikt zwischen einem (jungen) Mönch und dem Abt. Der Junge ist zunächst zu Gehorsam gehalten. Das verlangt die Nachfolge des bis in den Tod gehorsamen Gottessohnes. Aber wenn das unmöglich scheint, sucht er das Gespräch, legt Gründe dar, macht Vorschläge. Dahinter steht die in Regel 3 sichtbare Vorstellung, dass der Heilige Geist gar nicht immer beim Amtsträger ist, sondern sehr wohl auch bei den Jungen, sogar dem Jüngsten sein kann. Freilich gibt es kein endloses Diskutieren: Am Ende gilt das Wort des Oberen – aber dieses muss erfolgen in einer Atmosphäre der Liebe, nie der Macht oder aus dem Justamentstandpunkt heraus. Der Obere wird dann so weit wie möglich dem Unteren entgegenkommen, wohl wissend, dass im Heiligen Geist, der der Geist der Liebe ist, die Verhältnisse umgekehrt werden können. Und aus diesem Grunde wird auch der Untere die hohe Haltung des Gehorchens leisten können.

Zum oben zitierten Treueid haben die Deutschen Bischöfe einen Kommentar beigegeben, der benediktinischen Geist atmet: *„Die geforderte Haltung schließt nicht einen loyalen Dissens aus, der sich der Wahrheit verpflichtet weiß, sich begründeter Argumente bedient, dem Bemühen des Lehramtes den Respekt nicht versagt und sich am Wohl der Kirche orientiert."* Gehorsam ist eine dialogische Haltung, keine Untertanenmentalität. Dialoge aber leben stets aus Liebe.

32. Streiten in der Kirche

Ecce homo oder Christus und die Kritiker, James Ensor, 1891
(Privatsammlung Brüssel)

Wir lieben nichts mehr als Frieden und Harmonie – als Christinnen und Christen besonders. In jeder Eucharistiefeier ertönt der Friedensgruß – und verhalten wechseln wir ihn mit Nachbarin und Nachbarn in der Kirchenbank. Aber: Wenn ein erwachsener, zurechnungsfähiger Mensch behauptet, in der Kirche gebe es keinen Streit, dann hätte er Beruf und Wohnort geoutet. Er kann nur Eremit im Quellgebiet des Amazonas oder auf einem ansonsten menschenleeren Eiland in den Weiten des Pazifik sein. Alle anderen Kirchenleute können strophenreiche Lieder singen vom Unfrieden, den Intrigen, den Hinterhältigkeiten, den Tricksereien, den Denunziationen, den Hassausbrüchen in der Glaubensgemeinschaft. Das war immer so:

> *„Wie entsteht eigentlich Krieg, Papa?"*
> „Pass auf, mein Junge", sagte der Vater, „Stell dir vor, zwischen Deutschland und Österreich entsteht ein Streit." Die Mutter mischt sich ein: „Erzähl doch dem Kind keinen Unsinn! Wie soll denn zwischen Deutschland und Österreich ein Streit entstehen!?" – „Ich mein' ja bloß. Und denkbar ist es doch", wendet Vater ein. Mutter in scharfem Ton: „Aber wenn du dem Jungen etwas erklärst, muss das Hand und Fuß haben." „Du mit deinem ewigen Genörgel. Das geht mir schon lange auf die Nerven. Schließlich kann ich dem Fritz das erklären, wie ich will." Vater ist an der Grenze zum Brüllen. Mutters Nerven liegen blank. Der Sohn: „Danke, ich weiß jetzt, wie Krieg entsteht."

Kaum eine „Tradition" ist so ungebrochen von den Zeiten der Bibel an. In meiner Konkordanz (Verzeichnis aller Wörter in der Hl. Schrift mit Stellenangabe) werden zu *Streit* und *streiten* über 150 Belege registriert. Auch diese: Jesus streitet mit den Pharisäern, die Jünger untereinander, die Gemeinden mit den Aposteln und miteinander – und überhaupt soll nach Paulus der Christ ein „guter Streiter Christi Jesu" sein (2 Tim 2,3).

Das haben sich die Christen aller Ränge nicht zweimal sagen lassen, wenn auch möglicherweise nicht ganz im Sinne des Briefverfassers. Ihre theologischen Gegner (von den anderen ganz zu schweigen) haben sie nicht selten noch nach dem Tode schlecht gemacht – Päpste nicht ausgenommen. Selbst auf dem letzten Konzil kam es zu Handgreiflichkeiten zwischen den ehrwürdigen Bischöfen; immerhin rissen sie sich nicht mehr die Bärte aus wie auf dem Konzil von Trient. Die innerkirchlichen Schlammschlachten hören auch heute nicht auf. James Ensor hat sich nicht anders zu helfen gewusst, als sich als Christus, seine ärgsten Gegner als Christengegner zu zeichnen (Bild). Streit überall – und warum nicht der Friede, den wir lieben?

Streit und Liebe

Die Frage ist so alt wie das Denken. Bereits die vorsokratischen Philosophen haben sie gestellt und zu beantworten gesucht. Das Böse des Streitens ist unbestreitbar, gewiss – aber, so soll Heraklit zu bedenken gegeben haben, wenn die Streitgöttin Eris aus der Welt verschwände, würde diese zerfallen. Für ihn ist Streit universal und unaufhebbar. Gustav Simmel, ein deutscher Philosoph an der Wende zum 20. Jahrhundert, hat in der gleichen Denkbahn bemerkt, dass Streit eine Form des „Gegeneinander" ist, „das mit dem Füreinander unter einen höheren Begriff gehört" (Soziologie, 1908, 284).

STREIT die Kehrseite der Medaille, auf deren Vorderseite LIEBE steht? Das erstaunt nur auf den ersten Blick. Liebe will immer zwei Erfüllungen zugleich. Der Liebende sagt: *Sei ganz mein* (ein Stück von mir, also auch so wie ich selber). Er sagt ebenso: *Ich lasse dich sein* (als der Mensch, der du bist, also zu mir ganz anderes Wesen). Da ist ein Widerspruch eingebaut, der die Liebe zu sich selber bringt, aber auch den Streit gebiert. Die geliebte Person kann als andere und gerade in ihrem Anderssein geliebte Person weitestgehend, doch nie völlig im Liebenden aufgehen. Das Andere ist aber immer auch Gegensatz – und es kann weh tun, erregen, Hass aufflammen lassen, so der Andere darauf beharrt.

Streit ist also etwas ganz Normales. Unsere Harmonie(sehn)sucht verkennt die Wirklichkeit. Das gilt auch für den religiösen, den kirchlichen Bereich. Nur mit dem Zusatz: Streit hier ist meistens schlimmer als Streit auf anderen Gebieten. Denn nur zu leicht missverstehen sich die Religionsparteien je als Partei Gottes (arabisch: *Hisbollah*) und damit auf der guten Seite, die mit göttlicher Legitimation die Ketzer, die Bösen, die Satansengel, den Teufel mithin selber ausrotten muss. Die Geschichte aller Religionen, die christliche eingeschlossen, liefert wohl die schrecklichsten Beispiele fundamentalistischen Fanatismus in der Menschheit – und auch das bis heute und ungeachtet aller Aufklärung. Auch die täglichen Schlagzeilenlieferanten an der Wende zum neuen Jahrtausend, die Israelis und Palästinenser im Nahen Osten, die Katholiken und Protestanten in Nordirland, machen für ihren Hass religiöse Motive geltend. Sie stehen wenigstens auf einer Seite auch Pate für den ersten großen Krieg des 21. Jahrhunderts.

Der Grund liegt zum einen darin, dass es der Religion um das Heil geht und sie allverpflichtende Regeln anbietet, wie es einzig zu gewinnen ist. Da kann es scheinbar keinen Kompromiss geben. Zum anderen ist es aber so, dass alle Normtexte, auch die der Bibel, auslegungsbedürftig und auslegungsfähig sind.

Sie sind alle alt, alle in anderen geschichtlichen Situationen entstanden, oft zusammen mit anderen überliefert, die widersprüchlich sind. Und sie können anders nicht interpretiert werden als mit der Brille der Interpreten, also unter den historischen Voraussetzungen der gerade erfolgenden Textlektüre.

Damit bekommt unser Thema eine eindeutige Richtung. Es kann nicht lauten: Wie vermeidet man Streit in der Kirche? Das geht nicht, muss man gestehen. Es muss vielmehr lauten: Wie wird man in der Kirche *christlich* mit dem Streit fertig? Wir müssen Strategien der Konfliktbewältigung finden! Das ist natürlich leicht gefordert und schwer getan – und kurz gesagt werden kann es gar nicht. Aber man darf versuchen, das Nachdenken anzuregen.

Konfliktbewältigung

Wir beschränken uns auf den Wort-Streit, weil er in der Kirche am häufigsten ist: Es geht gewöhnlich um die rechte Auslegung einer Lehre, also um Sätze, die aus Worten bestehen. Zwei Grundpositionen sind möglich. *Position 1:* Einer oder beide Kontrahenten halten sich für absolute Wahrheitsbesitzer, die diese nur kompromisslos verkünden können. Der Streit kann nur beigelegt werden, wenn der eine Kontrahent die Thesen des anderen bedingungslos übernimmt. Das Problem: Christliche Wahrheit ist keine Sache, die man handhaben kann, sondern Geheimnis, dem man sich annähern darf, das aber je tieferer Auslegung fähig bleibt. Vielfalt auch der Meinungen ist also wesentlich christlich und darf nicht vernichtet werden (Kap. 28). *Position 2:* Eine Glaubensgegebenheit wird unterschiedlich gedeutet dergestalt, dass beide Thesen unvereinbar scheinen. Sind die Kontrahenten der Bedingtheit dieser Thesen inne, müssen sie versuchen, die folgenden Möglichkeiten zu erörtern:

(1) These I ist wahr, These II ist falsch; These II ist also aufzugeben.
(2) These II ist wahr, These I ist falsch; These I muss aufgegeben werden.
(3) These I und These II sind je unter bestimmten Perspektiven wahr und unter anderen falsch; die Wahrheitsgehalte beider sind zu bewahren, die Irrtümer in beiden aufzugeben.

In allen drei Fällen ist eine Einigung denkbar; sie muss freilich ehrlich und auf der Ebene nicht des Gefühls noch der hierarchischen Unterschiedenheit, sondern der rationalen Gründe gesucht werden.

170

Das geschieht im *Dialog*, der definiert werden kann als herrschaftsfreie sprachliche Kommunikation von Personen mit unterschiedlichen Überzeugungen zum Zweck der gemeinsamen Klärung von Wahrheitsansprüchen.

Alle Dinge haben zwei Seiten, die Nachricht vier

In jedem Dialog entsteht der so genannte kommunikationstheoretische Regelkreis: Ein „Sender" teilt eine „Nachricht" einem „Empfänger" mit. Während bei Position 1 die Sache damit ihr Bewenden hat, wird im Dialog der „Empfänger" zum „Sender" und teilt seinerseits seine Meinung über die Nachricht mit. Der Kreis bleibt solange bestehen wie der Dialog selbst, bis also mit Klärung der Sache der Streit beendet wird oder mangels Klärung (vorerst zumindestens) weiter bestehen bleibt. Entscheidend ist bei diesem Vorgang die „Nachricht", im gedachten Fall gewöhnlich ein Argument. Sie hat stets vier „Seiten"; auf jeder sind Dialogstörungen und damit in der Folge Streitfortsetzungen möglich.

(1) *Sachebene*: „Frieden schaffen ist Christenpflicht." Der Satz ist in sich unstrittig, fraglich ist aber, was die Partner unter Frieden verstehen: Besteht er in der Stärkung der staatlichen Gewalt oder in der sozialen Gerechtigkeit? Das ist beispielshalber der eigentliche Streitpunkt zwischen Katholiken und Protestanten in Nordirland.

(2) *Beziehungsebene*: Zwischen Sender und Empfänger bestehen stets auch emotionale Verbindungen. Wenn sie gestört sind, kommt die Nachricht nicht mehr ihrem Sachgehalt entsprechend vom einen zum anderen. In der Kirche spricht man vom „antirömischen Affekt", dem zufolge alle vatikanischen Weisungen von vornherein und noch vor jeder echten Auseinandersetzung misstrauisch beäugt werden.

(3) *Selbstkundgabe*: Bei jeder Nachricht gibt der Sender ein Stück von sich selber preis. Der Empfänger kann das missverstehen und die Nachricht ablehnen. In der Kirche wird deren stark männliche Struktur als Machtausdruck von vielen Frauen gedeutet. Sie lehnen deren Kundgaben manchmal schon aus diesem Grund ab.

(4) *Appell*: Jeder Sender will beim Empfänger etwas erreichen, im Fall der christlichen Verkündigung letztendlich die Christusnachfolge. Die Appellseite kann so stark betont werden, dass die Sachebene zu kurz kommt – zum Beispiel, wenn ehedem fromme Prediger ihren Hörern mit detaillierten Jenseitsschilde-

rungen „die Hölle heiß" machten, um sie zum Guten anzustiften. Da kam gern Gottes Liebe zu kurz – und damit die christliche Grundbotschaft.

Ein wesentlicher Schritt zum Frieden würde schon darin bestehen, dass man auch in der Kirche die Regeln der Kommunikationstheorie kennt, beachtet und anwendet, also beispielsweise die Sach- und die Beziehungsebene säuberlich auseinanderhält, Emotion und Argumentation streng scheidet. Die kleine Anekdote im Kasten kann da Anstöße geben …

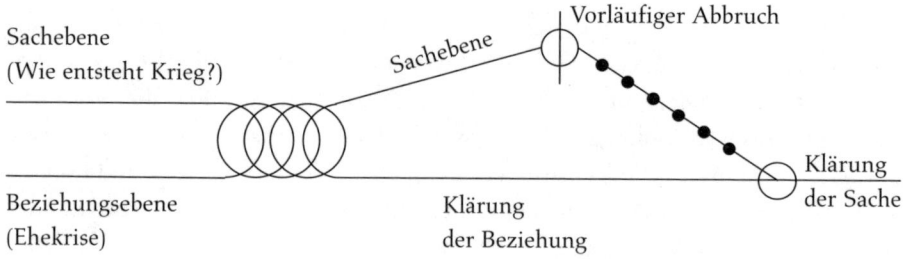

Sachebene
(Wie entsteht Krieg?)

Sachebene

Vorläufiger Abbruch

Beziehungsebene
(Ehekrise)

Klärung
der Beziehung

Klärung
der Sache

33. Subsidiarität

Abstimmung auf dem Regensburger Diözesanforum (1994/95).

Gottes Grundsatz

Früher meinten die Christinnen und Christen in wörtlichem Verständnis der Bibel, Gott habe alle Dinge einzeln geschaffen – die Gestirne, die Pflanzen, die Maikäfer, Kühe und Flöhe, zu guter Letzt den Menschen. Heute wissen wir: Seine Schöpfertat ist um ein Unendliches größer. Wahrscheinlich gab es anfangs, beim „Urknall", ein winziges unvorstellbar dichtes Stück Materie, aus dem sich die Vielfalt des Universums bis hin zu den Millionen Zellen des Menschenleibes entwickelt hat, den es gegenwärtig in über sechsmilliardenfacher Fertigung gibt. Der bedeutende Jesuitentheologe und Paläontologe *Pierre Teilhard de Chardin* hat Gottes Schöpfertum so beschrieben: „Gott macht, dass sich die Dinge machen" (vgl. Kap. 9).

Früher meinten die Theologen, Jesus habe zu Lebzeiten die Kirche wie einen Verein gegründet – mit sämtlichen gesellschaftlichen Organen und Strukturen, allen sieben Sakramenten, dem gegliederten Amt, den wichtigsten Rechtsvorschriften usw. Heute erkennen sie: Er hat nur die wesentlichen Anfangsimpulse für den Kreis seiner Jüngerinnen und Jünger gegeben und diesen selber überlassen, wie sie sie für die Sendung der Glaubensgemeinschaft fruchtbar werden lassen.

Früher glaubten deren Mitglieder, der Heilige Geist leite diese unmittelbar und in jedem einzelnen ihrer Akte. Dann merkte man, dass er viel großzügiger sein heilschaffendes Tun ausübt. Die Theologen sprachen von der *assistentia negativa*, dem negativen Beistand: Der Gottesgeist verhindert nicht, dass seine Kirche Fehler macht, Schuld auf sich lädt, Dummheiten begeht, kurz-

> Wenn es nämlich zutrifft, was ja die Geschichte deutlich bestätigt, dass unter den veränderten Verhältnissen manche Aufgaben, die früher leicht von kleineren Gemeinwesen geleistet wurden, nur mehr von großen bewältigt werden können, so muss doch unverrückbar jener höchst gewichtige sozial-philosophische Grundsatz festgehalten werden, an dem nicht zu rütteln noch zu deuten ist: Wie dasjenige, was der Einzelmensch aus eigener Initiative und mit seinen eigenen Kräften leisten kann, ihm nicht entzogen und der Gesellschaftätigkeit zugewiesen werden darf, so verstößt es gegen die Gerechtigkeit, das, was die kleinen und untergeordneten Gemeinwesen leisten und zum guten Ende führen können, für die weitere und untergeordnete Gemeinschaft in Anspruch zu nehmen; zugleich ist es überaus nachteilig, und verwirrt die ganze Gesellschaftsordnung. *Jedwede Gesellschaftsordnung ist je ihrem Wesen und Begriff nach subsidiär; sie soll die Glieder des Sozialkörpers stützen, darf sie aber niemals zerschlagen oder aufsaugen.*
>
> Pius XI., Sozialenzyklika „Quadragesimo anno", 1931, Nr. 79.

174

sichtig handelt; er sorgt lediglich dafür, dass der Karren Kirche, wenn er in den Straßengraben gefahren ist, wieder flott kommt. Das ist wahrlich wunderbare Hilfe!

Früher meinten die Kirchenleiter, dass eine gesellschaftliche Gruppe am besten zentralistisch und autoritär geführt werde. Die herrschende Form des Staates war infolgedessen monarchisch, feudal, tendentiell diktatorisch (und manchmal sogar tatsächlich). Das reizte sie zur Nachahmung. So wie man dachte, dass Gott alles mache, glaubte man auch, dass der Führer einer Gemeinschaft alles machen müsse, wenn die Angeführten zum Glück finden sollten.

Ein päpstliches Geschenk

Katholische Sozialwissenschaftler entwickelten im Deutschland der Zwischenkriegszeit des 20. Jahrhunderts gegen die aufkommenden totalitären Tendenzen, die dann in Faschismus, Nazismus und Kommunismus schreckliche Verbrechen an der Menschheit hervorbringen sollten, ein Prinzip, das Papst Pius XI. 1931 in der Sozialenzyklika „Quadragesimo anno" sich zu Eigen und für die katholische Soziallehre verbindlich machte. Seine klaren und präzisen Sätze (Kastentext) wurden wegweisend nicht nur für die weitere Entwicklung – alle folgenden Weisungen der Päpste zu diesem Gebiet bis zuletzt 1991 haben sie aufgenommen –, sondern auch für die politische Gestaltung in der Zeit nach dem Zweiten Weltkrieg: Das Prinzip hat seinen Niederschlag im deutschen Grundgesetz (Art. 23) wie im „Vertrag über die Europäische Union" (Maastrichter Verträge) gefunden. Wir haben den seltenen Fall, dass in der Neuzeit eine päpstliche Lehre allgemeine Anerkennung und Rezeption gefunden hat.

Diese Lehre heißt *Subsidiaritätsprinzip*. Sie ist zunächst ein sozialethischer Grundsatz (lat. *principium*) und besagt, dass die übergeordnete gesellschaftliche Instanz (z. B. die Bundesregierung) nur dann untergeordneten Gliederungseinheiten (z. B. den Bundesländern) und den Individuen zu Hilfe (lat. *subsidium*) kommen soll, wenn diese eine Aufgabe nicht allein erfüllen können, sei es, dass sie selber nicht die Voraussetzungen dafür mitbringen, sei es, dass sie im Einzelfall sachlich oder personell überfordert sind. Ganz kurz und knapp gesagt: Das Subsidiaritätsprinzip wendet sich an die Gemeinschaft und verlangt von ihr *Hilfe zur Selbsthilfe* für die Untergliederungen und die einzelnen Personen. Sie muss (1) leisten, was diese nicht zu leisten in der Lage sind, sie muss (2) die Voraussetzungen für deren Aufgabenerfüllung schaffen und sie darf

(3) dem Einzelglied und den Untergliederungen nicht entziehen, was sie aus eigener Kraft vollbringen können. Ausgangspunkt und Rechtfertigung des Prinzips ist das Vertrauen in die Würde und Aufrichtigkeit der menschlichen Person, deren Grundausstattung (biblisch: deren Gottebenbildlichkeit) in der Freiheit besteht. Ganz offensichtlich ist aus diesem Grund subsidiäres Handeln auch ein Leitprinzip des Weltwirkens Gottes in seinen vielfältigen Gestalten.

Subsidiarität in der Kirche?

Im Jahr 1946, unmittelbar nach dem Zweiten Weltkrieg, bezeichnete Papst Pius XII. in einer Ansprache an die Kardinäle das Subsidiaritätsprinzip seines Vorgängers als „allgemeingültigen Grundsatz". Er zitierte dann den Text aus „Quadragesimo anno" und fuhr fort: „Wahrhaft leuchtende Worte, die für das gesellschaftliche Leben in allen seinen Stufungen gelten, *auch für das Leben der Kirche, ohne Nachteil für deren hierarchische Struktur.*" Das hörten viele Kirchenmänner nicht so gerne. Zwar hatte das Zweite Vatikanische Konzil die bischöfliche Mitverantwortung für die Kirche (Kollegialität), die Bedeutung der Ortskirchen und die grundlegende Gleichberechtigung aller Kirchenglieder betont. Es hatte die Gemeinschaft der Gläubigen als *communio* gezeichnet, d. h. als geschwisterliche Gemeinschaft, als Volk Gottes, in dem jede und jeder verantwortlich für den Aufbau seines Reiches ist (Kap. 29). Trotzdem gab es in den achtziger und neunziger Jahren des zu Ende gegangenen Jahrhunderts viele scharfe Querschüsse gegen die Feststellung des Pius-Papstes.

Man kann ihre Gültigkeit nicht bestreiten, wenn man die kirchliche Verfassung ernst nimmt. Zum einen ist augenscheinlich das Subsidiaritätsprinzip auch ein Grundsatz der göttlichen Leitung der Kirche (s. oben). Zum anderen ist die Kirche als Sakrament (Kap. 27) auch eine irdische Gemeinschaft und als solche von den gleichen Grundsätzen gesteuert wie alle menschlichen Gemeinschaften, mithin auch durch das Subsidiaritätsprinzip. Drittens versteht sich das kirchliche Amt (Kap. 30) als charismatische Zurüstung und Hilfe für das ganze Volk Gottes: Es ist seinem Wesen nach *Dienst* (diakonia) und Herrschaft nur im Vollzug des Dienens – also dem Prinzip Pius XI. verpflichtet. Zu guter Letzt ist zu erinnern, dass Kirche Einheit in Katholizität ist (Kap. 28), die Pluralität mithin auch im Aufbau und im Lebensvollzug der Kirche ausgefaltet werden muss. Verwirklichung der Subsidiarität ist alles in allem also Erweis der Glaubwürdigkeit für ihre Botschaft – und damit zukunftsentscheidend.

Das gilt auch in ökumenischer Hinsicht. Ein Hauptstreitpunkt zwischen der römisch-katholischen und den anderen Kirchen besteht darin, dass deren oberstem Leitungsamt, der römischen Zentrale, ein schier unstillbarer Macht- und Vereinnahmungswille vorgeworfen wird. Ob zu Recht oder Unrecht, ist nicht so sehr entscheidend wie das bloße Faktum dieses Vorwurfs. Die Praktizierung der Subsidiarität in der römischen Kirche könnte ihn nachhaltig entkräften. Im Dokument „Communio Sanctorum – Die Kirche als Gemeinschaft der Heiligen" einer römisch-katholisch/evangelisch-lutherischen Arbeitsgruppe aus dem Jahr 2000 erörtern die Theologen die Möglichkeiten einer Verständigung über das Papstamt. Nachdem beide Seiten ihre Auffassungen dargelegt haben, erklären sie: „Gemeinsam können Katholiken und Lutheraner sagen: (195) Ein universalkirchlicher Dienst an der Einheit und der Wahrheit der Kirche entspricht dem Wesen und Auftrag der Kirche, die sich auf lokaler, regionaler und universaler Ebene verwirklicht. Er ist daher grundsätzlich als sachentsprechend anzusehen. Dieser Dienst repräsentiert die ganze Christenheit und hat eine pastorale Aufgabe an allen Teilkirchen. – (196) Dieser Dienst ist der Treue zum biblischen Wort sowie der verbindlichen Tradition der Kirche verpflichtet. Er ist notwendigerweise eingebunden in Strukturen, in denen die *communio* Gestalt findet. Diese werden geprägt durch Konziliarität, Kollegialität und *Subsidiarität*." Deren Aktualität für die Kirche der Gegenwart kann augenfälliger nicht gemacht werden ...

34. Christliche Lebens-
formen I: Die Ehe

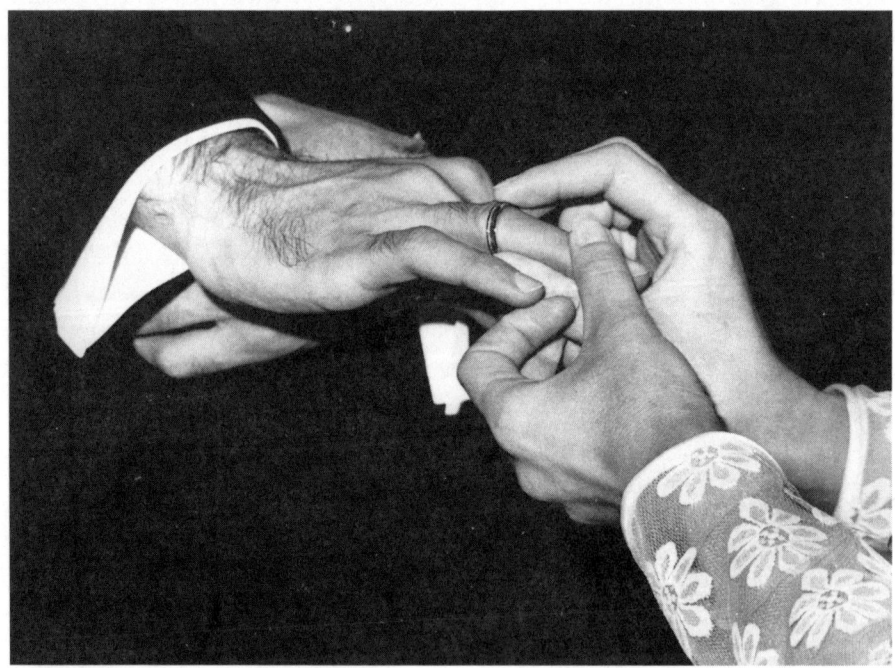

„Trag diesen Ring als Zeichen unsrer Liebe und Treue: Im Namen des Vaters und des Sohnes und des Heiligen Geistes" (Vermählungsspruch aus der „Feier der heiligen Trauung" beim Ringwechsel).

Das Christentum hat die Ehe nicht erfunden, sondern vorgefunden. Es ist auch nicht die erste Religion, die sie religiös geformt hat, sondern wie alle anderen Religionen hat sie versucht, sie geistlich durchzugestalten gemäß den eigenen Lehren und Lebenserfahrungen. Denn Ehe ist die ausgezeichnete Form des dauerhaften Zusammenlebens von Personen verschiedenen Geschlechts, auf die die Gesellschaft als ganze wie auch alle ihre Untergliederungen angewiesen ist, weil sie die normale Voraussetzung von Elternschaft und damit für die Bestandsgarantie der Gesellschaft ist. Alle Gesellschaften haben daher seit eh und je Vorsorge getroffen, um Ehe und Familie zu schützen durch Sitte, Recht, finanzielle Absicherung, Privilegien – und auch durch Religion.

Man begeht keinen Geheimnisbruch, wenn man anmerkt, dass der religiöse Aspekt in der Gesellschaft, in der wir leben, keine sehr bedeutende Rolle mehr spielt. Die christliche Ehelehre, die kirchliche Sexualmoral, die katholische Familientheologie werden entweder nicht mehr wahrgenommen oder, wo das rudimentär der Fall noch ist, als nicht mehr sozial prägefähig erlebt. Das ist ein großer Schaden: Nicht einmal an erster Stelle aus innerkirchlichen Gründen, sondern vor allem, weil in dieser Gesellschaft Ehe und Familie in vielfacher Hinsicht Not leiden. Wenn heute jemand sagt, er sei nach Jahrzehnten immer noch mit der gleichen Frau verheiratet, gilt er als ein lebendes Fossil. Wenn die in diesen Jahren geborenen Kinder ins ehefähige Alter kommen, haben sie nur mehr die Chance 1 : 1, dass ihre Partnerschaft lebenslang dauert. Die Entwicklung zeigt die Sprache treffend an: Vom „Ehepartner" über den „Lebensgefährten" ist sie bei der Wortbildung „Lebensabschnittsgefährte" angelangt. Inzwischen haben auch quasiehelichen Status Lebensgemeinschaften bekommen, die per definitionem keine Familie mit Offenheit für Kinder sind. Die Wertvorstellungen auf dem Gebiet Ehe haben sich tiefgreifend verändert.

Hier ist nicht der Ort zu diskutieren, warum dem so ist, wer schuld ist und wie man die Lage meistern kann, die beim Scheitern einer Lebensverbindung unausweichlich mit tiefem Leid und mit Lebensbrüchen oft unheilbarer Schwere verknüpft ist. Gewiss kann man den Partnern nicht allein die Schuld geben: Die Gestalt der Ehe wird durch andere kulturelle (keine familienorientierten Bindungen mehr) und biologische Faktoren (höheres Lebensalter der Partner) bestimmt als vordem – und das hat seinen Preis. In diesem Zusammen-

Wort an Wort

Wir wohnen
Wort an Wort

Sag mir
dein liebstes Freund

Meines heißt
DU

Rose Ausländer

179

hang kann nur aufgezeigt werden, welches der Kern der christlichen Ehelehre ist – vielleicht wird daraus von selber sichtbar, welche Hilfen sie gerade heute bringen kann.

„Ein tiefes Geheimnis — bezogen auf Christus und die Kirche"

Das Wort ist dem Epheserbrief des Paulus entnommen, in dem er zum Schluss eine Art christlicher Familienordnung aufstellt (Eph 5,21–6,9), die freilich die Kultur seiner Zeit stark einbezieht. Es hat das christliche Eheverständnis insofern nachhaltig bestimmt, als es diese Lebensform unmissverständlich in einen theologischen Horizont hineinstellt. Ehe, so hat die Kirche schlussendlich erkannt, ist ein *Sakrament*. Wir wissen bereits (Kap. 27) und werden noch deutlicher erkennen (Kap. 37), dass sie damit gekennzeichnet ist als ein realisierendes Zeichen des Heiles, das Gott in Christus durch seinen Geist schenken will.

Es besteht in diesem Fall darin, dass unmittelbarer als in allen anderen Weisen des Sakramentalen die dreifaltige Liebe Gottes erahnbar wird. Gerade heute ist dies der Fall. Bis ins 20. Jahrhundert hinein war es üblich, dass die Familien Absprachen trafen, um durch die Heirat ihrer Kinder Besitz und Einfluss zu mehren – allgemein bekannt ist das Beispiel der dynastischen Verbindungen, die gewöhnlich machtpolitisch motiviert waren. Die emotionale Seite der Ehe war nebensächlich. Das ist erfreulicherweise anders geworden; an die Stelle der Familienorientiertheit ist in der Gegenwart die Partnerzentriertheit getreten. Mann und Frau heiraten einander, weil sie einander in Liebe zugetan sind, kaum mehr aus anderen Gründen. Damit ist ein tieferer Zugang zu Gott ermöglicht, wenn doch Gott die Liebe ist, als es in der überkommenen Gestalt gegeben war.

Die Liebe Gottes wird uns durch die Offenbarung in doppelter Weise zugänglich. Einmal als innergöttliches Geschehen (Kap. 7) der innigsten Einheit *liebender Treue* zwischen Vater und Sohn, die im Heiligen Geist Person wird. Die eheliche Liebe ist ein reales Abbild dieser Liebe, die in der Offenheit für das Kind individuelle Gestalt aus Vater und Mutter gewinnt. Zum anderen wird uns Gottes Liebe als Dialog mit den Menschen erschlossen, der in der christlichen Tradition als *Bund* bezeichnet worden ist. In ihm hat sich Gott unwiderruflich als Lebenspartner der Menschen guten Willens gezeigt, der in liebender Freiheit und freier Antwort der menschlichen Liebe die Menschen zur Selbstverwirklichung und Vollendung leitet. Das Wort vom *Ehebund* hat somit einen tief religiösen Sinn: Es bildet als Lebenszuneigung von Mann und Frau die geschichtliche Liebe Gottes zur Menschheit ab.

Unter diesem Blickwinkel bekommen auch die Wesenszüge der Ehe ihre personale Bedeutung, die weit über die kirchliche Rechtsordnung hinaus reicht. Wenn Ehe Gottes Liebe als dreifaltiger und als menschenfreundlicher Gott sinnlich macht, dann kann sie nur gedacht werden als Einheit *eines* Mannes und *einer* Frau, dann ist sie auch nur zeichenkräftig, wenn sie prinzipiell unauflöslich ist, wenigstens solange beide Partner am Leben sind. Noch etwas kommt hinzu. So wie die innergöttliche Liebesbeziehung ewig und die gottmenschliche Bundespartnerschaft alle Zeiten umfasst, so ist auch die Ehe nicht ein punktuelles Ereignis, das mit der Hochzeit bereits zum Gipfel gelangt ist, sondern ein Prozess, ein Vollzug des Gebens und Empfangens, der ehelang währt. Die Eheschließung, die Spendung des Sakramentes, das sich nach abendländischer Auffassung die beiden Partner gegenseitig spenden, ist die wesentliche Eröffnung, die Rahmensetzung dessen, was aber erst damit beginnt. In der ehelichen Partnerschaft kann somit deren Verweis auf Gott mehr und mehr reifen und wachsen – nicht nur in der gegenseitigen und der der Familie geschenkten Liebe, sondern auch durch deren Überströmen auf die Menschen, die im Lebenskreis der Eheleute stehen. Eine Liebe, die nur zweisam bliebe, wäre einsamer Egoismus im Quadrat.

Und wenn die Liebe vergeht?

Wie alle Zeichen kann auch das der Ehe verblassen bis zur Unkenntlichkeit. Das ist festzustellen; die Frage der Ursache, der eventuellen Schuld steht auf einem anderen Blatt. Es ist ein Faktum, dass Liebe, selbst eheliche Liebe, zerbricht. Nicht nur Leiber sterben, auch Beziehungen. Und neue erheben sich zu Leben und verlangen nach Dauer. In der Rechtssprache heißt das: Wiederverheiratete Geschiedene. In der Rechtsordnung ist klar: „Die gültige und vollzogene Ehe zwischen Getauften kann durch keine menschliche Gewalt und aus keinem Grunde, außer durch den Tod, aufgelöst werden" (can. 1141 CIC 1983). Die Interpretation in der lateinischen Kirche ist gleichfalls klar: Tod ist das physische Ableben. Nicht minder klar ist allerdings auch: Das hunderttausendfache Problem ist damit nicht gelöst. Aber kann man es lösen? Die Kirchen fühlen sich dem Jesuswort verpflichtet: „Was Gott aber verbunden hat, das darf der Mensch nicht trennen" (Mt 19,6).

Die Kirchen des Ostens haben versucht, dieser Weisung treu zu bleiben, der menschlichen Hinfälligkeit gleichzeitig Rechnung zu tragen. Sie sehen als tragendes Element der Ehe nicht nur das physische Leben, sondern auch das der gegenseitigen Liebe. Wenn aber das Ende der physischen Existenz die Ehe löst, warum dann nicht auch das Erlöschen der Zuneigung? Aus dieser Erwägung praktischer Pastoral („kat' oikonomian", sagen die Griechen) resultiert folgende Regelung: Wenn der Tod der Liebe festgestellt wird, kann eine kirchenrechtliche Lösung darin bestehen, dass eine zweite (sonst keine weitere!), minder feierliche, doch gültige Zweitehe eingegangen wird.

Als im 16. Jahrhundert das Reformkonzil von Trient auf diese Regelung zu sprechen kam, haben die Bischöfe sie eigens nicht abgelehnt, freilich auch nicht für den Westen übernommen. Für die römisch-katholische Kirche werden derzeit pastorale und rechtliche Regelungen gesucht, um der Realität gerecht zu werden. Ob man beim Osten ernstlich in die Schule zu gehen wagt?

35. Christliche Lebens-
formen II: Ehelos
um Christi willen

Roger Schutz, der Gründer der Ökumenischen Gemeinschaft von Taizé,
unter afrikanischen Kindern.

Etwa ein Drittel der Erwachsenen hierzulande lebt ehelos. Nur wenige bleiben in dieser Lebensform kraft eigener Entscheidung für ein Single-Dasein, sondern weil äußere Gründe sie dazu veranlassen (Partnermangel, Krankheit, Alter, andere sexuelle Orientierung). Noch weniger wählen die Ehelosigkeit aufgrund religiöser Überzeugung, weil sie zölibatär „um des Himmelreiches willen" existieren möchten.

So wenig wie die Lebensform *Ehe* hat die Kirche die geistliche Lebensform *Zölibat* (lat. *caelebs*, allein lebend) erfunden. Der Sufismus, die islamische Mystik, steht ihr positiv gegenüber; für den buddhistischen Mönch gilt lebenslange Enthaltsamkeit; bei den Brahmanen existiert das Ideal des keuschen Sanyasin (Asketen). Zweifellos aber hat das Christentum lange Zeit der Ehelosigkeit nicht nur den Vorzug vor der Ehe gegeben,

> Ehelosigkeit um des Himmelreiches willen (Mt 19,2) ist keine Weltflucht, sondern eine besondere christliche Art und Weise, in der Welt zu sein. Diese Lebensform soll gewissermaßen den Geschmack an der Botschaft des Evangeliums intensiv wecken, soll daran erinnern, dass es gefährlich ist, wenn man sich allzu häuslich hier einrichtet …
>
> Christliche Ehelosigkeit ist Zeichen universaler Brüderlichkeit, die begrenzte Formen der Geschwisterlichkeit, wie im Verwandtschaftsbereich, übersteigen will. Sie ist eine besondere zeichenhafte Möglichkeit, besser gesagt, ein Anruf, um aus dem Evangelium total für Christus und radikal aus seiner Liebe zu leben. Soll ein solches Zeugnis bei den Menschen ankommen, dann muss es gleichzeitig die Sexualität und das Leben in Ehe und Familie als Segen Gottes hochachten.
>
> Glaube zum Leben (La foi des catholiques), Freiburg 1986, 269f.

sondern sie (bis zur Stunde) für besonders qualifizierte Christinnen und Christen als verpflichtend vorgeschrieben. Das sind in der römisch-katholischen Kirche die Mönche, Nonnen und ordinierten Amtsträger (Priester, Bischöfe, nicht unbedingt Diakone), in den Ostkirchen die Mönche und Nonnen, ferner die Bischöfe (nicht die Priester); die reformatorischen Kirchen kennen Gemeinschaften ehelosen Lebens (z. B. die Mönche von Taizé), schreiben dieses aber keinem Amtsinhaber vor.

Gegenwärtig ist innerhalb der römisch-katholischen Kirche eine lebhafte Diskussion aufgrund der geänderten Sicht der Sexualität wie aufgrund der katastrophalen Personallage (Priestermangel) über den so genannten Zwangszölibat aufgekommen, also nicht über die religiöse Ehelosigkeit an sich, sondern lediglich über die Forderung des *Junktim* von Ordination und Ehelosigkeit, d. h. der kirchenrechtlichen Gesetzesvorschrift, dass nur der die Priester- und Bischofsweihe empfangen dürfe, der sich darauf lebenslänglich verpflichtet.

Geschichte des Zölibats

Das Neue Testament kennt zwar die Ehelosigkeit um des Himmelreiches willen (Mt 19,12; vgl. 1 Kor 7), verpflichtet aber niemanden dazu. Es ist daher unbestritten, dass kein notwendiger Zusammenhang zwischen Amt (Kap. 30) und Eheverzicht besteht, sondern allenfalls Angemessenheitsgründe angeführt werden können. Wenn in der frühen frühmittelalterlichen Kirche vom Zölibat die Rede war, meinte man gewöhnlich nicht die Absage an die Ehe selber, sondern die sexuelle Enthaltsamkeit *innerhalb* der Ehe. So verstand es auch die Synode von Elvira (zwischen 300 und 303), die erste kirchenamtliche Zölibatserwähnung. Erst im Zug der Kirchenreform Gregor VII. im 11. Jahrhundert wird den Klerikern bereits das *Eingehen* eines Ehebundes verboten. 1139 erklärte Innozenz II. den Empfang aller Weihestufen (auch des Diakonates) zu trennenden Ehehindernissen: Nach derzeitiger Regelung ist es jedoch bereits verheirateten Männern gestattet, die Diakonatsweihe zu empfangen. Wer sie als Eheloser gespendet bekommt, muss in der ehelosen Lebensform verharren. Seither haben ungezählte konziliare und päpstliche Verlautbarungen bis in die letzte Zeit (Johannes Paul II., *Pastores dabo vobis* 1992) unablässig und ausführlich den Zölibat eingeschärft und empfohlen. Can. 277 § 1 des geltenden Kirchenrechts kennzeichnet ihn als „besondere Gabe Gottes ..., durch welche die geistlichen Amtsträger leichter mit ungeteiltem Herzen Christus anhangen und sich freier dem Dienst an Gott und den Menschen widmen können".

Diese rein spirituelle Begründung hat nicht allezeit und nicht immer allein gegolten. Leibfeindliche Tendenzen der späten Antike, kultische Reinheitsvorstellungen, wirtschaftliche Probleme haben die Amts-Ehelosigkeit nachhaltig gefördert. Sie gelten in der Gegenwart nicht mehr; sie sind auch kaum mehr jemandem wirklich verständlich zu machen. Man kann auch nicht verhehlen, dass Kleriker in dieser Lebensform nicht selten und oft zu großem Ärgernis der Kirchenglieder scheitern. Zwar war der Zölibat nie unumstritten, doch heute ist er in besonderer Weise als sinnvoll angezweifelt. Immer weniger junge Menschen sind bereit, ihn auf sich zu nehmen; die Zahl der Ordensleute und der Priesteramtskandidaten nimmt daher in einem für die Kirche sehr gefährlichen Maße ab.

Lebensform der großen Liebe

Gott ist, wie in diesem Buch wieder und wieder herausgestellt werden musste, die Liebe selbst. Man wird in Gottes Sphäre einbezogen, man lebt in Gottes Sphäre, man führt andere in sie hinein, wenn und in dem Maße wie man ein liebender Mensch ist. Nach des gleichen Gottes Willen ist grundlegende Gestalt der menschlichen, vor allem der zwischenmenschlichen Liebe die Sexualität (vgl. Kap. 26 und 34). Niemand darf sie also gering achten, niemand sie unterdrücken, keiner sie verdrängen. Das alles richtete sich in Konsequenz gegen Gott als den Urheber der Geschlechtlichkeit des Menschen, die ein Zeichen der Liebe ist. Nochmals ist festzuhalten: Zum Zölibat darf kein Christ gezwungen werden. Im Umkehrschluss ist zuzufügen: Wenn ein Christ oder eine Christin ihn übernimmt als geistliche Lebensweise, ist als einziges Motiv wiederum nur die Liebe denkbar, die grundlegend alle möglichen Formen ihrer selbst achtet und hochschätzt, auch die sexuelle Form.

Liebe kann aber verschiedene Bezugspersonen haben. Im Regelfall ist das in erster Linie die eigene Familie, für deren Zustandekommen und Entfaltung die Ausübung der Geschlechtskraft Voraussetzung ist. Andere Menschen sind dadurch nicht aus der Liebe der Verheirateten ausgeschlossen, müssen aber sachnotwendig im Fall der Pflichtenkollision zurückstehen. Der Zölibat in seinem Vollsinn ist nun eine Lebensweise, die die eigene Liebesfähigkeit des Zölibatärs prinzipiell und ohne Einschränkung universalisiert und vielen Menschen (in Gemeinde, Krankenhaus, durch Lehrtätigkeit usw.) die heilende und heilschaffende Kraft liebender Güte zuwendet (vgl. Bild). Das Motiv dafür ist die Nachfolge jenes Jesus von Nazaret, der alle Menschen retten und in die göttliche Liebe führen wollte.

Wie die Ehe auf ihre Weise ist damit der Zölibat auf seine Weise auf jener Ebene der Zeichenhaftigkeit angesiedelt, die wir als sakramental bezeichnet haben. Gewiss zählt er nicht zu den sieben Sakramenten, aber er hat eine ähnliche Tönung wie sie (vgl. Kastentext). Prinzipiell stellt er aus diesem Grund keine höhere, sondern nur eine andere Ausprägung der Jüngerschaft zu Christus dar, die auf der verantworteten Eigenentscheidung und in der Lebensführung aus einem besonderen Charisma heraus beruht. Das ist mit den beiden Komparativen (*leichter, freier*) gemeint, die der Kanon des Kirchenrechts verwendet.

Eine andere, durchaus offene Frage ist, ob gerade unter dieser, vom kirchlichen Amt selbst hervorgehobenen Perspektive die Beibehaltung des Verbundes von Zölibat und Amtsübernahme („Pflichtzölibat") im Horizont der Lebenswelt von heute weiter aufrechterhalten werden soll. Ein wesentliches Kriterium für die Entscheidung in diesem Problem ist die Verpflichtung der Kirche, ihrer göttlichen Sendung durch Verkündigung des Wortes und die Spendung der Sakramente – bisher im Wesentlichen an das Amt gebunden – gerecht zu werden. Sie hat unbezweifelt als *Notwendigkeit* den Vorrang vor der *Angemessenheit* der Ehelosigkeit von Amtsträgern. Deren Werthaftigkeit kann christlich kaum in Frage gestellt werden, deren Lebensfähigkeit unter den Rahmenbedingungen der Gegenwart und der Zukunft muss es allerdings – beides um des Wohls der Kirche willen!

Die evangelischen Räte

Der Zölibat wird unter die so genannten evangelischen Räte zusammen mit Armut und Gehorsam (Kap. 31) gerechnet. Blickt man auf die neutestamentlichen Texte, in denen von diesen Haltungen gesprochen wird, stellt man zunächst fest, dass weniger von der Ehelosigkeit als von der Keuschheit die Rede ist, dann weiter, dass die entsprechenden Lebensverwirklichungen eigentlich allen Christenmenschen aufgegeben sind. Es handelt sich demnach nicht um Ratschläge, sondern um Christenpflichten.

Gewöhnlich allerdings versteht man jene drei Gestaltungen des Lebens darunter, die die Existenz des Mönches und der Nonne gegenüber allen anderen Christinnen und Christen ausmachen. Tieferes Nachdenken zeigt schnell, dass sie eng miteinander zusammenhängen. Es geht in allen dreien um eine radikale Weise der Christusnachfolge in Ablösung von aller Ichverkrampfung. Diese lässt sich lösen in der Verknüpfung von universaler Liebe (Zölibat), abstrichloser Aufgabe der Hab-Gier (Armut) und Unterstellung unter den Willen Gottes in der Gestalt des Willens des Vorgesetzten (Gehorsam). Die einzelnen „Räte" erweisen sich damit als unterschiedliche Weisen einer einzigen Existenzform, der besonderen Nachfolge des Herrn. Dann aber ist einsichtig, dass man sie auch je in gleicher Radikalität leben muss, soll Nachfolge gelingen. Der abendländische Amtszölibat hat immer daran gekrankt, dass er selber zwar juristisch eindeutig definiert wurde, dass aber von einer ebenso klaren juridischen Bestimmung der beiden anderen Gestaltungen für den Amtsinhaber (anders als im Mönchtum, wo sie durchaus existiert) Abstand genommen worden ist. Tatsächlich unterscheidet sich heute der klerikale Gehorsam im Alltag nur wenig von der Loyalität, die Vorgesetzten gegenüber auch anderwärts selbstverständlich ist, die priesterliche Armut kaum von dem, was „Lebensstandard" meint. Für eine Erneuerung des Zölibatsgedankens müssen auch diese Daten in Betracht gezogen werden.

Es gibt *einen* Moment im Leben jedes Christen, da er zur radikalen Übernahme jener dreifach-einen Nachfolgehaltung nachdrücklich aufgefordert wird. Es handelt sich um den entscheidenden und vollendenden Augenblick – die Todesstunde. Wer stirbt, muss jeglichen Besitz und alle Habe lassen: Er wird *arm*; das letzte Hemd hat keine Taschen. Wer sich dem letzten Atemzug nähert, löst sich zwangsläufig aus jedweder leiblichen Gemeinschaft mit anderen: Er ist *keusch.* Wer vom Tode übermächtigt wird, verliert jede Eigenbestimmung: Er ist *gehorsam* bis zur Willensaufgabe. Das alles ist immer und für alle Menschen so. Christlich wird das Verhalten, wenn im Geist freier Jüngerschaft zu Christus jemand das Geforderte als Eigenes übernimmt, als Weise der vollen Gemeinschaft mit seinem Herrn. Die „evangelischen Räte" werden dann zu evangelischem Vollzug des Christseins, das Leben aus den Räten in der geistlichen Existenz zum Vor-Zeichen und zur Einübung jener Verwandlung, die für den Christen Sterben heißt (Kap. 22).

36. Leben im Jahreskreis der Kirche: Das Kirchenjahr

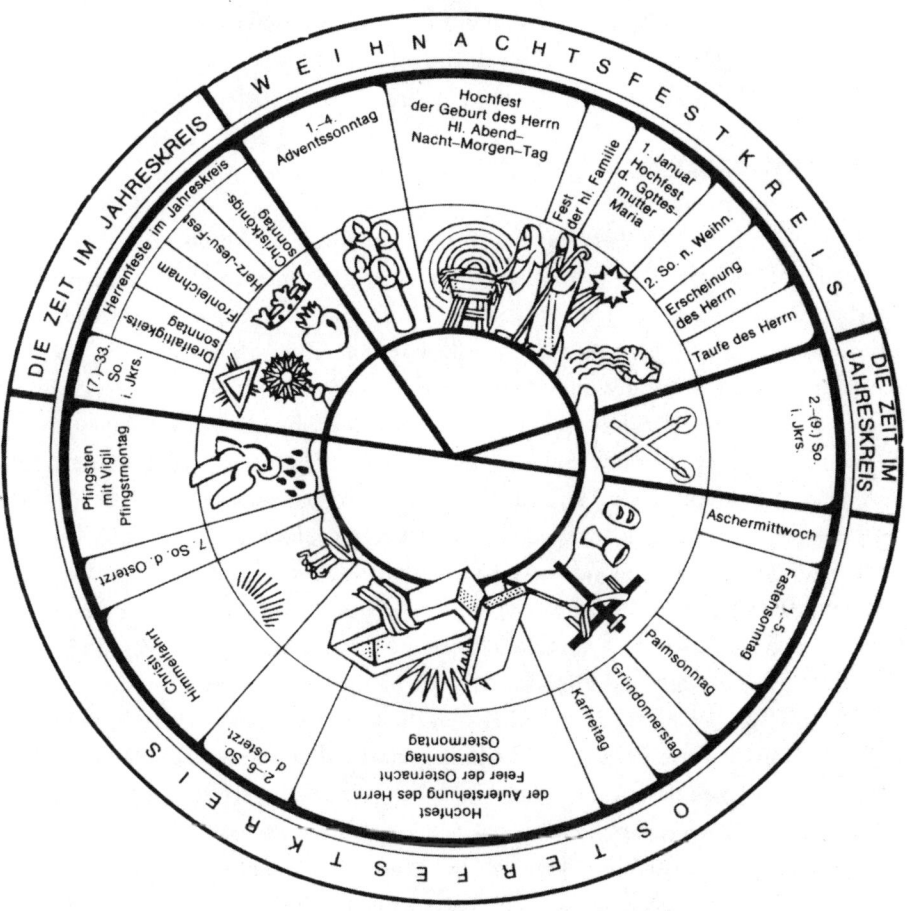

Schematische Darstellung des katholischen Kirchenjahres.

Was bis vor wenigen Jahren selbstverständlich war, ist heute Ausnahme: der auf den christlichen Festgehalt gerichtete Leitartikel der Zeitungen vor den Feiertagen. Dafür erklärt der Nachrichtensprecher des Bayerischen Rundfunks genau, was diesen ausmache, wenn er meldet, heute sei Pfingsten oder Fronleichnam. Mir ist aufgefallen: Unter den vielen Weihnachtskarten, die liebe Menschen mir zugedacht haben, befand sich

> Heute ist Christus geboren; heute ist der Erlöser erschienen; heute singen auf Erden die Engel und es freuen die Erzengel sich; heute jubeln die Gerechten und sprechen: Ehre sei Gott in der Höhe. Alleluja!
>
> Antiphon zum Magnificat der 2. Weihnachtsvesper.

kaum mehr ein religiöses Bild. Die Tannenbäume und das Reh im Schnee haben gesiegt. Es ist also höchste Zeit, in einem Buch wie diesem über das Kirchenjahr zu sprechen.

Zeit-Lauf

Die aufregendste Fernsehsendung ist für mich die Einblendung der Uhr vor den Nachrichten. Der Sekundenzeiger hackt gleichmäßig kleine Zeit-Stückchen ab – exakt, unerbittlich, gnadenlos. Dann rückt der große Zeiger weiter – Minute um Minute, Stunde um Stunde wird die Zukunft kürzer, die meine, die aller Zeitgenossen, des Planeten Erde, des Universums. Doch dieser kühle Gleichlauf ist nur ein Teil der Wirklichkeit, der physikalische. Aufs Ganze betrachtet, ist jede einzelne Sekunde gefüllt: In jedem Zeit-Stück werden auf dem blauen Planeten viele Menschen geboren, ein paar weniger sterben (das ist dann der Geburtenüberschuss); Liebende erkennen einander als Lebenseinheit, Lebensbünde zerbrechen anderswo. Kurz ist die Stunde für den Glücklichen, schier ewig für den Hoffenden. Geschichte schreitet fort. Aber auch damit ist nicht alles gesagt. Auf dem runden Zifferblatt kehrt der Zeiger wieder und wieder an den Ausgangspunkt zurück. Zeit hat nicht nur Pfeilstruktur, sie ist auch kreisförmig, die Wiederkehr des Gleichen. Schon unser biologisches Dasein ist gegliedert durch feste Rhythmen vielfältiger Art: den Schlag des Herzens, das Heben und Senken der Brust beim Atmen, durch Wachen und Schlafen, durch Hoch- und Tiefpunkte der Arbeitsvitalität. Wenn sie gestört werden, wird unser Wohlbefinden beeinträchtigt: Wir werden krank; das Leben selbst kann bedroht werden. Atlantikflieger kennen als verhältnismäßig harmloses Beispiel den *Jetlag*.

190

In diese eigenartig gebildete Zeit ist auch der Menschen ewiges Schicksal eingeschrieben. Es vollzieht sich, so der christliche Glaube, im Lauf der Zeiten, es hat einen Vor-Lauf und eine Achse – das Christusereignis, das sich in der Spanne zwischen Geburt und Erhöhung, zwischen Weihnachten und Ostern vollendet hat – und eine Nachbereitung, die Geschichte der Kirche. Die Lebensgeschichte jedes Individuums fügt sich in diesen Kontext. So bedarf es der Begleitung, damit bewusst werde, dass und wie wir alle unser Dasein im Zeichen des geschichtlichen Heiles verbringen und gestalten. Das Kirchenjahr hat genau diese Aufgabe. Es ist immer neu wie alle Jahre und wird alt wie sie auch – es ist also Teil des fliegenden Zeitpfeiles: Immer steht es unter neuen Konstellationen. Es ist aber desgleichen Wiederholung im exakten Wortsinn: Ein-Holung, Herauf-Holung, Ver-Gegenwärtig-ung der achsenzeitlichen Geschehnisse. Was einmal und einmalig in der Zeit war, bleibt erhalten im Heute. So kann die Liturgie als *Jetzt* feiern, was historisch vor Jahrtausenden passiert ist (Kastentext). Und weil dieses Geschehene unser Leben als Christen zur Stunde bestimmt, wird es je neu einbezogen in die konkrete Existenz und ihre aktuelle Stunde: Ostern oder Weihnachten sind liturgisch nicht Feiern *vergangener* Begebnisse, sondern Repräsentation (lat. *re*, zurück, *praesens*, gegenwärtig) des *bleibend* und also auch *jetzt* Entscheidenden.

Österliche Mitte

Keimzelle und Wurzelgrund des Kirchenjahres ist Ostern, weil die Auferstehung Grund der Erlösung und Keim des ewigen Lebens für die Menschheit war. Von diesem Hauptfest aus hat es sich entfaltet wie ein mächtiger Baum; viele Äste und Zweige und Blüten hat er in langen Jahrhunderten hervorgebracht. Gelegentlich bedarf es der ordnenden Hand des Gärtners, um ihn zu ganzer Fruchtbarkeit zu bringen. Man spricht dann von *Liturgiereform*. Die letzte hatte vor vierzig Jahren das Zweite Vatikanische Konzil veranlasst. Was daraus geworden ist, sei vermerkt.

Am Anfang der kirchlichen Feiern steht schon in apostolischer Zeit der Sonntag als Wochen-Osterfest. Bald folgt das Jahres-Osterfest. Das Konzil von Nikaia legte 325 fest, dass es am Sonntag nach dem 1. Frühlingsvollmond stattfinden solle. Daraus folgt als frühester Termin der 22. März, als spätester der 25. April. Die christlichen Kirchen haben sich bislang an diese Regelung gehalten. Trotzdem feiern sie nicht mehr am gleichen Tag: Während die westliche

Christenheit sich nach dem im 16. Jahrhundert reformierten „gregorianischen" Kalender orientiert, hat deren östlicher Teil die Termine des vorher geltenden „julianischen" Kalenders beibehalten. Dadurch kommt es nur sehr gelegentlich zu einer gemeinsamen Feier (zuletzt 2001), ansonsten können die Termine über 30 Tage abweichend sein. Immer wieder einmal wird diskutiert, ob man Ostern einem festen Tag zuordnen solle; das hätte volkswirtschaftlich manchen Vorteil. Das Zweite Vatikanische Konzil hatte seinerzeit Offenheit für solche Überlegungen gezeigt, die aber weit von einer Umsetzung in die Kalenderwirklichkeit sind.

Um die Mitte *Ostern* legte sich der *Osterfestkreis*. Der Festvorbereitung dient die österliche Bußzeit oder Fastenzeit vom Aschermittwoch (40 Tage vor Ostern) bis zum Mittag des Gründonnerstags. Mit der Feier der Abendmahls-einsetzung am Abend dieses Tages beginnt die eigentliche Osterzeit. Sie gliedert sich in die drei Tage der Feier des Leidens Christi (Gründonnerstag, Karfreitag und Karsamstag), den Ostertag und den festlichen Ausklang über 50 Tage bis zum Pfingsttag. Eine Woche später feiert die Kirche das Fest der Heiligsten Dreifaltigkeit. Einen Nachhall des Osterfestkreises bildet am Donnerstag danach seit dem 13. Jahrhundert das Fronleichnamsfest, das theologisch dem Gründonnerstag zugeordnet ist. Von ihm hängt das im 19. Jahrhundert eingeführte Herz-Jesu-Fest ab, das am Freitag der Woche nach dem Fronleichnamstag begangen wird.

Ohne Menschwerdung keine Auferstehung

Ähnlich wie der Osterfestkreis hat sich der zweite tragende Pfeiler des liturgischen Jahres entwickelt, der *Weihnachtsfestkreis*. Vor den eigentlichen Weihnachtstag am 25. Dezember wurde eine Vorbereitungsphase geschaltet, die wenigstens vier Sonntage zuvor (also mit Letztende am 24. Dezember, der noch nicht zu Weihnachten rechnet) anfängt: die Adventszeit. Nach dem Fest läuft die Entfaltung des Geheimnisses der Geburt Christi bis zum Fest seiner Taufe, die am ersten Sonntag nach dem Hochfest der Erscheinung des Herrn (volkstümlich: Dreikönigsfest) am 6. Januar erinnert wird (also zwischen dem 7. und dem 13. Januar).

Die zwischen den beiden Festkreisen liegende Zeit vom Montag nach dem Tauffest bis zum Samstag vor dem 1. Adventssonntag wird *Zeit im Jahreskreis* genannt. Sie gilt dem Gedächtnis des Christusgeheimnisses im Ganzen; Höhepunkte sind die 33 oder 34 „Sonntage im Jahreskreis". Der letzte ist das Christkönigsfest.

Der Tisch des Gotteswortes

Während die „Geprägten Zeiten" von Weihnachten und Ostern für jeden Tag eigene Bibellesungen zum Vortrag in der Eucharistiefeier besitzen, existiert für die Restzeit ein veränderlicher Lesezyklus. Für die Sonntage ist er auf drei Jahre aufgeteilt, in denen je eines der synoptischen Evangelien mehr oder weniger fortlaufend („Bahnlesung") in Abschnitten (Perikopen) vorgetragen wird. Das Johannesevangelium wird vor allem in der Fastenzeit gelesen. Für die Werktage existiert eine Zweijahresordnung. In den nächsten Jahren bedeutet das:

Liturg.Jahr	Evangelienzyklus (Sonntage)	Lesungszyklus (Werktage)
2001/2	Matthäus	II
2002/3	Markus	I
2003/4	Lukas	II
2004/5	Matthäus	I
...	...	...

Der Heiligenkalender

Er schiebt sich zwischen die Ordnung des Christusjahres als Verlebendigung des Ostergeschehens in seinen geschichtlichen Auswirkungen an beispielhaften Christinnen und Christen (Kap. 50). Bei der großen Zahl der Heiligsprechungen besteht Gefahr, dass er diesen österlichen Bezugspunkt nicht mehr sichtbar werden lässt, etwa wenn nahezu jeder Tag einem Heiligen gewidmet ist. Vor der erwähnten Liturgiereform waren von den 365 Jahrestagen 338 auf diese Weise besetzt. Der liturgische Gärtner hatte da viel zu tun – und machte sich viele Feinde, als er eine nachhaltige Durchforstung vornahm. Gegenwärtig sind im römischen *Generalkalender*, der für die ganze römisch-katholische Kirche verbindlich ist, Heilige aus allen Erdteilen, Lebensständen und Epochen vertreten, um die Katholizität der Kirche auf diese Weise anschaulich werden zu lassen (Kap. 28). Besonders hervorgehoben sind durch den liturgischen Rang „Hochfest" der Tag Allerheiligen (1. 11.), das Fest des hl. Josef (19. 3), des Täufers Johannes (24. 6.) und der Apostel Petrus und Paulus (29. 6.). Außerdem spielen die Marien-Gedenktage eine große Rolle im Heiligenkalender: In jedem Monat des Jahres wird ein größeres oder kleineres Fest zu ihren Ehren gefeiert.

Die Verehrung der Heiligen, die für die religiöse Geschichte einzelner Nationen, Regionen oder Ordensgemeinschaften bedeutungsvoll sind, ist durch spezielle Regional-, Diözesan- oder Ordenskalender gesichert. Seit 1973 existiert der „Regionalkalender für das deutsche Sprachgebiet" mit insgesamt 67 Gedenktagen.

Die Kirchenjahresordnungen in den anderen christlichen Kirchen und Kirchengemeinschaften unterscheiden sich teils beträchtlich von der römisch-katholischen. Die Kirchen des christlichen Ostens haben ihre Mitte unübersehbar deutlich im Ostergeheimnis, die aus der Reformation betonen die Bedeutung des Bibel-Studiums an den Feiertagen. Sie werden verstanden als Tage des Segens und des Zuspruchs für das Alltagsleben. Unter diesem Aspekt stehen beispielshalber der Neujahrstag, das Erntedankfest, der Buß- und Bettag und der Ewigkeitssonntag im November.

In der katholischen Tradition verband sich ehedem in starkem Maß mit den kirchlichen Festtagen ein ausgefaltetes Brauchtum. Heute ist nicht mehr allzu viel davon übrig geblieben. In Süddeutschland lebt noch die Kräutersegnung an Mariä Himmelfahrt (15. 8.); Martinstag (11. 11.) und Nikolausfest (6. 12.) erfreuen sich vor allem bei Kindern großer Beliebtheit, drohen jedoch der Feier von Halloween zu erliegen. Man kann andererseits nicht übersehen, dass sich neue Feierformen ausbilden, die den liturgischen Gedanken in das Zivilleben hineintragen wollen. Zu denken ist an das Hungertuch in der Fastenzeit, das Lichttragen an der Ostervigil mit dem anschließenden Osterfrühstück der gesegneten Gaben, an die Adventsbasare oder das Sternsingen der Jungen und Mädchen um Dreikönig.

37. Die Gestalt der Eucharistiefeier

Jesus sendet die Jünger zur Bereitung des Ostermahles aus, um 1065
(Plastik aus St. Maria im Kapitol zu Köln)
© ars liturgica Kunstverlag Maria Laach, Nr. 5921

Ite Missa est

Von diesem Schlussruf der lateinischen Liturgie hat die Eucharistiefeier ihren deutschen Namen „Messe" bekommen: „Geht hin, es ist Sendung!" Der griechische Name leitet sich ab vom Zeitwort *eucharistein* dankbar sein, Danke sagen. Damit wird die Haltung Jesu aufgegriffen, wie sie in den vier neutestamentlichen so genannten Einsetzungsberichten des Abendmahles (Mt 26,26–29; Mk 14,22–25; Lk 22,15–20; 1 Kor 11,23–25) beschrieben wird. Aber schon in diesen Erzählungen ist das Moment der Fortführung des Geschehens über den augenblicklichen Vollzug hinaus enthalten: „Tut dies zu meinem Gedächtnis!" Christlicher Gottesdienst gerade in seiner Höchstform ist keine Exklusivfeier, sondern drängt die Teilnehmer hinaus, versetzt sie in eine umfassende Dynamik. Sie steht im Hintergrund des Auftrags Jesu, den Raum für sein Letztes Abendmahl zu bereiten, wie das romanische Portal uns zeigt (Bild), sie steht im Vordergrund des Papstschreibens von 1998 „Über die Heiligung des Sonntags" (Kastentext).

> Die Eucharistie ist Ereignis und Vorhaben der Brüderlichkeit. Von der Sonntagsmesse geht eine Welle der Liebe aus, die sich im ganzen Leben der Gläubigen ausbreiten soll, angefangen damit, dass sie die Art und Weise, wie der übrige Sonntag gelebt wird, beeinflusst. Denn wenn der Sonntag der Tag der Freude ist, muss der Christ durch sein konkretes Verhalten deutlich machen, dass man „allein" nicht glücklich sein kann … Einsame und notleidende Menschen zu sich zum Essen einzuladen, Kranke zu besuchen, bedürftige Familien mit Nahrung zu versorgen, einige Stunden besonderen Initiativen des freiwilligen Dienstes und der Solidarität zu widmen – das wären gewiss Möglichkeiten, um die am eucharistischen Tisch geschöpfte Liebe Christi in das Leben einzubringen.
>
> Johannes Paul II., Apostolisches Schreiben „*Dies Domini*" (1998), Nr. 72.

Es war notwendig geworden, weil sowohl der Sinn der christlichen Sonntagsheiligung wie auch die Bedeutung der sie vermittelnden Eucharistiefeier in weiten Gebieten der Christenheit, zu denen man auch unser Land zählen wird müssen, verloren gegangen ist. Auch die Erneuerung der liturgischen Gestalt (bei uns mit dem seit 1976 geltenden deutschen Messbuch), die das Zweite Vatikanische Konzil ins Werk gesetzt hatte, damit „die Christen diesem Geheimnis des Glaubens nicht wie Außenstehende und stumme Zuschauer beiwohnen" (Liturgiekonstitution „Sacrosanctum Concilium" Nr. 48), hat dem nicht wehren können. Vielen Glaubenden ist schon der Aufbau der Feier undurchsichtig; kein

Wunder, dass diese dann langweilig, unattraktiv und lebensfern erscheint. In diesen Zeilen soll wenigstens über diese Voraussetzung jeden bewussten Mitfeierns informiert werden.

Die Urgestalt der Herrenmahlfeier

Eucharistie ist nicht zu lösen von Ostern. Das Letzte Abendmahl Jesu mit seinen Anhängern am Gründonnerstag war vermutlich ein Pascha- oder Ostermahl, innerhalb dessen er sich ihnen und allen, die zu seinem Gedächtnis Gleiches tun würden, unter den Gestalten des Brotes und des Weines einte. Es ist bereits die Vorwegnahme seines Lebensopfers am Karfreitag wie auch der Todesüberwindung am Ostermorgen und deutet diese im Mahl-Symbol aus.

Der Sonntag ist wesentlich die Vergegenwärtigung des Ostergeschehens, das Wochen-Ostern (Kap. 36). Aus diesem Grund fordert die Kirche die Versammlung aller Christen gerade an diesem Tag der Woche: Sie lebt und wirkt und gedeiht immer nur, wenn sie „dies" zu seinem Gedächtnis tut. Für sie als ganze wie auch für die einzelne Gemeinde am Ort wie ebenso für die einzelne gläubige Person gilt: Würde sie aufhören, Eucharistie zu feiern, hörte sie selber sehr bald auf als lebendige Gemeinde bzw. lebendiges Gemeindeglied zu existieren.

Im Lukasevangelium begegnet uns eine geheimnisvolle Szene, die zweifelsohne eucharistisches Gepräge aufweist, auch wenn sie vordergründig „nur" eine Geschichte des ersten Ostertages zu sein scheint. Die einzelnen „Akte" der Begebenheit entsprechen der Einteilung der Eucharistiefeier, wie sie sich noch heute erhalten hat. Der dritte Evangelist berichtet 24,13–35 die bekannte Emmaus-Wanderung zweier Herrenjünger, denen sich unerkannterweise der Auferstandene zugesellt. Dieser erste Akt ist *Sammlung* der Jesusleute mit Jesus selbst. Im zweiten Akt legt ihnen der unbekannte Wanderer die Bibel (des Ersten Testamentes) aus; man kann von der *Wortverkündigung* sprechen. Dann setzt er sich mit ihnen, dritter Akt, zu Tische, „nahm das Brot, sprach den Lobpreis (griech. *eulogesen*: ähnliche Bedeutung wie *eucharistein*), brach das Brot und gab es ihnen" (V. 30). Die noch jetzt geltenden Konsekrationsworte bilden unübersehbar den Hintergrund des Textes: Jesus feiert *Eucharistie*. Schließlich der vierte und abschließende Akt: Die beiden Männer brechen auf und legen Zeugnis vom Geschehenen in Jerusalem ab: Das Ende ist *Sendung*.

Die Gliederung der Messe

Die vier Akte oder Teile treffen wir in der Eucharistiefeier hier und heute genau so an, entfaltet und angereichert freilich durch eine Fülle von liturgischen Handlungen und Gebeten. Sie hebt mit der *Sammlung* der Teilnehmerinnen und Teilnehmer an, die in der Eröffnungszeremonie vom Priester begrüßt werden. Er führt in die Feier ein, zunächst durch Erschließung der Lesungsinhalte oder des Tagesfestes, dann durch den reinigenden Bußakt und das Tagesgebet, das die Bitten der Versammelten wie in einen Kelch hinein sammeln will.

Der *Wortgottesdienst* beginnt mit den Lesungen, denen die Gemeinde in Zwischengesängen antwortet, er setzt sich in der (an Sonn- und Feiertagen vorgeschriebenen) Predigt fort, die den Gehalt des Gotteswortes zeitbezogen deutet. Wieder antwortet die Gemeinde durch das Bekenntnis des Glaubens (Credo an Sonntagen und hohen Festtagen). Den Beschluss bildet das „Gebet der Gläubigen", die Fürbitten. Bei jedem Wortgottesdienst wird ein Stück aus einem der vier Evangelien vorgetragen; an Werktagen geht eine Lesung aus dem Alten Testament oder einem neutestamentlichen Buch außerhalb der Evangelien voraus; an Sonntagen sind zwei Lesungen vorgeschaltet, je eine aus dem Alten und dem Neuen Testament. Man darf auf eine Lesung verkürzen. Um den Tisch des Gotteswortes reich zu decken, sind an Werktagen zwar die Evangelienperikopen alle Jahre gleich (Jahreswoche 1–9 Markus, 10–21 Matthäus, 22–34 Lukas), es wechseln aber im Zweijahrestakt die außerevangelischen Lesungen. Für die Evangelien der Sonntage gilt ein Dreijahres-Rhythmus (vgl. Kap. 36).

Das Zentrum der Messe ist die *Eucharistiefeier* (im eigentlichen Sinn), unterteilt in die Bereitung der Gaben, das Hochgebet (Kanon) und die Kommunionfeier. Der Mittelteil ist die unmittelbare Vergegenwärtigung des österlichen Geheimnisses. Das deutsche Messbuch enthält vier Hochgebete. Das erste ist der Römische Kanon, vor dem Zweiten Vatikanischen Konzil das einzige zugelassene Hochgebet, das zweite inspiriert sich an einem Text aus dem 3. Jahrhundert (Hippolyt), das dritte ist eine moderne Neuschöpfung. Das vierte Hochgebet endlich ist stark von der östlichen Basilius-Liturgie beeinflusst. Anhangweise sind dem deutschen Messbuch drei kindergemäße Kanones sowie ein Hochgebet zum Thema Versöhnung und ein in vier Formen entfaltetes „Hochgebet für Messen in besonderen Anliegen" hinzugefügt worden. Im Zentrum des Hochgebets findet die Konsekration (Wandlung) der Gaben von Brot und Wein in Leib und Blut Jesu Christi innerhalb der (variierten) Rezitation des Kerntextes der biblischen Einsetzungsberichte statt.

Mit dem Schlussgebet nach dem Herrenmahl endet der dritte Teil. Die *Sendung* besteht aus der eventuellen Verlesung der pfarrlichen Mitteilungen, dem Segen und dem Entlassungsruf des Priesters: „Geht hin in Frieden!"

Normalerweise steht ein einzelner Priester der Feier vor; als besonders feierlich gilt die *Konzelebration*, bei der zusammen mit einem Hauptzelebranten mehrere andere Priester gleichzeitig feiern. Immer ist das bei der Priesterweihe der Fall: Die Neugeweihten konzelebrieren mit dem Bischof. Von extremen Fällen abgesehen, darf die Messe nur dann gefeiert werden, wenn Gemeinde versammelt ist – allenfalls genügt ein Ministrant oder eine Ministrantin als Teilnehmer(in) der Eucharistie.

Außereucharistische Gottesdienste

Die Verherrlichung Gottes durch Christus im Heiligen Geist geschieht in höchster, weil durch Christus selbst getragener Weise gewiss in der Eucharistiefeier, aber sie kennt – immer in Zusammenhang mit ihr – noch weitere liturgische und außerliturgische Formen. Besonders manifestiert sie sich im *Stundengebet der Kirche*. Es gehört zur offiziellen Liturgie und ist daher grundlegend ein Gemeinschaftsgebet, zu dem die Gemeinden, aber auch die Familien eingeladen sind. Vorgeschrieben ist es für alle Bischöfe, Priester, Ordensleute und nicht ständigen Diakone in seinem ganzen Umfang; die ständigen Diakone verrichten einen Teil. Manchmal wird es auch „Brevier" genannt nach dem Gebetbuch (*Breviarium*), in dem die Texte stehen. Sie gliedern sich so:

(1) Lesehore
(2) Morgenlob (Laudes)
(3) Mittagsgebet (wahlweise Terz, Sext, Non)
(4) Abendlob (Vesper)
(5) Nachtgebet (Komplet).

Eine andere wichtige Form des nichteucharistischen Gotteslobes ist der *Wortgottesdienst*. Wegen des akuten Priestermangels tritt er häufiger und häufiger an die Stelle der Messe. Im Allgemeinen orientiert sich seine Gestaltung an dem ersten Teil derselben, besteht also aus Liedern, Schriftlesungen, Gebeten und Fürbitten. Daneben gibt es *Andachten*, ehedem ein regelmäßiger Punkt des Pfarrprogramms, heute weiterlebend besonders in den Maiandachten zu Ehren Mariens. Schließlich sind die *Prozessionen* zu erwähnen, gottesdienstliche Umzüge oft außerhalb des Gotteshauses. Am bekanntesten und auch am prunkvollsten gestaltet ist die Fronleichnamsprozession, die auch am deutlichsten den eucharistischen Bezug bewahrt hat: In einer prächtigen Monstranz wird die konsekrierte Hostie auf dem Weg zur Schau gestellt. Die vier „Stationen", die allerdings nicht mehr überall gehalten werden, erinnern dagegen an die Flurbegehungen zur Segnung der Feldfrucht.

Zu den nichteucharistischen liturgischen Feiern gehören auch die *Segensfeiern* anlässlich der Spendung von Sakramentalien (Kap. 38).

In den letzten Jahrzehnten sind ferner die *ökumenischen Gottesdienste* ein fester Bestandteil des christlichen Gebetslebens geworden. Aufgrund des gemeinsamen Christseins, das durch die Dialoge zwischen Theologen und Kirchenleitungen immer deutlicher sichtbar geworden ist (Kap. 39 und 40), treffen sich Christinnen und Christen unterschiedlicher Bekenntnisse zum gemeinsamen Feiern und Flehen, vor allem natürlich um die Einheit, die der eine Herr will (vgl. Joh 17). Eine lange Tradition hat inzwischen die Gebetswoche für die Einheit der Christen in den Tagen zwischen dem 18. und 25. Januar; allerdings plädieren viele für den Pfingstmontag als Tag der Ökumene.

38. Leben aus den Sakramenten

Taufkapelle in der Pfarrkirche Sacré-Coeur, Audincourt, Jean Bazaine, 1951.

Auf dem Schreibtisch vielbeschäftigter Spitzenleute – Manager, Politiker, Anwälte – steht oft ein Photo, das Frau und Kinder zeigt. Im Stress des Berufes, im harten Kampf um die besten Strategien schöpfen sie wieder und wieder Mut, Kraft und Geborgenheit im Blick auf die Menschen, die ihnen, denen sie lieb sind. Manche von uns bewahren als Erinnerung an einen Toten einen materiell vielleicht überhaupt nicht, ideell aber unendlich kostbaren Gegenstand auf, der eine lebendige Beziehung zu ihm schafft – eine Locke, eine Uhr, ein Taschenmesser. Er hat ihm einst gehört, nun lebt er in gewisser Weise durch ihn im Gedenken weiter. Wer versteht, was in diesen beiden Begebnissen geschieht, hat auch verstanden, was ein *Sakrament* ist. In einem materiellen Zeichen, das in einer ganz bestimmten persönlichen Weise gedeutet wird (auf dem Bild sind „meine Lieben", nicht das „Porträt einer ältlichen Frau mit Kids" zu sehen) ereignet sich eine personale Beziehung zu anderen Personen, kurz: Liebe wird wahr.

> In den einzelnen Sakramenten entfaltet sich das sakramentale Wesen der Kirche in die konkreten Situationen des menschlichen Lebens. In den sakramentalen Zeichen, die aus dem Lebensbereich des Menschen genommen sind, begegnet uns Christus und schenkt uns sein Heil. Voraussetzung für diese Heilsbegegnung mit Christus ist das Geschenk des Glaubens, der den Menschen das Heil in Christus suchen lässt. In diesem Glauben erkennt er in menschlichen Zeichen das Wirken Gottes und öffnet sich ihm. Der Empfang eines Sakramentes ist deshalb nicht ein Vorgang, in dem man nur „etwas" bekommt, eine Sache von noch so hoher Qualität, sondern das Sakrament zeigt eine persönliche Beziehung an und schafft sie.
>
> Gemeinsame Synode der Bistümer in der Bundesrepublik Deutschland, Schwerpunkte heutiger Sakramentenpastoral (1974): Offizielle Gesamtausgabe, Freiburg 1976, I, 24.

Ereignis der Liebe Gottes

Die fundamentale Botschaft der Offenbarung, die uns die Heilige Schrift zugänglich macht, lautet: Gott liebt uns Menschen. Wir Menschen aber sind aufgrund unserer Leiblichkeit und Sinnlichkeit auf leiblich-sinnenhafte Erweise, auf Zeichen also dieser Liebe angewiesen, um sie leibhaftig zu erfahren. Das Urzeichen dieser Liebe ist Jesus Christus; er wird uns erfahrbar in seiner Kirche: In der Glaubenssprache reden wir von ihm als dem Ursakrament, von der Glaubensgemeinschaft als Grundsakrament (Kap. 27). Denn *sacramentum* bedeutet Zeichen. Die Christusgemeinschaft durch die Kirche ihrerseits verleiblicht sich in bestimmten Heilszeichen, den Einzelsakramenten. Sie treffen allesamt unmittelbar oder mittelbar in Grundsituationen existentieller Betroffenheit des Menschen und versichern ihn darin der Zuneigung des dreieinen Gottes. Die Taufkapelle von Audincourt (Bild) zeigt das sehr schön: Sie ist Teil der Gemeindekirche; in ihr steht der Taufbrunnen als Bestandteil des Reinigungsvorgangs, durch den ein Mensch in die Gottesgemeinschaft konkret gebracht wird. Die Glasfenster der Kapelle deuten den Ostermorgen, die Realisierung unserer Erlösung durch Jesus Christus, an. Der Text der so genannten Würzburger Synode, in der das Zweite Vatikanische Konzil auf die deutschen Verhältnisse angewandt werden sollte, bringt das knapp auf den Begriff (Kastentext). Die angedeuteten Beziehungen lassen sich auch in diesem Bild zusammenfassen: Christus (Ursakrament) ergreift den Menschen durch den Arm der Kirche (Grundsakrament) mit den Fingern der Einzelsakramente, um ihn mit Gott eins werden zu lassen.

Wie viele Sakramente gibt es?

Wir sprechen heute von *sieben Sakramenten*. Das ist nicht unumstritten. Die Ostkirchen kennen, wenn auch nicht immer unter dem gleichen Namen, ebenfalls die Siebenzahl. Die Reformatoren des 16. Jahrhunderts dagegen anerkennen nur Taufe und Eucharistie (bezüglich der Buße schwankten sie), weil nur sie biblisch bezeugt seien. Tatsächlich hat sich erst im Hochmittelalter die Siebenzahl stabilisiert; vorher kannte man bis zu 30 Sakramente. Sie ist übrigens nicht mathematisch zu verstehen. Taufe und Firmung waren lange ein einziges Heilszeichen (also 6?), das Weihesakrament besteht aus den Einzelsakramenten Diakonen-, Priester-, Bischofsweihe (also 9 Sakramente?). Vielmehr steckt dahinter das Symboldenken des Mittelalters: 3 ist die Gotteszahl (*Dreifaltigkeit*), 4 die Weltzahl (*Himmelsrichtungen*), so dass alle aus *3 und 4* bestehenden Beziehungen, vor allem 7 und 12, als „heilige Zahlen", d. h. als Zeichen für die Fülle (mehr als Gott *und* Welt ist nicht vorstellbar) galten. „Sieben Sakramente" bedeutet mithin: Das ganze Gottesheil wird uns zuteil.

Auch für das katholische theologische Denken haben nicht alle Sakramente den gleichen Rang. Das Mittelalter unterschied die *Hauptsakramente* (sacramenta maiora) Taufe und Eucharistie klar von den übrigen *Mindersakramenten* (sacramenta minora). Umgekehrt kennen die reformatorischen Kirchen zum Teil diese als besondere Riten an, so besonders den Krankengottesdienst. Ökumenische Annäherungen erscheinen also als aussichtsreich.

Wie die Sakramente wirken

Aus der Grundstruktur des Sakramentalen ergibt sich die Grundstruktur der Einzelsakramente. Sie bestehen aus einem materiellen Element (Wasser, Öl, Brot und Wein usw.) und einem deutenden Wort, das die theologische Beziehung hervorhebt und damit beispielsweise aus einer gewöhnlichen Waschung das Tauf-Sakrament macht. Indem beides richtig nach Ritus wie nach Absicht der Beteiligten (Spender und Empfänger des Sakramentes) vollzogen wird, baut sich jene personale Beziehung auf, von der die Würzburger Synode spricht.

Weil die Liebe Gottes konkret ist, erreicht sie uns in allen Situationen unseres Daseins, besonders aber, wie schon angemerkt, in denen, die uns im Kern des Menschseins treffen und betreffen. Von diesem Leitpunkt aus hat sich ein theologisches und kirchenrechtliches System im Lauf der Geschichte herausgebildet, durch das Spendung, Empfang und Wirkung der einzelnen Sakramente bestimmt ist. Der Übersicht halber und der Kürze wegen stellen wir in einer Tabelle (s. S. 205) die wichtigsten Regelungen der römisch-katholischen Kirche zusammen.

Sakramentalien

Die Welt des Sakramentalen ist, wie anfangs schon deutlich wurde, umfassender als die sieben besonderen von der Kirche zu Sakramenten erklärten Heilszeichen, von denen wir eben gesprochen haben. Es gibt viele andere Dinge, die eine ähnliche Struktur wie sie haben: In einem sinnenhaften, materiellen Ding oder Vollzug erscheint das Gottesheil als Gabe. Seit dem Mittelalter nennt man solche analogen Zeichen und Handlungen Sakramentalien. Zu ihnen gehören Segnungen und Weihungen von Personen oder Gegenständen – bekannt sind etwa der Blasiussegen oder die Jungfrauenweihe (von Nonnen) –, aber auch der Gebrauch von Weihwasser und Weihrauch, die Erteilung des Aschenkreuzes am Beginn der österlichen Bußzeit, die Fußwaschung am Gründonnerstag, das kirchliche Begräbnis. Spender sind vorzugsweise Kleriker, doch die Laien haben ebenfalls die Vollmacht, Sakramentalien zu spenden. Im Einzelnen sind die Riten wie die Spenderregelung im liturgischen Buch mit dem Namen *Benedictionale* enthalten.

Name	Spender	Empfänger	Wirkung
Taufe	Notfalls jeder Mensch	Jeder Mensch	Grundsakrament, Sündenvergebung, Eingliederung in die Kirche
Firmung	Bischof, vom Bischof beauftragter Priester	Der getaufte Mensch	Taufvollendung durch engeren Einbezug in die geistgeleitete Sendung der Kirche
Eucharistie	Konsekration: Bischof, Priester; Austeilung: kirchlich Beauftragte	Der getaufte Mensch im Gnadenstand	Zentralsakrament: Vereinigung mit Christus in der Einheit der Kirche
Buße	Bischof, Priester mit Beichtvollmacht	Der getaufte Mensch im Stand der Sünde	Versöhnung mit Gott und Kirche durch Vergebung der Schuld
Krankensalbung	Bischof, Priester	Der ernstlich kranke oder alte Mensch	Ganzmenschliche Aufrichtung durch Christusgemeinschaft, ggf. Sündenvergebung
Weihe	Bischof	Der getaufte Mann	Befähigung zum bevollmächtigten Amt als Diakon, Priester oder Bischof
Ehe	Die Ehepartner	Ehepartner	Erhebung der Ehe in die Gnadenordnung

39. Konfessionen im Christentum

Heinrich VIII. triumphiert über den Papst, Allegorie von 1548
(National Portrait Gallery, London)

D ie Szenerie des Propagandabildes aus dem 16. Jahrhundert ist drama-
tisch. Der englische König Heinrich VIII. liegt auf dem Sterbebett. 1521
hatte er für eine gegen Luther gerichtete Schrift vom Papst den Titel
Defensor fidei (Verteidiger des
Glaubens) erhalten, den heute
Elisabeth II. immer noch führt.
Sie ist aber gar nicht mehr
römisch-katholisch. Denn Heinrich hatte 1534 mit Rom ge-
brochen und sich selbst zum
Oberhaupt der englischen Kirche
erklärt. Auch das ist seine Nach-
folgerin noch jetzt. Der todge-
weihte Herrscher weist auf seinen Nachfolger Eduard VI., ein
Kind noch – aber was für eines:

> Nun singe Lob, du Christenheit, dem Vater, Sohn und Geist,
> der allerorts und allezeit sich gütig uns erweist,
>
> der Frieden uns und Freude gibt, den Geist der Heiligkeit,
> der uns als seine Kirche liebt, ihr Einigkeit verleiht.
>
> Er lasse uns Geschwister sein, der Eintracht uns erfreun,
> als seiner Liebe Widerschein die Christenheit erneun.
>
> Du guter Hirt, Herr Jesus Christ, steh deiner Kirche bei,
> dass über allem, was da ist, ein Herr, ein Glaube sei.
>
> Herr, mache uns im Glauben treu und in der Wahrheit frei,
> dass unsre Liebe immer neu der Einheit Zeugnis sei.
>
> G. Thurmair (1967). Melodie: Nun danket all, Evange-
> lisches Gesangbuch Bayern und Thüringen, Nr. 265.

Flankiert vom Staatsrat tritt es den Papst und seine Mönche unbekümmert nieder! Im Fenster rechts sieht man, wie das Land vom „papistischen Aberglauben"
gereinigt wird – durch die Zerstörung von Kunstwerken.

Wir wissen: Das war eine Überdehnung der Realität. Es gibt den Papst
noch immer. Eine Überdehnung war freilich auch die gleichzeitige Hoffnung des
Kardinals Roberto Bellarmino, die Lutheraner, ins Dasein kaum getreten, ver-
dorrten schon. Es gibt, wie den Papst, die Lutheraner noch immer. Eines hat sich
freilich geändert: Die meisten Christinnen und Christen, von ihren Oberhäup-
tern angefangen, wollen nicht mehr die Auslöschung der Abweichler, sondern
die Einigung der Getrennten (Kap. 40): Das Lied des Katholiken Georg Thurmair
im evangelischen Gesangbuch (Kasten) gibt der großen Sehnsucht betend Ausdruck.

Sind Spaltungen unvermeidlich?

Alle Religionen beruhen auf alten Überlieferungen, die je neu gedeutet
werden müssen. Die Texte, in denen sie sich niedergeschlagen haben, entstam-
men einer anderen Kultur, wurden in fernen Lebenswelten entworfen, bedienen
sich (im philologischen wie im übertragenen Sinn) einer fremd gewordenen
Sprache. Das ist im Christentum nicht anders (Kap. 47). So ist Interpretation

gefragt; Interpretationen aber weichen oft voneinander ab. Wenn z. B. Jesus sagt, seine Jünger sollten bei ihrer Mission keine Schuhe tragen (Mt 10,10), lässt sich das wörtlich verstehen – das taten die Unbeschuhten Karmeliten – oder symbolisch als Aufruf zur Bedürfnislosigkeit – so verstanden es die anderen Missionsorden. Solche unterschiedlichen Deutungen lassen sich natürlich innerhalb einer Kirchengemeinschaft (relativ) leicht ertragen. Was aber, wenn es um das Verständnis des Heilsweges selbst geht? Wenn auf diesem Gebiet Widersprüche gegeneinander stehen? Wenn die eine Parteiung der anderen die grundsätzliche Überlieferungstreue abspricht?

Alle Religionen kennen das Problem; alle Religionen kennen auch die regelmäßige Folge: Es gibt Spaltung; mehrere Gruppierungen entstehen, die sich weigern, die je anderen als gleichberechtigt, als Religionsvertretung anzuerkennen (vgl. die Kap. 42–44 und 46). In der Religion Christi ist es ebenso gekommen. Es kam und kommt bis ins letzte Jahrhundert hinein (das neue ist dafür noch zu neu) zu Trennungen in Gemeinschaften, die auf einem besonderen Bekenntnis (lat. *confessio*) gründen, in dem sie das Christsein wenigstens besser als durch andere Interpretationen, wenn nicht dadurch allein gewahrt sehen: Die Konfessionen bilden sich; sie bilden sich von vornherein als Abgrenzungen und Exklusivsetzungen des Christlichen.

Die historischen Spaltungen

Heute gibt es über 200 unterschiedliche, voneinander mehr oder minder deutlich getrennte christliche Gemeinschaften (vgl. die Übersicht S. 216). Das Gemeinsame zwischen ihnen besteht wenigstens darin, dass sie die Dreifaltigkeit Gottes und das Gott-Mensch-Sein Jesu von Nazaret als Glaubensgut bejahen. Es gibt immerhin *eine* Bekenntnisformel, der alle prinzipiell zustimmen, das ist das so genannte *Große Glaubensbekenntnis*, das auf die Konzilien von Nikaia (325) und Konstantinopel (381) zurückgeht. Im Allgemeinen anerkennen sie auch die Taufe, die in einer Konfession gespendet worden ist.

Im Grund ist auch das Christentum selber Produkt einer Spaltung. Die ersten Anhänger Jesu verstanden sich und wurden von der Umwelt verstanden als Sondergemeinschaft innerhalb der jüdischen Religion. Das Eigentümliche bestand darin, dass sie ihren Meister als den *Messias Gottes* glaubten. Sehr bald ist es darüber zur Trennung vom offiziellen Judentum gekommen; sie besteht noch zur Stunde (Kap. 42). Bereits um 50 drohte der kleinen Christenschar eine neue Katastrophe, die die Frage ausgelöst hatte, ob Nichtjuden („Heiden") beim

Übertritt zum „Neuen Weg" das jüdische Gesetz (z. B. mit Beschneidungspflicht) übernehmen müssten. Der Kompromiss der Apostelversammlung („Apostelkonzil") von Jerusalem (Apg 15) wurde nicht von allen angenommen.

Seit der Anerkennung der christlichen Religion durch den römischen Staat lassen sich drei große Abspaltungen unterscheiden. Die daraus entstandenen Konfessionen existieren allesamt noch heute. Die *erste Kirchenspaltung* ereignete sich in Folge des Konzils von Chalkedon (451), vorgeblich wegen christologischer Differenzen, in Wirklichkeit aus politischen Gründen. Die Gemeinden im Südosten des byzantinischen Reiches und in Ägypten protestierten damit gegen den Kaiser, in dessen Namen die Beschlüsse der Versammlung erlassen worden waren. In den letzten Jahrzehnten des 20. Jahrhunderts ergaben intensive Dialoge, dass tatsächlich keine Lehrdifferenzen über Christus bestehen. Zu den trotzdem weiter existierenden so genannten *altorientalischen* oder *vorchalkedonensischen Kirchen* zählen die Assyrer, Syrer, Kopten (Ägypten), Malankaren (Südindien), Armenier und Äthiopier.

Die *zweite Kirchenspaltung* bahnte sich etwa seit dem 8. Jahrhundert zwischen dem Osten und dem Westen des Römerreiches an. Auch hier ging es nicht nur um theologische, sondern auch um politische Fragen, vor allem seit der Papst den Franken Karl d. Gr. 800 zum Kaiser gemacht hatte. Zum endgültigen Bruch kommt es 1054 über die Frage, ob für die Eucharistie auch ungesäuertes Brot verwendet und ob der lateinische Zusatz im Großen Glaubensbekenntnis („hervorgegangen aus dem Vater *und dem Sohne/Filioque*") legitim ist. Die Kirchen im Ostreich verneinten beides, sagten die Kirchengemeinschaft auf und nennen sich seitdem *orthodox* (rechtgläubig).

Die *dritte Kirchenspaltung* geschah innerhalb der Westkirche durch die reformatorischen Bewegungen im 16. Jahrhundert, deren Führer Martin Luther, Huldrych Zwingli und Jean Calvin wurden. Sie traten anfangs nur gegen spätmittelalterliche Missstände in der Kirche auf (z. B. Ablassverkauf, Aberglaube), die sie ausmerzen wollten, um die Kirche wieder in ihren guten alten Zustand (*Form*) zurück (*re*) zu führen. Wieder sorgten nicht zuletzt die politischen Konstellationen dafür, dass zunächst nicht die *eine Kirche* erneuert wurde, sondern *viele Kirchen* auf den Plan traten. Luther und Calvin selber wurden zu Patronen eigener Konfessionen, der Lutheraner bzw. der Calvinisten oder Reformierten. Ferner bildete sich, diesmal aus rein politischen Ursachen, in England die anglikanische Kirche unter Heinrich VIII. heraus, dann setzte das reformatorische Anliegen in den nachfolgenden Jahrhunderten unablässig neue Kirchentümer frei. Sie werden unter dem Namen *Freikirchen* zusammengefasst. Zu ihnen gehören u. a. die Methodisten, Pietisten, Baptisten, Quäker, die Heilsarmee; sie sind vor allem in den angelsächsischen Ländern stark verbreitet.

Zuletzt kam es im Gefolge der beiden letzten Konzilien der römisch-katholischen Kirche zu kleineren Abspaltungen: nach 1870 entstand die Alt-katholische Kirche, nach 1965 die Gruppe der Lefebvre-Anhänger.

Was die Christen trennt

Die schnelle Antwort lautet: fast alles. Die Reaktion nach Augenschein der Verhältnisse neigt zu sagen: beinahe nichts. Genaue Analysen ergeben: Wenig, doch Wichtiges. Kritisch darf man fragen: Aber auch das wahrlich Entscheidende?

Fast alles: Im letzten Jahrhundert ergaben soziologische Untersuchungen, dass sich beispielsweise katholische und evangelische Männer in ihren Rasiergewohnheiten unterscheiden. Aber auch davon abgesehen: Lebensgewohnheiten, Feste, Riten, ethische Normen – es gab augenscheinlich kaum ein Lebensgebiet, in dem die konfessionellen Differenzen nicht zutage traten. Uns Heutigen fällt das nur kaum mehr auf, weil die Säkularisierung alle Kirchen erfasst und die Unebenheiten planiert hat.

Beinahe nichts: Das scheint das Resultat eben dieser Gegenwartsbetrachtung zu sein, gewonnen nicht nur aus der Säkularisierung, sondern auch aus den Näherungsbewegungen der Kirche zueinander, von denen Kap. 40 berichtet. Tatsächlich und Gott sei Dank herrscht eine weitreichende Übereinstimmung, was die Haupt- und Grundartikel des Glaubens anlangt – die Lehre über Gott, über Christus, den Heiligen Geist, das ewige Ziel des Menschen und den gnadegeleiteten Weg dorthin einschließlich der Fundamentalaussagen über die Sakramente. Alle Kirchengemeinschaften berufen sich auf die Bibel als Glaubensquelle und Glaubenskriterium. Alle sind der Tradition verpflichtet, alle schätzen die Theologie als wichtig ein. Diese Aufzählung ist nicht erschöpfend. Der eigentliche Streitpunkt liegt im Kern in der Lehre über die Kirche, ihr Wesen, ihre Verfassung, ihre Aufgabe. Noch genauer betrachtet, fokussiert er sich auf das Problem der Vermittlungsrolle der Kirche: Inwieweit gehört sie konstitutiv in das Geschehen des Heils hinein? Keine Konfession sagt: Gar nicht; keine auch: Allein sie bewirkt das Heil. Zwischen diesen beiden Polen bewegen sich die Auffassungen.

Entscheidend Wichtiges: Darüber geht die ökumenische Diskussion, die anschließend referiert wird.

40. Ökumene

Logo des Ökumenischen Rates der Kirchen: Auf dem Meer der Welt fährt das Schiff der Kirche, dessen Mastbaum das Kreuz ist. Die Umschrift OIKOUMENE bezieht sich auf das griechische Wort für „bewohnte Erde": Heute steht es für die Bemühungen um die Einheit aller Christinnen und Christen in der einen Kirche Jesu Christi.

*O*ikumene bedeutet im Griechischen die zivilisierte Welt; in der Christenheit verstand man bald darunter die Erde als Missionsgebiet der Kirche. Als *ökumenisch* galten jene Lehren der Kirche, die für alle Christinnen und Christen in der Welt verbindlich waren, z. B. das Große Glaubensbekenntnis von 325/381. Im Jahr 1919 leitete der lutherische Erzbischof Nathan Söderblom davon das Verständnis von „ökumenisch" als Verpflichtung der in viele Kirchentümer zerrissenen Christenheit ab, Wege zur versöhnenden Überwindung ihrer Spaltungen zu suchen. In der Mitte des 20. Jahrhunderts kam der Begriff *Ökumenismus* auf als Zusammenfassung der theologischen, organisatorischen und praktischen Bemühungen um die Einheit der Christusnachfolger in der Kirche.

Wir glauben, dass wir bei unseren Begegnungen mit Christen aus anderen Traditionen nichts zu befürchten haben. Denn wenn wir einander in einem Geist der Demut und Offenheit begegnen, entdecken wir, dass wir viel gemeinsam haben, dass wir Besitztümer zu empfangen haben, dass wir Gaben zu teilen und dass wir einander brauchen.

Wir glauben, dass unsere Spaltungen im Widerspruch zur Schrift stehen. Wir freuen uns, dass uns der Heilige Geist in der Liebe zusammenführt, um durch die Einheit des Leibes Christi die neue Gemeinschaft zu offenbaren, die Gott für alle Menschen und die ganze Schöpfung bereithält.

5. Weltkonferenz der Kommission für „Glaube und Kirchenverfassung" in Santiago di Compostela 1993, aus: P.-W. Scheele (Hg.), Für die Einheit in Christus, München 1997, 59.

Die Lektüre des Johannesevangeliums erwies klipp und klar, dass solches Tun alternativlos für sie ist. Die letztwillige Verfügung Jesu, die zugleich den inneren Grund dafür nennt, lautet: „Alle sollen eins sein: Wie du, Vater, in mir bist und ich in dir bin, sollen auch sie in uns sein, damit die Welt glaubt, dass du mich gesandt hast" (Joh 17,21). Ohne Einheit also kein missionarischer Erfolg, ohne Streben nach Kircheneinheit keine Christuseinheit – da ist nichts zu deuteln und zu rütteln. Man kann nicht für Christus und gegen die Ökumene sein.

Ökumenische Modelle

Wem das klar ist, der kann gegen die Einheit nicht sein. Doch so eindeutig das *Dass*, so verschwommen ist das *Wie* der Kircheneinheit. Wie kann, soll, muss die Verwirklichung der Ökumene sein? In den letzten Jahrzehnten wurden mehrere Konzeptionen entworfen, die allesamt auf zwei Grundmodelle redu-

212

zierbar sind, deren Patin wiederum das Verständnis von Kirche ist (vgl. Kap. 27 und 28). Sieht man sie vornehmlich als zentralistisches Einheitsgebilde, kann Einigung nur als Rückkehr in dieses Gefüge verstanden werden, also als bedingungslose Kapitulation aller Kirchentümer, jenes ausgenommen, das schon in dieser Weise eins ist. Sieht man die Kirche hingegen als Gemeinschaft aus dem Geist der Katholizität (*Communio*), dann ist Einigung das Ausräumen der Widersprüche in Lehre und Ethos bei bleibender Verschiedenheit in allen anderen Belangen („Versöhnte Verschiedenheit").

Ungeachtet dieser theoretischen Fragen und zugleich immer im Blick auf sie existiert in der Christenheit gegenwärtig ein intensives ökumenisches Bemühen, das besonders zwei Gebiete umfasst. Zum einen ist das die Praxis: Es gibt zwischen den Kirchen auf leitungsamtlicher wie gemeindlicher Ebene Zusammenarbeit im sozialen, pastoralen, spirituellen, gottesdienstlichen Bereich. So nehmen häufig der Vorsitzende der Deutschen Bischofskonferenz (DBK) und der Ratsvorsitzende der Evangelischen Kirche in Deutschland (EKD) in einer gemeinsam unterzeichneten Erklärung Stellung zu Fragen des politischen Lebens (im weitesten Sinne). Gemeinsame Gottesdienste der Katholiken und Protestanten bei bestimmten Anlässen sind schon seit geraumer Zeit unspektakulärer Alltag. Zum andern gibt es die gemeinsame theologische Arbeit. Allein die Aufzählung der Konsensdokumente aus den letzten 50 Jahren auf Welt- und Nationalebene, aus bilateralen (Partner sind jeweils zwei Konfessionen) oder multilateralen (zwischen mehreren Konfessionen) Dialogen füllte mehrere Seiten. Die Sammlung der Gesprächspapiere auf Weltebene seit 1930 füllt drei lexikonstarke Bände.

Eines der letzten Papiere ist die 2000 veröffentlichte Studie „*Communio Sanctorum – Die Kirche als Gemeinschaft der Heiligen*". Für sie zeichnet eine von der DBK und der Kirchenleitung der Vereinigten Evangelisch-Lutherischen Kirche in Deutschland (VELKD) berufene Arbeitsgruppe verantwortlich. Unter anderem werden dort erstmals so wichtige, doch zuvor bei anderen Gesprächsrunden allenfalls am Rand behandelte Themenbereiche wie das Verhältnis der Bezeugungsinstanzen des Glaubens (Kap. 2–6), die Bedeutung des Papstamtes (vgl. Kap. 29f), die Verehrung der Heiligen und besonders der Mutter Jesu (Kap. 14 und 50) ausführlich und in einem überraschenden Maß an Übereinstimmung behandelt.

Ökumenische Probleme

Warum hat dieses heiße Bemühen, dieser geistliche und wissenschaftliche Eifer noch nicht zum Ziel der Kircheneinheit geführt? Immer weniger Christinnen und Christen vermögen zu verstehen, dass bis zur Stunde alle die vielen gemeinsamen Erklärungen augenscheinlich folgenlos geblieben sind, allenfalls zu Klimaverbesserungen ohne sichtbare praktische Konsequenzen geführt haben. Sie drängen zueinander, sie wollen vor allem gemeinsam Abendmahl feiern. Dann erleben sie eine kalte Dusche nach der anderen – Verweigerungen, Verzögerungen, Verwarnungen. Depression und Müdigkeit greifen Raum. Man kann das gut verstehen, muss aber wahrheitshalber sagen, dass Ökumeniker nicht der Ratte in der Trommel gleichen, die nur um sich selbst kreist. Seitdem Ökumenismus zum selbstverständlichen Arbeitsbereich der Kirchen gehört, sind erhebliche Übereinstimmungen in der Lehrauffassung erreicht worden. Die „Gemeinsame Erklärung zur Rechtfertigungslehre" zwischen Vatikan und Lutherischem Weltbund (Augsburg 1999) ist der spektakulärste, nicht der einzige Beweis.

Zur Stunde bleiben im Wesentlichen drei Fragen, die noch keine befriedigende *Lösung* gefunden haben. Sofort ist beizufügen: Lösungs*wege* sind dennoch im Visier der Ökumeniker. Die Hoffnung auf Einigung, sogar in absehbaren Zeiträumen, ist daher nicht grundlos.

(1) *Ist eucharistische Mahlgemeinschaft möglich?* Während die reformatorischen Kirchen diese Frage bejahen, verneinen sie die römisch-katholische und die orthodoxen Kirchen. Der Streitpunkt liegt im Verständnis des Abendmahles: Ist es vor allem (nicht nur) *Mittel* der Einheit, dann dient der gemeinsame Empfang der Ökumene, sagen die Protestanten. Ist es vor allem (nicht nur) *Zeichen* der Einheit, meinen die anderen, dann kann man nicht gemeinsam zum Tisch des Herrn gehen, solange die Einheit nicht vollkommen hergestellt ist – was wenigstens die beiden anderen Punkte verhindern, die gleich zu nennen sind. Die Vermittlung der beiden Standpunkte liegt darin, dass geklärt wird, was schwerer wiegt, die *schon* gegebene Gemeinschaft in Christus oder die *noch* bestehende Trennung. An der Tatsächlichkeit beider Momente zweifelt niemand.

(2) *Stehen die Amtsträger aller Kirchen in der apostolischen Sukzession?* Die Ämterfrage (Kap. 30) entsteht, weil zwar unbestritten ist, dass die Rechtmäßigkeit der Träger des kirchlichen Amtes von der Verbindung mit den apostolischen Ursprüngen abhängt, doch von der römisch-katholischen Kirche wie von der Orthodoxie in Abrede gestellt wird, diese sei in den reformatorischen

214

Kirchen gegeben: Es fehle ihnen die Kontinuität in der Kette der Handauflegungen, also die apostolische (Amts-)Nachfolge. Auch hier wäre eine Verständigung denkbar, wenn Apostolizität als Gesamtkomplex des Verbleibs in der apostolischen Tradition gesehen würde, in den die geistlichen Ämter jener Konfessionsgemeinschaften eingefügt werden können, die (wie die Lutheraner) aus historischen Gründen die bischöfliche Sukzession anfangs aufgegeben hatten.

(3) *Gibt es ein oberstes Amt der Einheit in der Kirche?* Hier geht es um die dornenreiche Frage der Anerkennung des Papstamtes, die bisher alle nicht römisch-katholischen Konfessionen ablehnen. Allerdings ist die Ablehnung (das ist ein Ergebnis der theologischen Gespräche) nicht mehr unbedingt auf das Faktum als vielmehr auf die Ausübung der Funktion des römischen Bischofs bezogen. Hat er nur einen pastoralen oder auch rechtlichen Vorrang (Primat) vor den anderen Bischöfen? Ersteren zu bejahen, macht wenig Schwierigkeiten, den anderen um so mehr. Eine Näherung der Standpunkte lässt sich vorstellen, wenn die *Nichtkatholiken* bedenken, dass die Wahrung der Einheit echte Kompetenzen für den Verantwortlichen einschließt, die *Katholiken* nach Weisen der faktischen Amtsausübung suchen, die die Prinzipien der Subsidiarität (Kap. 33), der Katholizität (Kap. 28) wie der Kollegialität (Kap. 30) – allesamt Lebensvoraussetzungen der Kirche Christi – deutlicher und nachhaltiger wahrten und ausdrückten als bisher – 1995 hat Johannes Paul II. selbst dazu aufgerufen (Enzyklika „Ut unum sint").

Geistliche Ökumene

Neben der theologischen und verfassungsrechtlichen Seite darf die spirituelle Dimension des Ökumenismus nicht übersehen werden. Es geht um die Einheit der Kirche, die Werk des Heiligen Geistes (*Spiritus Sanctus*), dem gemeinsamen Glaubensbekenntnis gemäß, ist. Darum müssen die Christen innerhalb der einzelnen Konfessionen selbstkritisch sehen, ob sie selber sich dem Wirken des Gottesgeistes öffnen, zugleich aber liebend Ausschau halten, ob und wo dieses in den anderen Gemeinschaften der Fall ist. Das Zweite Vatikanische Konzil hatte im Dekret „Unitatis redintegratio" über den Ökumenismus grundsätzlich anerkannt, dass auf der einen Seite „das Antlitz der (römisch-katholischen) Kirche den von uns getrennten Brüdern und der ganzen Welt nicht recht aufleuchtet und das Wachstum des Reiches Gottes verzögert wird" (Nr. 4), auf der anderen Seite von den getrennten Gemeinschaften zu sagen ist: „Der Geist

Christi hat sich gewürdigt, sie als Mittel des Heiles zu gebrauchen" (Nr. 3). Ökumenisches Verhalten schließt darum die Bereitschaft zur Bekehrung, zur größeren Liebe ein. Die gemeinsamen Gottesdienste von Christinnen und Christen verschiedener Konfessionen gehören aus diesem Grund zu wesentlichen Momenten eines ernstgemeinten und ernstgenommenen Ökumenismus (Kap. 37).

Stammbaum der Konfessionsfamilien

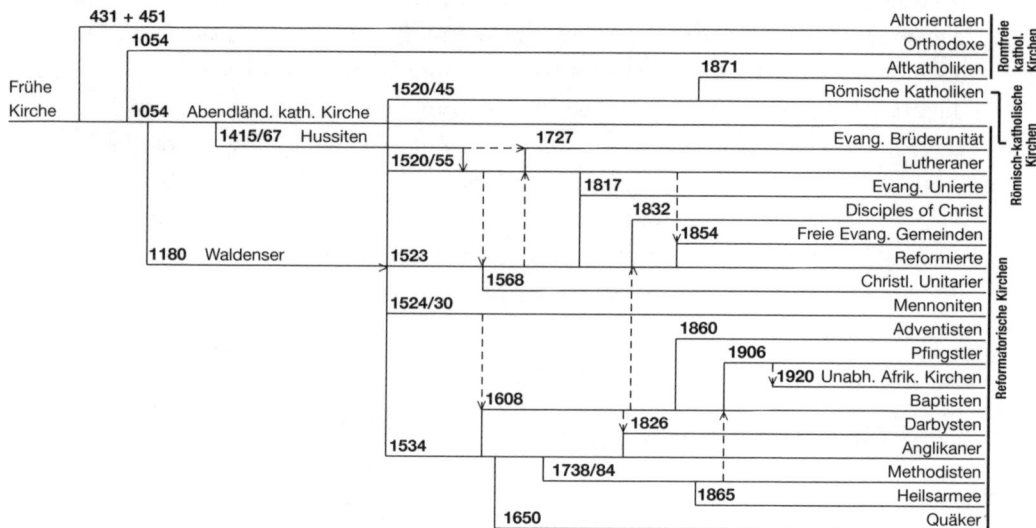

Übersicht über die Entstehung der verschiedenen christlichen Konfessionen. Quelle: Grundkurs Ökumene. Ökumenische Entwicklung – Brennpunkte – Praxis, Bd. 2: Materialien für eine Seminarreihe, Kevelaer 1998, S. 74

41. Christentum und Religionen

Papst Johannes Paul II. mit mehr als 200 Religionsführern beim Friedensgipfel in Assisi am 24. Januar 2002 auf dem Vorplatz der Franziskus-Basilika.

D as Wort *Religion* leitet sich vom lateinischen *religere*, „sorgsam beachten" her, dessen Gegenteil *negligere*, „vernachlässigen" heißt, und meint den heiligen, mit übersinnlicher Kraft erfüllten Gegenstand. In der Religionswissenschaft bedeutet *Religion* die Beziehung des Menschen zur übernatürlichen Welt. Eine solche lässt sich aus vielen Zeugnissen schon bei den Menschen der prähistorischen Epoche herauskristallisieren. Offenbar hat es nie eine Kultur ohne Religion gegeben. Fast unübersehbar vielgestaltig sind freilich die Formen, in denen sich dieses Phänomen präsentiert. Heute spielen vor allem in sich wegen ihrer Verbreitung, für uns wegen ihres Vorkommens auch bei uns zulande die so genannten *Weltreligionen* eine wichtige Rolle. Wir

> Die Religionswissenschaft … kann … den nach dem Sinn, dem Wert und der Wahrheit der Religionen Fragenden nur bis an die Schwelle des Heiligtums geleiten, aber nicht selbst die Pforte öffnen, ja nicht einmal entscheiden, durch welche Pforte er in jenes eingehen soll; denn es sind viele Pforten und viele Vorhöfe, obgleich es nur *ein* Allerheiligstes gibt, in welchem der unsichtbare Ewige thront. Nur die Gnade schließt dieses dem suchenden Menschen auf; denn nicht der Mensch sucht Gott, sondern Gott den Menschen. Aber ehe nicht der Mensch in dieses innerste Gemach eingegangen ist, das nichts anderes ist als der tiefste Grund seiner Seele, kann er nicht den „Frieden" erlangen, der „höher ist als alle Vernunft" (Phil 4,7).
>
> Friedrich Heiler, Die Religionen der Menschheit, Stuttgart [6]1999, 37.

rechnen dazu (in Klammern Anteil an der Weltbevölkerung von 6 Milliarden Menschen in Prozenten) das Judentum (0,3), den Hinduismus (13,7), den Buddhismus (5,7), den Islam (19,2) und natürlich als weit größte Religion das Christentum (32,2). Etwa 12,5% der Menschen hangen anderen Religionen (z. B. afrikanischen Stammesreligionen) an. Als ohne religiöse Bindung bezeichnen sich 12,7, ausdrücklich als Atheisten 2,8% der Weltbevölkerung (Stand: 2000). Das bedeutet, dass nach den Christen und den Muslimen die Nichtglaubenden mit über 1 Milliarde die stärkste Fraktion der Weltbevölkerung bilden!

Während noch bis ins letzte Jahrhundert hinein das Verbreitungsgebiet der verschiedenen Religionsgemeinschaften ziemlich homogen war, haben die Wanderungsbewegungen seit den siebziger Jahren zur weitreichenden Vermischung der Religionen im gleichen Territorium geführt: In Deutschland ist inzwischen der Islam nach den beiden großen christlichen Kirchen die drittgrößte Glaubensgemeinschaft. Konnte man ehedem in unserer Gesellschaft den anderen Religionen mit Gleichgültigkeit oder mit Verachtung begegnen, so führt nunmehr kein Weg daran vorbei, sich mit ihnen zu befassen – und zwar nicht nur unter religionswissenschaftlichem Blickwinkel, sondern auch unter der Perspektive der eigenen, der christlichen Religion. Denn in den kommenden Jahrzehnten wird Deutschland aufgrund der sich heute bereits abzeichnenden demographischen Entwicklung zu einem Zu- oder Einwanderungsland werden: Die Zu- oder Einwandernden werden mehrheitlich mit Sicherheit nichtchristlichen Religionsgemeinschaften angehören, vorausgesetzt, sie hängen überhaupt noch einer Religion an.

Christentum und Religionen

Dabei geraten wir sofort in eine harte Spannung hinein. Da ist die Gleichheit der Erscheinungen ebenso zu registrieren wie die Unterschiedenheit der Gehalte. Allein die Tatsache der Bezeichnung „Religion" für in sich sehr differenzierte Phänomene legt nahe, dass allen Bewegungen, auf die sie zutrifft, etwas Gemeinsames eignet. Das Zweite Vatikanische Konzil (Erklärung „Nostra aetate" über die nichtchristlichen Religionen, Nr. 1 und 2) hat dieses seitens der Menschen im Bemühen gesehen, „der Unruhe des menschlichen Herzens auf verschiedene Weise zu begegnen, indem sie Wege weisen: Lehren und Lebensregeln sowie auch heilige Riten", seitens Gottes darin, dass die Religionen „einen Strahl der Wahrheit erkennen lassen, die alle Menschen erleuchtet". Die Gemeinsamkeit findet eine theologische Begründung im Text des großen Religionswissenschaftlers F. Heiler und eine praktische Verwirklichung in dem spektakulären Treffen der Religionsführer mit Johannes Paul II. in Assisi (Bild, Kastentext).

Schon das Konzil hat aber ebenso Einspruch eingelegt gegen eine Einebnung der Verschiedenheit; in besonders scharfer Form ist er durch die Erklärung der vatikanischen Glaubenskongregation „Dominus Jesus" (06.08.2000) profiliert worden. Gegen eine „relativistische Mentalität" wird „der endgültige und vollständige Charakter" der christlichen Religion bekräftigt: „Es ist nämlich *fest zu glauben*, dass im Mysterium Jesu Christi ... die Fülle der göttlichen Wahrheit geoffenbart ist" (Nr. 5: Hervorhebung im Original). In mehr oder minder ausgeprägter Form teilen die meisten anderen Religionen im Prinzip diesen Standpunkt. Keine sagt oder kann auch bloß sagen: Wir sind ein interessanter Weg zu Gott, aber selbstverständlich könnt ihr auch einen anderen gehen; es kommt aufs Gleiche heraus. Sie würden sich damit selber relativieren, zumal dann, wenn sie beanspruchen, eine Offenbarung Gottes erhalten zu haben (Christentum, Judentum, Islam). In Folge davon erheben sie einen Alleinvertretungsanspruch, ja sie wenden sich gegen die Konkurrentinnen – und bekanntlich nicht nur mit Worten, sondern allzuoft auch mit Waffen. Kreuzzüge und Judenpogrome belasten das christliche Konto, der islamistische Fanatismus ist eine schwere Hypothek der Religion Muhammads.

Bleibende Spannung?

Die angedeutete Spannung zwischen Gemeinsamkeit und Unterschiedenheit der Religionen kann auf vier Weisen bewältigt werden:

(1) *Es gibt nur eine einzige wahre Religion* (Exklusivismus). Alle anderen sind dann schlimmstenfalls Abgötterei, Aberglauben, Götzendienst; bestenfalls enthalten sie Spuren („Samen", meinten die Kirchenväter, „Elemente" sagt die vatikanische Erklärung) der richtigen Religion, die für die Christen die eigene nur sein kann. Es ist fraglich, ob diese Theorie dem Segen gerecht wird, der durch religiöse Menschen und Institutionen auch anderer Bekenntnisse in die Welt gekommen ist.

(2) *Alle Religionen sind irgendwie in der einzig wahren enthalten* (Inklusivismus). Ihre Anhänger sind dann „anonyme Christen", die aus der Gnade Christi leben, das freilich nicht wissen. Gegen diese Erklärung wird eingewendet, dass sie die anderen Menschen für die eigene Anschauung einfach vereinnahmt.

(3) *Alle Religionen sind gleich* (Pluralistische Religionentheorie). Jede spiegelt auf ihre Weise Erfahrungen von Menschen mit dem Göttlichen wider; jede ist damit eine vollgültige und vollwertige Antwort auf Gottes Wirken. Diese Einebnung des Phänomens geißelt „Dominus Jesus" als Relativismus, der christlich unvertretbar ist.

(4) *Religionen sind unterschiedlich vollkommene Ausdrucksformen für den Dialog Gottes mit den Menschen* (Dialektische Religionentheorie). Wenn Gott das Heil aller Menschen wirklich will (so 1 Tim 2,4), muss er sich ihnen auf menschliche Weise kundtun: Er muss der Menschen Sprache verwenden. Die Sprache der Menschen im Bereich des Göttlichen aber ist die Religion. Sie existiert jedoch nicht in abstrakter Reinform, sondern ist ihrerseits geformt und geprägt durch die Kultur, in der Menschen existieren, sie ist, knapp formuliert: *menschliche* Religion. Nun gibt es verschiedenartige Sprachen, die zwar alle zur Mitteilung von Gedanken und Ideen geeignet sind, von denen aber manche vollkommenere Mittel in Besitz haben, um dem gerecht zu werden. Für das tägliche

220

Leben ist etwa ein Dialekt von Amazonasindianern gewiss ausreichend, in der Sprache Goethes oder Shakespeares lassen sich ebenso gewiss aber um ein Vielfaches differenzierter und plastischer Seelenregungen wiedergeben. Ähnlich gibt es verschiedene Religionen, in denen sich Gottes Gnade und Güte mitteilen und auch erwidern lassen kann. Damit verträgt sich die Existenz einer ganz bestimmten Religion, die in denkbar perfekter Weise den gott-menschlichen Dialog zu tragen in der Lage ist. Wenn gemäß christlichem Grundglauben „das Wort Fleisch geworden" ist (Joh 1,14), das Gott selber ist, dann ist eine reichere und verständlichere Sprache Gottes mit den Menschen schlechterdings nicht denkbar. Die anderen Dialekte, in denen sich dieses Gespräch ereignet, die anderen Religionen mithin, verlieren dadurch nichts von ihrem Wert und von ihrer Würde als Instrumente des Heilswillens Gottes, aber sie erscheinen als offen und vervollkommnungsfähig durch die Christusbotschaft. Deren Vertreterinnen und Vertreter haben darum zwar keinen Grund, die Mission aufzugeben, aber auch keinen Anlass, sich selber für bessere Vertreter des Religiösen zu halten. Denn letzten Endes zählt vor Gott nicht der Tauf-Schein, sondern der Glanz, der von der Verherrlichung Gottes durch einen Menschen ausgeht, der seiner, wie auch immer und durch wen auch immer gewahr geworden ist. Um noch einmal unser Beispiel zu bemühen: Nicht jeder, der als Muttersprache Deutsch hat, verfügt damit automatisch über die Sprachkraft eines Dichters. Man kann auch sehr banale, obszöne, ungute Sätze in dieser Sprache bilden. Umgekehrt kann auch im primitivsten Idiom ein Mensch seine Liebe abstrichlos zur Sprach-Gestalt kommen lassen.

42. Das Judentum

Thora-Rolle. Bis heute verlangt das jüdische Kultgesetz, dass der Text auf Pergament in Rollenform geschrieben wird.

Nichts haben die Christen mit mehr Eifer getan, als sich vom Judentum zu distanzieren; nichts ist ihnen je weniger gelungen als das. Spätestens seit den Zeiten der Apostel Paulus und Johannes haben sie sich von der mosaischen Religion abgesetzt, bald sich massiv gegen sie gewendet erst mit Worten, dann mit Waffen und Folterinstrumenten. Das ist bis in unsere Tage so geblieben, auch wenn mit Freude zu sagen ist, dass sich ein Wandel zum Guten anbahnt. Seit dem seligen Papst Johannes XXIII. findet auch offiziell in der

> Der Jehudi (Rabbi Jaakob Jizchak von Pzysha) sprach: „Jedwedes Ding hat seine Probe, mit der man es prüfen kann, ob es taugt. Und was ist die Probe des Mannes von Israel? Das ist die Liebe zu Israel. Wenn er sieht, dass Tag um Tag die Liebe zu Israel in seiner Seele wächst, weiß er, dass er im Dienste Gottes aufsteigt."
>
> Martin Buber, Die Erzählungen der Chassidim, Zürich 1949, 724.

römisch-katholischen Kirche ein Dialog mit den Juden statt, der besonders von Johannes Paul II. gefördert und auch selber vollzogen worden ist. Das ist vom christlichen Standpunkt aus sachgerecht. Denn Jesus, der Sohn des lebendigen Gottes, war durch seine Mutter Maria Jude: Noch heute entscheidet die Mutter über das Jude-Sein der Kinder. Er war beschnitten, zeigte also an seinem Leib das religionsunterscheidende Merkmal des Judentums. Am gottesdienstlichen Leben im Tempel und in der Synagoge nahm er zeitlebens teil. Juden waren die ersten Jünger Jesu, Juden die Apostel; ein jüdischer Rabbi ist auch Paulus gewesen, dem nach Jesus das Christentum am meisten verdankt (Kap. 16). Es ist trotzdem nicht zu verhehlen: Der Normalchrist von heute weiß wenig oder gar nichts oder Negatives von den Juden, seinen ältesten Geschwistern.

Die Lehrschriften

Dabei gibt es keine Religion, deren grundlegende Quellen ihm so nahe und vertraut sind wie die des Judentums. In jeder Eucharistiefeier werden sie wenigstens an einer Stelle verwendet, z. B. in den gewöhnlich den Psalmen, dem jüdischen Gebetbuch, entnommenen Zwischengesängen. An den Sonntagen ist in der Regel die erste Lesung jener Sammlung entnommen, die für die Christen das Alte oder Erste Testament, für die Juden aber *die Heilige Schrift* schlechthin ist.

Sie teilen sie in drei Hauptgruppen ein: Am wichtigsten ist die *Thora* (Lehre), bestehend aus den fünf Büchern des Mose („Pentateuch"). Sie hat im

Kult eine hohe Bedeutung und ist für den Synagogengebrauch immer auf einer Rolle aufgezeichnet (Bild). Es folgen die *Nebi'im* (Propheten), zu denen nicht nur die Propheten im engen Sinn gehören, sondern auch die Geschichtswerke. *Ketubim* (übrige Schriften) ist der Sammelname für die Spätschriften, die nach der Zerstörung des 1. Tempels durch die Babylonier (586 v. Chr.) entstanden sind, z. B. die bereits genannten Psalmen, das Buch Ijob, Kohelet usw. Aus den hebräischen Anfangsbuchstaben der drei Gruppen bildete sich der Begriff *Tanak* für die Bibel der Juden.

Ein tiefer Einschnitt in die Geschichte des Judentums war die Zerstörung des 2. Tempels 70 n. Chr. durch die Römer. Es gibt seitdem kein zentrales Heiligtum und keinen Priesterstand mehr. Der Gottesdienst verlagerte sich in Versammlungsräume (*Synagogen*); im Vordergrund stand nun die Auslegung der Heiligen Schriften, also die Lehre, die durch Gelehrte ausgeübt wurde: Sie heißen *Rabbinen* (Meister). In einem über Jahrhunderte dauernden Prozess schufen sie den *Talmud*, die umfängliche Auslegung (ca. 2,5 Millionen Wörter!) der Thora. Er existiert in einer palästinensischen und einer babylonischen Fassung; diese besitzt mehr Autorität. Der Inhalt besteht aus Erzählungen, Disputationen, Spekulationen und ist eine unerschöpfliche Fundgrube religiösen und philosophischen Wissens.

Formal gliedert sich der Talmud in die *Mischnah* (Lehre, Wiederholung), eine ursprünglich mündlich überlieferte Sammlung von Vorschriften und Regeln, und in die *Gemara* (Vollendung), die Auslegung der bedeutendsten Rabbinen zur Mischnah. In den Talmudausgaben wird in der Mitte die Mischnah abgedruckt, die Gemara um den jeweiligen Abschnitt derselben herum. Inhaltlich unterscheidet man *Halachah* (Wandel, Gang) und *Haggadah* (Erzählung). Erstere umfasst die Regeln und Vorschriften, letztere besteht aus Legenden, Anekdoten, Gleichnissen, Sprüchen, durch die die Halachah illustriert werden soll.

Lehrinhalt

Der Kern des jüdischen Glaubens besteht in der Überzeugung von einer besonderen Beziehung zwischen Gott und den Juden, seinem auserwählten Volk. Sie wird als *Bund* charakterisiert. Dieser ist wesentlich an das Leben im gottgeschenkten, also Heiligen Land, an Israel, gebunden. Land und Volk gehören um Gottes willen zusammen (vgl. Kastentext) – diese Einstellung erklärt zu großen

Stücken den Nahostkonflikt und die Haltung der Israeli darin. Das Gesetz mit seinen 613 Vorschriften regelt das Verhältnis zwischen den Bundespartnern. Es geht dabei, dem Augenschein entgegen, nicht um formale Regeltreue, sondern um den Ausdruck der Liebe zum erwählenden und gnädigen Gott.

Das grundlegende Glaubenszeugnis und Glaubensbekenntnis ist das nach den Anfangsworten benannte *Schema Jisrael*: „*Höre Israel*, der Herr ist unser Gott, der Herr ist ein einziger." Dieser Gott ist unsichtbar, ewig, allwissend, allein anbetungswürdig; er hat sich durch die von Mose überlieferten Thora kundgetan. Wer sie beobachtet, findet Lohn, wer nicht, Strafe. Die Toten werden am Ende der Zeiten auferstehen. Entscheidend ist der Glaube an die Ankunft des *Maschiah* (Messias, Gottesgesalbten). Aus Davids Geschlecht kommend, wird er das jüdische Königreich bzw. das Reich Gottes wiederherstellen. Der eigentliche Differenzpunkt des Christentums zum Judentum besteht in der Antwort, ob der Messias gekommen ist oder nicht. *Ja*, sagen die Christen: In Jesus von Nazaret; *nein* sind die Juden überzeugt.

Glaubensrichtungen

Wie in den anderen Weltreligionen haben sich auch in der mosaischen Religion unterschiedliche Interpretationen des Glaubensbestandes herausgebildet. Man kann aber nicht wie im Christentum von „Konfessionen" sprechen (Kap. 39), die sich am Dogmenverständnis bilden, sondern von Richtungen abweichender Deutung des Gesetzes. So ist besonderes Identitätsmerkmal des Jüdischen die Heiligung des Sabbats. Aus dem Neuen Testament sind uns die Streitigkeiten zwischen Pharisäern, Sadduzäern und Jesus bekannt, die darum kreisen, was man an diesem Tag an Arbeit verrichten darf. Heute lassen sich folgende Hauptrichtungen bemerken: Die *Orthodoxen* betrachten das geschriebene wie das mündliche Gesetz als göttlich inspiriert und infolgedessen als unveränderlich und kompromisslos zu befolgen. *Konservative* Juden sehen grundsätzlich wie die Orthodoxen das Gesetz als verbindlich an, lassen aber gewisse Veränderungen im Brauchtum zeitentsprechend zu – etwa bei der Regelung der Ehescheidung oder der Zulassung von Frauen als Rabbinerinnen. Das *Reformjudentum* betrachtet nur solche Teile des Gesetzes als bindend, die vernunftgemäß sind und mit den Verhaltensweisen der modernen Welt übereinstimmen.

In der Geschichte sind noch zwei weitere Glaubensrichtungen entwickelt worden, welche bis heute ihre Wirksamkeit entfalten. Aus dem Mittelalter stammt die *Kabbalah,* die jüdische Mystik, die durch Spekulation und Gebet das verborgene Leben Gottes und seine Gegenwart in der Welt zu ergründen bestrebt ist. Im ausgehenden 18. Jahrhundert bildete sich die Bewegung des *Chassidismus,* deren Merkmale Volkstümlichkeit, ekstatische Frömmigkeit und soziales Engagement sind. Seine Anhänger scharten sich um einen charismatischen Führer, gewöhnlich einen Rabbi, der großes Ansehen bekam. Martin Buber hat die um diese Männer sich rankenden Erzählungen zusammengefasst; eine davon bietet unser Kastentext. Sie geben tiefen Einblick in die manchmal pessimistische Weisheit eines seit zwei Jahrtausenden geschundenen Volkes.

Feste feiern

Gerade die dauernde Bedrängnis verlangte nach Festigung der jüdischen Identität in der Verbannung, der Diaspora fern vom Gelobten Land. Ein wesentliches Mittel sind neben Gottesdienst und Brauchtum die Feste. Am Lebensbeginn eines jüdischen Knaben steht die *Beschneidung* mit der Namengebung; das dabei fließende Blut versinnbildet das Blut des Bundes. Mit 13 Jahren wird er in einer Feier (der christlichen Erstkommunion oder Konfirmation vergleichbar) zum *Bar Mizvah* (Sohn der Pflicht), Vollmitglied der Gemeinde. Mädchen werden nicht beschnitten: Sie erhalten den Namen gewöhnlich am ersten Sabbat nach der Geburt in der Synagoge; religionsmündig (*Bat Mizvah,* Tochter der Pflicht) werden sie mit 12 Jahren.

Die jüdischen Feste feiern Momente, in denen Jahwe in die Geschichte Israels eingegriffen hat. In Bezug zum christlichen Kalender wechseln sie, da sie am kürzeren Mondjahr ausgerichtet werden. *Rosch ha-Schanah* heißt das jüdische Neujahrsfest, das auch als Geburtstag der Welt angesehen wird (September/Oktober). Der wichtigste liturgische Tag, nur wenige Tage nach Neujahr, ist der *Yom Kippur* (Sühnefest), der auf das Buch Levitikus zurückgeht. Die Gläubigen fasten, nehmen an fünf Gottesdiensten teil und bekennen ihre Schuld. An diesem Tag legt der Überlieferung nach Jahwe fest, wer im kommenden Jahr sterben muss. Das *Laubhüttenfest (Sukkot)* ist ebenfalls ein Herbstfest, das fünf Tage nach dem Yom Kippur über neun ganze Tage fröhlich gefeiert wird. Leser der Evangelien wissen, dass es schon Jesus begangen hat. Das jüdische Lichterfest heißt *Chanukkah* (Weihefest) und wird im November/Dezember gehalten. Eine Woche lang wird der Errettung Israels aus der Hand des Antiochus IV. Epiphanes († 164 v. Chr.) gedacht. Auch das *Purimfest* erinnert an eine Befreiung, nämlich aus der Gewalt Hamans durch Esther zur Zeit des Perserkönigs Ahasver. Es findet im Vorfrühling statt (Februar/März). Nicht zu übergehen ist wegen seiner Bedeutung für die Anfänge des Christentums das *Pessach-Fest* (latinisiert *Paschafest*, Ostern), auch für die Juden heute einer der wichtigsten Feiertage (März/April), ruft es doch die grundlegende Tat Gottes, die Befreiung seines Volkes aus dem „Sklavenhaus Ägypten" durch Mose ins Gedächtnis. Im April/Mai wird eine Art Erntefest begangen, *Lag Ba-Omer* (Dreiunddreißigster Tag der Garben-Zählzeit). Den dreijährigen Jungen werden heute erstmals die Haare geschnitten; Pfeil- und Bogenspiele und Freudenfeier kennzeichnen das Fest. Unserem Pfingsten entspricht *Schavu'ot* (Wochen) im Mai/Juni, genau 50 Tage nach dem Pessach. Es soll an die Übergabe der Thora an Mose auf dem Sinai erinnern.

43. Der Islam

Blick auf die Yavus-Sultan-Selim-Moschee in Mannheim (Ende 20. Jh.); rechts der Turm der Liebfrauenkirche.

Der Islam (= *Ergebung*, nämlich in Gottes Willen; wer diese *Hingabe* zeigt, ist Muslim), die nach dem Christentum anhängerreichste und heute einzige kämpferisch-expansive jüngste aller Weltreligionen, geht zurück auf den Kaufmann Abu al-Qasim *Muhammad* ibn Abdallah (um 570–08. 06. 632). Um 610 gerät er in eine religiöse Krise. Er zieht sich in eine Höhle bei Mekka zurück, wo ihm Offenbarungen widerfahren, die später zusammen mit denen in Medina (s. u.) das heilige Buch der neuen Religion bilden: den *Koran* (arab. *qur'an*, „Rezitationsbuch"), dessen Urschrift als im Himmel verwahrt und das authentische und direkte Wort Gottes geglaubt wird. Er darf deswegen nicht aus dem Arabischen in eine andere Sprache übersetzt werden. Das Einteilungsprinzip sind die Suren. Die zweite Hauptquelle des Glaubens ist die *sunna*, der verbindliche Weg des Propheten, der dokumentiert ist im *Hadith* (Mitteilung). Ein Stück ist im Kastentext widergegeben. Beide Quellen wenden sich gegen den Polytheismus der arabischen Stämme und den Materialismus der Mekkaner. Viele Parallelen zu Judentum und Christentum finden sich, deren Lehren der Prophet auf seinen zahlreichen Handelsreisen kennen gelernt hatte. So ist *Abraham* der Vater aller Glaubenden, nicht anders als für die Menschen, die den Schriften des Ersten und des Neuen Testamentes verpflichtet sind. *Is(s)a/Jesus* wird mit *Mose* zu den prophetischen Vorläufern Muhammads gerechnet. Beider Anhänger genießen als „Schriftbesitzer" (ahl al-kitab: Gemeint ist die Thora und das Neue Testament) eine gewisse Duldung in islamischen Staaten. Langsam bildet sich die neue Religion heraus, stößt aber auf den Widerstand der Mitbürger, die um Lebensstil und Wallfahrtseinkünfte aus der Ka'ba (einem Heiligtum mit einem schwarzen Lavastein) fürchten. Schließlich muss Muhammad fluchten. Am 24.09.622 gelangt er nach Yathrib, später Medina (Prophetenstadt) geheißen. Mit dieser *Hidschra* (Auswanderung) fängt die islamische Zeitrechnung

> Gott der Erhabene sagte: Die Frömmigkeit besteht nicht darin, dass ihr euch mit dem Gesicht nach Osten oder Westen wendet, während ihr betet! Fromm ist vielmehr, wer an Gott und den Jüngsten Tag, an die Engel, die Schrift und die Propheten glaubt, und wer sein Geld, auch wenn er noch so sehr daran hängt, seinen Angehörigen, den Waisen und Armen, dem Wanderer auf dem Wege Gottes und den Bettlern gibt und es für den Loskauf von Sklaven verwendet, wer das Gebet verrichtet und die gesetzliche Abgabe leistet. Und fromm sind diejenigen, die den Verpflichtungen nachkommen, die sie eingegangen sind, und die geduldig sind in Not und Ungemach sowie in Zeiten kriegerischer Auseinandersetzungen. Sie sind wahrhaftig, sie sind gottesfürchtig.
>
> Sahih al-Buhari, Nachrichten von Taten und Aussprüchen des Propheten Muhammad, Stuttgart 1991, 33.

an. Am neuen Wirkungsort leitet der Prophet die religiöse Gemeinde, baut aber auch ein politisches Gemeinwesen auf, das später als Modell der islamischen Solidargemeinschaft angesehen wird. Er avanciert damit zum großen Gesetzgeber. Daraus ist die heute viel umstrittene *Scharia* erwachsen, das islamische Religionsgesetz. Von 623 an beginnt der Kampf um die Rückgewinnung von Mekka, das nach vielen Feldzügen 630 erobert wird. Nun beginnt der unaufhaltsame Aufstieg des Islams, der zur Stunde anhält.

Grundzüge der Lehre

Der Islam sieht sich als die vollkommene Religion schlechthin (vgl. Kap. 41), die alle früheren religiösen Traditionen in sich aufgenommen, geklärt und zur Reife geführt habe. Ihr Kern ist ein strikter Eingottglaube (Monotheismus). Der eine und einzige Gott, Schöpfer der Menschen, hat durch die Propheten, zuletzt durch Muhammad, seine rechtleitenden Weisungen durch die in seinem Dienst stehenden Engel geoffenbart. Im Jüngsten Gericht wird er die Menschen entsprechend ihrem Glauben und ihren Werken richten. Die Ungläubigen und die islamischen Bösen kommen in die Hölle; erstere bleiben dort ewig, letztere dürfen sie durch die Fürsprache des Propheten wieder verlassen. Das Paradies ist ein Ort aller, auch sinnlicher Wonnen.

Die Praxis der Religion ruht auf den folgenden fünf „Säulen": Glaubensbekenntnis, das täglich fünfmal zu verrichtende Pflichtgebet, das Fasten im (wegen des kürzeren Mondjahres zum Sonnenkalender wechselnden) Monat Ramadan, die Sozialsteuer sowie die einmal im Leben zu vollziehende Wallfahrt nach Mekka.

Das islamische Moralgesetz ist ebenso hochstehend wie streng und unterscheidet sich in den wesentlichen Forderungen kaum von der jüdischen und christlichen Lebenslehre. Bestimmend ist der Glaube an Gott, verbunden mit dankbarer Demut und geduldigem Gehorsam gegenüber seinem Willen. Der Hadith im Kastentext gibt eine knappe Zusammenfassung. Die Sexualmoral ist sehr streng. Unzucht, Prostitution und Homosexualität werden verurteilt, der Ehebruch wird durch Steinigung geahndet. Der Mann ist von Gott besonders bevorzugt; er darf bis zu vier Frauen haben, wenn er alle gerecht zu behandeln bereit ist – was der Koran für beinahe unmöglich erachtet.

Aus der Verflochtenheit der religiösen und politischen Aufgaben des Stifters in Medina erklärt sich, dass sich der Islam niemals als „Kirche" (im Gegensatz zum Staat) verstanden, sondern die „islamische Gemeinschaft" (*umma*) von Anfang an eine politische Struktur gehabt hat. Die islamischen Prinzipien bilden die Grundlage der Gesetzgebung und der Politik des faktischen Staatswesens. Dem Islam wohnt damit ein Zug zur Theokratie („Gottesherrschaft in der Politik") inne, die Gottes Rechte im Volk durchzusetzen bemüht ist. Da er sich nicht nur als Religion eines Staates, sondern als maßgebend für die Menschheit überhaupt versteht, bildet das Toleranzproblem eine besondere Schwierigkeit für diese Religion. Wie erwähnt, genießen die Anhänger von „Religionen des Buches", also Juden und Christen, den Status von Schutzbürgern (*dhimmi*) des islamischen Staates, an sich aber sind die Muslime zum Einsatz (*dschihad*) für die Religion verpflichtet; er vollzieht sich gegebenenfalls durch den Schutz der islamischen Gebiete gegen Übergriffe, aber auch durch Ausdehnung des islamischen Einflusses in der ganzen Welt. Im Mittelalter lag der Akzent auf dem bewaffneten Kampf (dschihad als „Heiliger Krieg"), heute wird *dschihad* von vielen geistlichen Lehrern eher als spirituell-lebensmäßiges Zeugnis für die islamischen Werte interpretiert. Sie stellen sich damit in die Tradition der *islamischen Mystik*, deren Anhänger sich durch ihre Wollkleidung (sufi) unterschieden, weshalb man vom *Sufismus* spricht. Es entwickelten sich daraus islamische Bruderschaften, deren Mitglieder gemeinsam asketische und mystische Übungen verrichten.

Wie das Christentum ist auch der Islam in viele „Konfessionen" gespalten. Man unterscheidet zwei Hauptgruppen, die *Sunniten* (72% der Muslime) und die *Schiiten* (13,4%). Die Sunniten halten sich für die orthodoxen Muslime und vertreten in politischen und rechtlichen Fragen eine eher pragmatische Haltung. Die Schiiten ergriffen in den fünfziger Jahren des 7. Jahrhunderts Partei (arab. *schia*) gegen den Kalifen Mu'awiya für 'Ali, einen Vetter Muhammads. Sie legen Wert auf die Führungsrolle des Imams, des Leiters der Gemeinschaft. Der 12. Imam allerdings hält sich verborgen; die Schiiten warten auf seine Wiederkunft, auf dass er ein weltweites Reich der Gerechtigkeit aufrichte. Wesentliche Aussagen ihrer Lehre kreisen um *Leiden, Martyrium, Sühne und Reue*.

Rechtsschulen

Anders als Judentum und Christentum hat der Islam keine eigentliche Theologie im Sinn der Glaubensvertiefung und Glaubenserhellung (Kap. 6) hervorgebracht. Das Nachdenken über religiöse Fragen findet sich selbstverständlich, ist aber seit den Anfängen herausgefordert durch Angriffe. Dadurch entwickelte sich eine differenzierte *Apologetik*, d. h. die Verteidigung des Glaubens nach außen.

Für das Innenleben besitzen die Rechtsschulen eine erheblich größere Bedeutung. Der Koran gilt als die direkte Kundgabe des göttlichen Willens, ist mithin so wörtlich als möglich zu befolgen. Was aber, wenn der Wortlaut nicht klar ist? Wenn Sure 4,12 vorschreibt, bei der Waschung vor dem Gebet müsse sich der Gläubige „über den Kopf streichen", heißt das, er solle sich den ganzen Kopf oder nur einen Teil waschen? Hier muss die Rechtsauslegung helfen. Die Gelehrten sind gehalten, zu einer Übereinstimmung der Aussagen zu kommen. Doch das glückt verständlicherweise nicht immer. So bildeten sich Gruppierungen heraus, die voneinander unterschiedene Interpretationen gaben. Heute haben in der Sunna noch vier solcher Rechtsschulen eine Anhängerschaft, die Hanfiten, Malikiten, Shafi'iten und Hanabaliten.

Christentum und Islam

Die Haltung des Islams zur Religion Christi ist ambivalent. Jesus wird mit mehr Lob als selbst Muhammad bedacht; viele Jesusgeschichten enthält der Koran. Maria genießt eine gewisse Verehrung dortselbst (Sure 19). Das christliche Mönchtum schätzt der Koran außerordentlich hoch. Das geht auf die Zeit zurück, da der Prophet hoffte, die Christen für sich zu gewinnen. Als sich das als Täuschung erwies, sah er ihren Glauben negativ: Abgelehnt wird die Gottessohnschaft Jesu, sein (Erlösungs-)Tod am Kreuz (nach manchen ist er in Kaschmir gestorben) sowie die Dreifaltigkeit Gottes. Der Glaube daran gilt als Vielgötterei.

Nach Muhammad war das Verhältnis der beiden Weltreligionen beinahe durchgehend (Ausnahmen bestätigen nur die Regel) von Misstrauen und offenem Hass bestimmt: Man braucht in diesem Zusammenhang nur an die Kreuzzüge des Mittelalters zu erinnern. Seit der Epoche des europäischen Kolonialismus erschien den Muslimen das Christentum als Religion der Unterdrücker und Handlanger des Imperialismus. Seit dem Zweiten Vatikanischen Konzil setzte eine schüchterne Annäherung ein, die aber nicht weit über Gesten hinaus gediehen ist. Der Einfluss der fundamentalistischen Richtungen („Islamismus") und die Politisierung des Islam seit dem Ende des letzten Jahrhunderts haben bislang einen ergebnisreichen Dialog nicht zustande kommen lassen. In den vergangenen Jahren setzte sich Johannes Paul II. intensiv für ein christlich-muslimisches Gespräch vor allem über ethische Fragen ein. Im Jahr 2001 besuchte in seiner Person erstmals ein römischer Papst eine Moschee (Omayyaden-Moschee in Damaskus, Syrien). Inzwischen braucht man nicht mehr in den Orient fahren, um solches zu tun – auch in Deutschland und sogar in Rom selber unweit vom Vatikan findet man islamische Gebetsstätten mit dem charakteristischen Minarett, von dem aus die fünf täglichen Gebetszeiten angekündigt werden (Bild).

Das zweifellos größte Problem für eine Verständigung ist die innerislamisch zu beantwortende Frage, was der „wahre Islam" ist und lehrt. Sie konzentriert sich im Verständnis des Korans: Ist er das reine Wort Gottes, das der Deutung und Auslegung sich entzieht und buchstabengetreu befolgt werden muss, oder ist er je auf dem Hintergrund der Situation zu interpretieren? Aus der Antwort ergibt sich beispielsweise die auch für den west-östlichen Dialog so entscheidende Stellung der Frau. Der Koran selbst hat für sie feindliche (widerspenstige Frauen sind zu schlagen: 4,34) wie freundliche Worte (Liebe und Barmherzigkeit zwischen den Geschlechtern: 30,21). Die traditionalisierte Deutung wird Sure 4 zum Ausgang nehmen, die feministische Sure 30 und die andere Sure in deren Licht verstehen. (Das Schlagen kann auch symbolisch mit einer Feder geschehen.)

44. Der Buddhismus

Buddha-Statue vor einem Tempelrohbau in Sri-Lanka, Ende 20. Jh.

Gewöhnlich haben sich die Christen entschieden von den anderen Religionen und ihren Gründern abgesetzt – sie waren im Fall des Judentums das „Alte" (also Überholte, Rückständige), im Fall des Islams „Götzendienst" (mithin satanisch). Buddha dagegen, der Urheber der Religion, der dieses Buchkapitel gilt, findet sich als Heiliger in den Kalendern des Ostens wie des Westens. Allerdings nicht unter diesem Namen, sondern verfremdet: Die in der frühen Christenheit gern erzählte Legende von Barlaam und Josa-

> Das Haus habe ich verlassen und bin hinausgezogen;
> den Sohn und das liebe Vieh habe ich verlassen.
> Aufgegeben habe ich Leidenschaft und Bosheit,
> das Nichtwissen verbannt.
> Mit der Wurzel ist der Durst ausgerottet;
> friedvoll bin ich geworden, zur Ruhe gekommen.
>
> Kudddhaka-Nikaya, Therigata 18, aus: K. Mylius (Hg.), Die vier edlen Wahrheiten, Leipzig ²1983, 235.

phat ist eine Abwandlung der Buddha-Legende; *Joasaph* ist die syrische Form von *Bodhisatva* (Wesen auf dem Weg zum Buddha). Diese eigenartige Tatsache charakterisiert recht treffend das Verhältnis des Christentums zu der wie die anderen Weltreligionen ebenfalls in Asien entstandenen Religion. Sie ist auf der einen Seite immer sehr fremd geblieben, auf der anderen aber erschien das Wenige, das man über sie wusste, faszinierend, gar merkwürdig verwandt. Die Legende legt dem Buddha viele Züge bei, die auch von Jesus berichtet werden: Es gibt eine Existenz vor der Geburt im Himmel, eine jungfräuliche Zeugung, wunderbare Zeichen bei der Geburt und im Leben Buddhas. Die Form seiner Lehre ist ebenfalls sehr oft das Gleichnis. Ihr Inhalt bestimmt sich wie bei Jesus vom Höchstgebot der Liebe. Ähnlich wie beim Christentum hat sie sich in sehr komplizierten und abstrakten Spekulationen entfaltet und in einer hochdifferenzierten Ethik konkretisiert – und wie man hier mit Augustinus alles auf den Nenner bringen kann: „Liebe, dann tu, was du willst", so gilt dort der alte Vers: „Jegliches Böse nicht tun, jegliches Gute vollbringen, stets seinen Geist bewachen, das ist die Lehre des Buddha." Seit Schopenhauer interessieren sich auch die Menschen im Abendland für sie – und wer „Parsifal" oder „Tristan und Isolde" von Richard Wagner kennt, wird auch mit buddhistischen Motiven vertraut gemacht. Der Hauptvertreter der tibetanischen Ausgestaltung des Buddhismus, der *Dalai Lama*, gehört gegenwärtig zu den Leitfiguren des Westens.

Siddharta Gautama Buddha

Unbezweifelbar war Buddha eine historische Persönlichkeit, aber nicht anders als bei Jesus ist es sehr schwierig, im Urwald der Traditionen ihre Gestalt zu orten. Prinz Siddharta Gautama wurde um 560 v. Chr. in Nordindien nahe der heutigen nepalesischen Grenze als Sohn fürstlicher Eltern geboren. Nach einem luxuriösen Leben verlässt er mit 29 Jahren (fast im gleichen Alter wie Jesus) sein Elternhaus, nachdem er bei einer Ausfahrt dem menschlichen Leid in vielfacher Form begegnet war. Im safrangelben Gewand (wie es heute noch die buddhistischen Mönche tragen) wandert er erschüttert umher auf der Suche nach dem Sinn des leidvollen Daseins. Er fastet sich fast zuschanden, erhält aber keine Antwort. Wie Jesus erlebt er eine Versuchung durch den Bösen (Mara, Herr des Todes), auf die nach 49 Tagen die Erleuchtung folgt: Ich bin aus dem Kreislauf von Tod und Wiedergeburt (*samsara*), von Begehren und Leidenschaft erlöst. Von jetzt an ist er *buddha*, d. h. *der Erleuchtete*. Er zieht nach Benares in Indien, predigt dort und setzt damit „das Rad der Lehre" in Bewegung. 480 v. Chr. stirbt er.

Die vier edlen Wahrheiten

Der Bezugspunkt der Lehre Siddharta Gautamas ist nicht wie bei anderen Religionsstiftern die Welt Gottes oder der Götter, sondern die Leidlosigkeit als Ziel menschlichen Lebens (vgl. Kastentext). Metaphysische Fragen lehnt er ab. Er erkennt, dass das Leben wie eine Flamme ist, angefacht immer neu durch Begierde, Hass und Verblendung. Wie kommt man davon los – das ist die Frage, die allein zählt! Die Antwort Buddhas: Indem man die „vier edlen Wahrheiten" beachtet. Sie lauten:

(1) Die Welt ist voller Leiden.
(2) Alles Leiden entsteht durch Lebensgier und Selbstsucht.
(3) Die Vernichtung des Leidens wird erreicht durch Vernichtung der Gier.
(4) Die Gier wird vernichtet durch das Gehen auf dem „Achtfältigen Pfad". Er besteht aus dem rechten Glauben, der rechten Gesinnung, dem rechten Reden, dem rechten Handeln, dem rechten Leben, dem rechten Sterben, dem rechten Überdenken und der rechten Meditation.

Für den Buddhismus gibt es wegen der Konzentration auf diese „Wahrheiten" keine Gotteslehre, keine Schöpfungstheorie, stattdessen eine praxisorientierte Lehre vom Menschen. Dieser ist eingefangen in einen an sich unaufhörlichen Werdeprozess von entstehenden und vergehenden Daseinsfaktoren (*dharma*), der bestimmt ist vom *Karma*, dem Gesetz der moralischen Vergeltung. Dieses ist aber nicht von einem außerkosmischen Faktor („Gott") bestimmt, sondern wohnt der Welt ein. So ist alles in einem Kreislauf der Wiedergeburt (*Reinkarnation*: siehe Kap. 45) gefangen, in dem alles Böse und alles Gute vergolten wird. Nur wer zum Buddha wird, wer also sich löst von Lebensgier und Selbstsucht, kann diesem als Leid und Mühsal empfundenen Kreislauf entrinnen: Er geht ein ins *Nirvana* (Verwehen, Verlöschen: nämlich der Lebensgier).

Im Westen wurde es sehr oft mit dem „Nichts" gleichgesetzt; das ist gewiss nicht richtig. Nirvana ist negativ das Enden der Leidenschaft, positiv das Heraustreten aus dem Geburt-Tod-Zusammenhang (Buddha: „Das gebrochene Rad rollt nicht weiter"), theologisch-mystisch das höchste Ziel und Gut. Es wird mit den gleichen Begriffen umschrieben, die die Mystiker aller Religionen für „Gott" verwenden. Buddhas Erleuchtung war eine urreligiöse Erfahrung, die er als Geschenk erlebt hat – als göttliche Gnade, würden Christen sagen. Gerade die Lehre des Urbuddhismus vom Nirvana zeigt, dass dieser kein nihilistischer Atheismus und auch keine Selbsterlösungstheorie, sondern eine echte Religion ist.

Entfaltung

Die buddhistische Überlieferung ist erst Jahrhunderte nach Buddhas Tod endgültig (kanonisch) festgelegt worden. Diese Fixierung liegt heute im *Pali-Kanon* vor, entstanden im 1. Jahrhundert v. Chr. in Ceylon. Er besteht aus drei „Körben", dem Korb der Ordenszucht (Lehren und Regeln für Mönche), der Lehrvorträge (fünf „Nikaya" = Sammlungen: darunter die Nonnenlieder oder Therigata, denen der Kastentext entnommen ist) und der „Metaphysik" (Anthropologie).

Der Buddhismus besteht heute aus fast unübersehbaren Richtungen, die sowohl durch die jeweilige Lebenswelt geprägt sind (tibetischer, japanischer, indischer, chinesischer Buddhismus) wie auch durch bestimmte Lehrakzentuierungen. Unter diesen spielen die Hauptrolle der *Hinayana-Buddhismus* (hinayana = kleines Fahrzeug) und der *Mahayana-Buddhismus* (mahayana = großes Fahrzeug). Ersterer ist, mit aller Vorsicht gesagt, die „protestantische" Form, sofern im Zentrum das individuelle Heil steht, dieser eher „katholisch" mit Ausrichtung auf Kult, Heilige (bodhisatva), Verdienstlichkeit.

Eine auch bei uns sehr bekannt gewordene weitere Form ist der *Zen-Buddhismus*. Bei ihm handelt es sich um eine Meditationsschule, die aus dem Mahayana-Buddhismus erwachsen ist. Ihr geht es darum, mitten in der Welt der Hinfälligkeiten das ewige Leben Buddhas in der eigenen Existenz zu leben. Die beiden Hauptmethoden sind das *Zazen*, eine yoga-artige Betrachtungsform (Hocksitz, Atemregulierung), und das *Koan*, welche dem Menschen zur Ausschaltung des Verstandesdenkens und zum Durchbruch in die Seelentiefe verhelfen möchte.

Christliche Kontakte

Schon die eingangs berichtete Anekdote hat darauf aufmerksam gemacht, wie alt die christlich-buddhistischen Verbindungen sind. Erste Berührungen sind bereits für die zweite Hälfte des 2. Jahrhunderts bezeugt. In den letzten Jahrzehnten übt der Buddhismus vielleicht gerade wegen seiner Liebe zur Meditation und der Ausstrahlung von Gelassenheit eine erhebliche Anziehung auf Mitteleuropäer aus. Sie sammeln sich in buddhistischen Zentren.

Seit dem Zweiten Vatikanischen Konzil gibt es Dialogbemühungen zwischen Christen und Buddhisten, die vom Päpstlichen Rat für den Dialog mit den Nichtchristen koordiniert werden, auf wissenschaftlicher wie monastischer Ebene. Vor allem die Meditationsform des Zen hat in klösterlichen Gemeinschaften und bei Gruppen, die ein intensives Gebetsleben führen möchten, Aufnahme gefunden.

45. Reinkarnation

Vision des Buddha-Schülers Maudgaljajana: Das Rad des Werdens. Zwischen den Radspeichen liegen sechs schicksalhafte Wiedergeburten: in der Hölle, als Tier, Geist, Gott, Titan (Mensch?). Die Tiere in der Nabe (Taube, Schlange, Schwein) stehen für Lust, Haß und Dummheit. Der Buddha (ganz oben) verweist auf das Nirwana.

oethe glaubte wie viele seiner und unserer Zeitgenossen an die Reinkarnation. Einige Äußerungen beweisen, „dass er den Gedanken der Wiederverkörperung … in sein innerstes Lebensgefühl aufgenommen hat" (K. J. Obenauer, Goethe in seinem Verhältnis zur Religion, Jena 1821, 104). Vielleicht geht er heute nicht ganz so tief, aber Umfragen in den letzten Jahren des 20. Jahrhunderts legen nahe, „dass der Reinkarnationsgedanke in Europa weit verbreitet ist; rund ein Fünftel bis ein Viertel der Menschen dürfte von der Vorstellung mehrmaligen Erdenlebens überzeugt sein. Zudem erwägt ein nicht zu unterschätzender Prozentsatz der regelmäßig praktizierenden Christen der römisch-katholischen und evangelischen Kirche den Reinkarnationsgedanken" (N. Bischofsberger, Werden wir wiederkommen? Mainz–Kampen 1996, 21).

> Sag', was will das Schicksal uns bereiten?
> Sag', wie band es uns so rein genau?
> Ach, du warst in abgelebten Zeiten
> Meine Schwester oder meine Frau …
> Und von allem dem schwebt ein Erinnern
> Nur noch um das ungewisse Herz,
> Fühlt die alte Wahrheit ewig gleich im Innern,
> Und der neue Zustand wird ihm Schmerz.
> Und wir scheinen uns nur halb beseelet.
> Dämmernd ist um uns der hellste Tag.
> Glücklich, dass das Schicksal, das uns quälet,
> Uns doch nicht verändern mag.
>
> Johann Wolfgang v. Goethe, An Charlotte von Stein (14.04.1776): Werke, Hamburger Ausgabe I, München [12]1981, 123.

Reinkarnationsvorstellungen im Fernen Osten

Was geschieht im Tod (Kap. 22)? Entweder ist alles aus oder es gibt ein Leben nachher. Wer sich für die zweite Alternative entscheidet (und das sind die religiösen Menschen), steht vor der Wahl, ob die Todespforte in ein ewiges Leben führt (wie die Christen glauben) oder in neue Lebensdurchgänge in dieser Zeitlichkeit. Wer Letzteres bejaht, bejaht die Lehre von der Reinkarnation (re- wieder; *incarnatio* Verkörperung). Offen bleibt noch, wie solche neuen Lebensformen vorzustellen sind. Hier unterscheiden sich grundlegend die fernöstlichen Religionen von abendländischen Ideen.

Die religiösen Systeme Indiens (Hinduismus, Buddhismus vor allem: vgl. Kap. 44 und 46) glauben, dass alle menschlichen Taten im Guten wie im Bösen ihre Ursache im Begehren haben. Damit aber produziert der Mensch *Karma*, eine Vergeltungskette, welche ihn im *Samsara*, im Kreislauf des Werdens und

Vergehens hält. So muss er wieder und wieder nach dem Tod in neues Dasein zurück. Reinkarnation hat also eine Komponente von Leid und Strafe. Sie ist ein Begriff für die Analyse des Daseins, aber keine Antwort auf die Frage nach der Erlösung des Menschen. Diese muss anderswoher erhofft werden: Erst wenn kein Karma mehr produziert wird, also jegliche Begierde endet, kann das Ich Befreiung finden. Damit wird ein Gedanke ausgesprochen, der christlich auf seine Weise zum Tragen kommt im Begriff der Rechtfertigungsgnade (Kap. 21): Erlösung ist nicht selbstgemacht. Freilich ist sie auch nicht Gottes Geschenk, sondern Enthaltsamkeit, die das Individuum üben muss, um ohne Begierlichkeit zu werden.

Reinkarnation im Westen

Patron der abendländischen Wiedergeburtsideen ist Platon, der freilich seinerseits von den Orphikern und Pythagoräern, möglicherweise auch von östlichem Gedankengut beeinflusst war. Er vertrat eine Zweiteilung des Menschen in Leib und Seele, wobei der Leib der Seele Gefängnis oder Grab ist. Auf dem Weg der Loslösung von den irdischen Leidenschaften gelangt die Seele über mehrere tierische und/oder menschliche Neuverkörperungen (*Metempsychosen*) endlich ins philosophische Leben im Ideenhimmel. Weil die Kirchenväter in der Auseinandersetzung mit den ähnlich denkenden Gnostikern entschieden diese Vorstellungen verwarfen, lebten sie erst in der Renaissance wieder auf und setzten sich über die deutsche Klassik (neben Goethe vertreten die Reinkarnation auch Lessing, Herder, Kleist u. a.) und die Freimaurer fort in mehreren neureligiösen Bewegungen der Gegenwart (Anthroposophie, New Age, Scientology, Guru-Bewegungen, Universelles Leben u. v. a.).

Es besteht aber ein wesentlicher Unterschied zwischen den westlichen und den östlichen Anschauungen. Im Osten ist die Reinkarnation Ausdruck der Hinfälligkeit des Lebens und hat mithin Strafcharakter, im Westen gilt sie als Weg der Erlösung und ist somit Verwirklichung des menschlichen Heiles. Die je folgenden Existenzen verschaffen der Seele, die (ebenfalls im Widerspruch etwa zu buddhistischen Lehren, die eine Seele gar nicht kennen) als Träger der Reinkarnationen angesehen wird, Aufstieg, Entwicklung, Vervollkommnung und Ausgleich des zuvor erlittenen Übels. Wiederverleiblichung wird als Weg der Hoffnung, als Lösung der Frage nach dem Sinn des Leids (Kap. 8), als Beseitigung der Ungerechtigkeiten gesehen – und alle diese Perspektiven lassen sehr gut verstehen, weshalb sie so hohen Anklang bei uns findet: Reinkarnation scheint das Rezept gegen die menschlichen Grundübel zu sein.

Das „seelische perpetuum mobile" ist eine Utopie

Trotzdem: Mit dem Christentum ist sie unvereinbar. Die Anhänger der Theorie machen zwar einige Bibelstellen (besonders Joh 3,1–13 und 9,1–3) und vor allem die Lehre von der Präexistenz der Seelen des Kirchenschriftstellers Origenes (†254) zu ihren Gunsten geltend, doch nicht begründet. Im Neuen Testament geht es im ersten Text um eine geistliche, sakramentale Wiedergeburt (durch die Taufe), und nicht um eine Reinkarnation des Menschen, im zweiten Text darum, ob böse Taten sich auf die Nachkommen auswirken. Die Problemstellung des Origenes hingegen ist nicht die Wanderung der Seelen, sondern ihr Seinsanfang. In seinen Bibelkommentaren hat er mehrfach die Reinkarnationstheorie klipp und klar zurückgewiesen.

Seit dem Ende des 2. Jahrhunderts bereits ist es einhellige Meinung der Theologen, dass Reinkarnation christlich nicht gedacht werden kann. Maßgebend sind für diesen Befund folgende Fundamentalaussagen der christlichen Religion:

(1) Zeit ist in letzter Sicht nicht die ewige Wiederkehr des Gleichen (zyklische Auffassung), sondern fortlaufende, zukunftsgerichtete Geschichte (Kap. 36 und 47), die wie ein Pfeil auf die ewige Vollendung bei Gott zuläuft. Was einmal geschehen ist, ist unwiederbringlich und unwiederholbar passiert.

(2) Daraus folgt, dass das menschliche Handeln eine unvertretbare und unersetzliche Würde besitzt. Es ist je jetzt vor dem Angesicht Gottes zu verantworten; ihm kommt daher unwiederholbare Einmaligkeit zu. In der Reinkarnationstheorie wird die menschliche Existenz zu einer Art Theaterproben-Abfolge: Nichts ist wirklich ernst zu nehmen, alles kann man nochmals versuchen. Man darf so lange würfeln, bis endlich die Sechs aus dem Becher springt. Recht bedacht, ist das eine grausame Vorstellung, die den Menschen erniedrigt. Östliches Denken hat diese Konsequenz begriffen.

(3) Die westliche Reinkarnationslehre muss eine Zweiteilung von Leib und (sich stets durchhaltender) Seele annehmen, wobei das „Eigentliche" die Seele, der Leib das Unmaßgebliche ist. Eine solche Anthropologie verträgt sich mit dem griechischen Platonismus, nicht mit den Aussagen der Heiligen Schrift. Sie kann übrigens auch vor den Ergebnissen der neurobiologischen Forschungen

nicht standhalten. Christentum besteht auf der Einheit und Ganzheit des Menschen und folglich auch auf der Einheit seines Schicksals. Das Individuum in allen seinen Dimensionen, der psychischen wie der physischen, ist der Träger des Tuns und Subjekt des Erleidens.

(4) Der eigentliche und tiefste theologische Grund für die Ablehnung der Wiederverkörperungsanschauung ist die Lehre von Gnade und Rechtfertigung. In allen Gestalten läuft Reinkarnation auf Selbsterlösung hinaus: Wenn man aus dem Kreis der Lebens-Läufe in die ewige Ruhe will, muss man solange ackern und rackern, bis es glückt (Westen), oder in völlige Passivität gleiten, in der nichts mehr getan wird (Osten). Dagegen steht die christliche Überzeugung: Nicht wir schaffen durch unsere Leistung (sei sie aktive Tat oder passives Dulden) das Heil, sondern dieses ist Geschenk der Gnade, überreiche Lebensverwirklichung durch Gott allein, die zu gewinnen der Mensch nichts tun muss als die Hand des Glaubens auszustrecken (Kap. 1 und 21). „Aber alle Versuche, die eigene Seele zu befreien oder zu erneuern, gleichen dem Unterfangen, ein seelisches ‚perpetuum mobile' zu erfinden, also ohne neue Energiezufuhr auszukommen" (Evangelischer Erwachsenenkatechismus, Gütersloh ⁶2000, 13).

46. Der Hinduismus

Der schlafende Vischnu auf der Tempelschlange
(Gubla-Tempel, Deogarh)

Seit der große Jesuitenmissionar *Roberto de' Nobili* († 1656) Kunde vom geheimnisvollen indischen Subkontinent und seiner Religion brachte, hat die Christen der Hinduismus beschäftigt. Der älteren Generation ist die Gestalt des *Mahatma Gandhi* († 1948) vertraut, der durch Gewaltlosigkeit aus dem Geist der Gottesliebe, wie sie in der Bhagavadgita und der Bergpredigt gelehrt wird, den indischen Befreiungskampf gegen die englische Kolonialmacht wesentlich mitentschieden hat. Die Jünge-

> Nicht Gewalt über die ganze Erde,
> Nicht Herrschaft über die schätzestrahlende Unter-welt,
> Auch nicht Erlösung,
> Das Nichtwiederkehren des völlig Befreiten,
> Nichts begehre ich, o Gott,
> Was mich trennt von dir.
> Bhagavatam 6, 11, 25 (13. Jh. n. Chr.)

ren haben sich oft interessiert eigenartigen Gestalten wie dem *Maharishi Mahesh Yogi* oder der schillernden Figur des *Bhagvan Sri Raineeesh* mit seinem Programm sexueller Emanzipation zugewendet. Durch die Groß-städte ziehen manchmal die ekstatischen Jünger der *Hare-Krishna-Bewegung*. Schließlich kommen im Rahmen der Wanderungsbewegungen einer globali-sierten Wirtschaft mehr und mehr Inder (mit der Green Card) auch zu uns. Der Hinduismus ist also eine Religion, die zu kennen für den Christen Pflicht wird.

Eine Religion wie ein Baum

Was aber ist Hinduismus? Eine auch nur einigermaßen genaue Antwort auf diese Frage zu geben, ist kaum möglich, selbst wenn ein Vielfaches des tat-sächlichen Raumes verfüglich wäre. *Friedrich Heiler* vergleicht ihn mit dem den Hindus besonders heiligen Banyan-Baum (Ficus indica). Sobald dessen Zweige so stark in die Breite wachsen, dass sie zu schwer werden, bilden sie Luftwurzeln, die in den fruchtbaren Boden sich einbohren, dort Halt finden, sich zu Stämmen entwickeln und damit immer weiter sich ausbreitenden Kronen tragen helfen. Der Baum erhält sich so auch in hohem Alter frisch und gleicht mit der Zeit eher einem ganzen Wald denn einem Einzelstamm. So hat sich auch die indische Reli-gion immer neue Gedankengefüge zugelegt und ist doch eine einzige geblieben. Sie ist „eine Schichtung mehrer Religionen übereinander. Die alten werden nicht zerstört, sondern leben mit den jungen weiter" (Die Religionen der Menschheit, Stuttgart ⁶1999, 232f). Hinduismus ist denn auch nicht der Eigenname dieses „Baumes", sondern Bezeichnung eines Religionstypus im Kulturraum Indiens, der sich aus sehr unterschiedlichen religiösen Erfahrungen der dort siedelnden oder als Eroberer eindringenden Stämme im Lauf von drei Jahrtausenden herausgebildet hat und noch immer „Zweige" treibt: der vorarischen Bevölkerung, der urindogermanischen Religion, der vedischen Kultur, des brahmanischen Ritualismus, jainistischer Heilslehren ... Ein Abriss der indischen Geschichte müsste folgen.

Ordnung und Befreiung

Wir dürfen uns im Zwang zur Kürze mit einigen Hinweisen auf die Fundamente des Lehr- und Gedankengutes begnügen, auf denen dieses weitläufig-verschachtelte Religionsgebäude ruht. Allen Hindus gemeinsam ist die Anschauung, es gebe eine überzeitliche und universale Ordnung (*dharma*), in der alle Lebensbereiche, alle Menschengruppen (*Kasten*) genauen Regeln unterliegen. Der Mensch ist in Leid und Heillosigkeit verstrickt (*karma* ist der Ausdruck für die Verantwortlichkeit des Menschen für sein Schicksal) und muss sich daraus in einem Befreiungsakt (*moksa*) lösen, um zu vollem Sein und voller Wahrheit zu gelangen. Dazu gibt es viele Wege, die in den einzelnen Religionsformen und Religionsgestalten gelehrt werden. Aus dieser Grundeinstellung eignet dem Hinduismus eine schier unerschöpfliche Toleranz gegenüber allen Weisen der Gottzuwendung.

Diese Schau von der Einheit der Wirklichkeit, die sich scharf von westlichen Versuchungen zum Dualismus abhebt, begegnet uns auch in Anthropologie und Gotteslehre. Das Selbst des Menschen (*atman*) und der Grund der Welt (*brahman*) sind voneinander ungeschieden (*advaita*). Religion hat daher die Aufgabe, diese Ungeschiedenheit zur Erfahrung werden zu lassen. Aus ihr folgt die auch bei uns bekannte und sogar sprichwörtlich gewordene (meist aber verächtlich gemeinte) Ehrfurcht vor den „heiligen Kühen", die freilich nicht nur ihnen, sondern jedem Wesen und Ding auf dieser Welt gilt.

Denn alles Seiende kommt von Brahma, dem obersten, schöpferischen Gott. Er steht an der Spitze eines Götterhimmels, der phantastisch viele Bewohner hat: Die Sivaiten in Südindien kennen 1,1 Millionen! Der Hang zu astronomischen Zahlen ist verbreitet: So lebt Brahma 100 Brahma-Jahre, die 311 Billiarden und 40 Millionen Menschenjahren entsprechen; er wohnt fast 2 Milliarden Meilen von uns entfernt im Siebten Himmel.

246

Eine wichtige Bedeutung kommt dem Gott Vischnu zu (Bild), der rettende und bestrafende Aufgaben hat sowie als drittem im Bunde Schiva, der alle Gegensätze in sich exemplarisch vereint: Er ist Heiler und Zerstörer, Mann und Weib, Vorbild für sexuelle Liebe und rigorose Enthaltsamkeit.

Unter den Akten, die die Erfahrung der All-Einheit fördern, besitzen höchsten Rang die systematische Askese (*yogi*) und die universale Liebe (*bhakti*). Viele werden sich an die Bilder von den Scharen der ganz oder halb nackten Frommen erinnern, die in den Medien anlässlich des alle 12 Jahre gefeierten heiligen Kumbha Mela-Festes 2001 beim rituellen Bad im Ganges zu sehen waren. In der Mitte des Alls entspringend und durch Schivas Haar fließend wäscht er nach hinduistischem Glauben das Karma aus den früheren und dem jetzigen Leben ab: Damit wird eine günstige Reinkarnation ermöglicht.

Viel weniger geläufig ist die Theologie und Philosophie der Liebe im Hinduismus, wie sie Gandhi bewegt hat. Der unterlegte Text bezeugt diese wichtige und an christliche Gedanken erinnernde Seite der indischen Lebenseinstellung. Erst die Liebe macht die Askese fruchtbar. Das *Bhagavatam*-Buch, aus dem die Zeilen stammen, ist den 200 Millionen Bewohnern des Subkontinents wohl vertraut; oft ist es das einzige Buch, das sie besitzen. Es nimmt eine ähnliche Position ein wie im Christentum die Bibel.

Heilige Bücher

Damit stehen wir schon bei der schriftlichen Festlegung der hinduistischen Gedankenwelt. Die wichtigste autoritative Quelle ist die Literatur der *Veda*. Sie gilt als geoffenbart und umfasst eine Reihe von Schriften. Unter ihnen haben hohen Rang die *Rigveda*, eine Hymnensammlung, die *Brahmanas* (Auslegungen des Rituals), und die *Upanischaden* (philosophische Texte). Letztere haben noch jetzt Einfluss auf das religiöse Leben, die anderen nur beschränkt. Von sekundärer Bedeutung ist das andere Überlieferungsgut, z. B. die religiösen Epen der *Bhagavadgita* und die *Tantras*, Anleitungen zur Meditation.

Kastenwesen

Die Gliederung der Gesellschaft in *Kasten* (Sanskrit: *varna* = Farbe; das deutsche Wort kommt aus dem Portugiesischen) und vor allem die Existenz der Parias gehört zu den wenigen Erscheinungsformen des Hinduismus, die im Westen bekannt sind. Man unterscheidet die Haupt-Kasten der Brahmanen (Priester), des Adels, der Bauern und Handwerker sowie der Arbeiter. Außerhalb des Systems und somit der Gesellschaft stehen die „Unberührbaren" (Parias, Harijans). Laut indischer Verfassung existieren sie offiziell nicht mehr; die Praxis entspricht dem nicht immer. In die Kaste wird man hineingeboren entsprechend den Verdiensten im früheren Leben (Reinkarnationsglaube: Kap. 45). Die Ungleichheit unter den Menschen rührt also nicht aus göttlicher Bestimmung, wie die bei manchen christlichen Gemeinschaften verbreitete Prädestinationslehre meint, sondern aus der Konsequenz der Zuordnung von Moralordnung (*dharma*) und Vergeltungsmechanismus (*karma*), d. h. aus dem je eigenen Handeln eines Menschen.

Kontakte mit dem Christentum

Man versteht den Hinduismus nicht, wenn man ihn, wie das lange von westlicher Seite geschehen ist, als eine Religion wie die anderen Weltreligionen anschaut. Er ist kein System, sondern eine stark von mystischen Elementen durchzogene existentielle Haltung der Gottes- und Weltliebe, die sich konkret in sehr unterschiedlichen Theologien, Religionsformen, Einzelphänomenen aller Art äußert. Das Göttliche kann sich in unbegrenzter Vielfalt widerspiegeln. So kann man sich kaum eine tolerantere Haltung vorstellen als die hinduistische: Gerade sie hat aber auch nachhaltige Erfolge der christlichen Mission ausbleiben lassen. Nach der Überlieferung brachte der Apostel Thomas die Religion Jesu auf den Subkontinent; daher nennen sich die indischen Christen auch Thomaschristen. Jedenfalls ist die Existenz von Christen seit dem 2. Jahrhundert gesichert. Heute findet ein tiefreichender Prozess der Inkulturation statt, der dem Christentum in Indien neue Perspektiven eröffnen kann.

248

47. Die Geschichtlichkeit des Glaubens

Johannes XXIII. und Pierre Teilhard de Chardin als Vertreter eines zeitaufgeschlossenen
Christentums. Der Papst hat seine programmatische Enzyklika „Pacem in terris" in
Händen, der gelehrte Jesuit eine Seite aus seinem Werk „Milieu divin" („Der göttliche
Bereich"): „Ich grüße dich, göttlicher Bereich, beladen mit schöpferischer Macht!
Geistbewegtes Meer! Erde, geformt und belebt durch das fleischgewordene Wort!"
Oben ein Auszug aus der Partitur des „Te Deum" von Anton Bruckner, darunter
die Einstein'sche Formel für die Relativität von Raum und Zeit ($e = mc^2$) sowie
lateinisch und griechisch der Anfang des Johannes-Evangeliums, in Hebräisch
der Beginn der Genesis.
© Sieger Köder, Aufbruch. Glasfenster Heilig Geist, Ellwangen

ie Bilder des Priesterkünstlers S. Köder stecken voller Symbolik, auch jenes, welches unseren Text begleitet. Der Konzilspapst Johannes lehnt sich weit aus dem Fenster des vatikanischen Palastes, um das Gespräch mit der Welt seiner Zeit aufzunehmen. Seine Beobachtungen schlagen sich in der Enzyklika „Pacem in terris" nieder, die er gerade schreibt. Und wie anders ist diese Welt geworden, schon in des Papstes Lebtagen, mehr noch in den Jahrhunderten davor. Sie ist auch in die Kirche eingedrungen: Der jesuitische Paläontologe und Theologe Teilhard de Chardin hat das Wesentliche aufgeschrieben und hält das Blatt dem Papst hin. Über seinem Kopf sehen wir die Einstein'sche Formel $E = mc^2$, aber auch den uralten Anfang der Genesis (*Im Anfang schuf Gott ...*) und des Johannesevangeliums (*Im Anfang war das Wort ...*). Ganz oben am Bildrand der Beginn des „Te Deum" von Anton Bruckner. Um was es geht – dem Papst,

Die Frage muss ... klar gestellt werden: Wie sieht echter Glaube an die Offenbarung in einem Menschen beziehungsweise einer Epoche aus, in welcher jene Verflüchtigung des „Religiösen" herrschend geworden ist? Gehört er selbst zu einer bestimmten Periode der geschichtlichen Entwicklung oder ist es für jede möglich, ja verpflichtend? Wenn ja: Müssen wir dann annehmen, es gebe eine geschichtlich bedingte Situation des, psychologisch gesprochen, „nackten" Glaubens, des Glaubens ohne „religiöse Erfahrung" – so wie zum Beispiel die Lebensgeschichte großer christlicher Persönlichkeiten, vielleicht aber auch Erfahrungen es nahe zu legen scheinen, die jeder Glaubende in bestimmten Stunden des Lebens, vor allem aber im Alter macht, nach denen der Glaubensakt nur als Treue, als durch keine Gefühlsmomente gestützter Realismus vollzogen wird. Worin besteht das, was in solchen Augenblicken das Glauben nicht bloß möglich, sondern zur Pflicht macht?

Romano Guardini, Vom Gang der Geschichte und von der Aufgabe des Glaubens, in: ders., Sorge um den Menschen, Bd. 2, Mainz–Paderborn [2]1989, 1–141f.

dem Jesuiten, dem Künstler, jedem Christen in der Gegenwart, das verdeutlicht der Text des Münchener Religionsphilosophen Guardini im Kasten. Wie hält sich der alte Glaube in neuer Zeit? Das Thema *Geschichtlichkeit* gehört zu denen, die – bewusst oder nicht – allen auf den Nägeln brennen, die glauben (wollen).

Mensch und Geschichte

Das ist aus drei Wirkursachen heraus so, denen wir uns nie entziehen können. Sie liegen nämlich begründet im Wesen des Menschen (1), in der Lebenswelt der (je) gegenwärtigen Generation (2) und endlich im Spezifischen des christlichen Glaubens selber (3).

(1) Die Zeit ist für uns Menschen nie eine leere Zeit, es sei denn, wir betrachteten sie rein physikalisch (vgl. Kap. 36). Unter diesem Blickwinkel ist Sekunde um Sekunde gleich lang, gleich bedeutend, gleich „aufnahmefähig" für Ereignisse. Als Menschen, die ihre Jahre leben, erfahren wir nicht nur die Ungleichgewichtigkeit der Momente (schnellvergehend die glücklichen, entsetzlich lang die schmerzlichen), sondern auch die Notwendigkeit unaufhörlicher Balance zwischen den drei Zeitweisen *Vergangenheit, Gegenwart und Zukunft*. Jeder weiß, dass er geformt ist durch die Geschehnisse der Geschichte (des Volkes, der Familie, der eigenen Biographie) und Sorge haben muss für das Morgen (noch über das Ende des eigenen Lebens hinaus: Testament) – und dass beides seine Existenz hier und jetzt bestimmt. Die Vergangenheit wirkt also unabsehbar weiter, die noch ausstehende Zukunft hat schon begonnen. Unmöglich ist es mithin, in der Gegenwart aufzugehen. Stets ist Stellung zu beziehen: Man kann die Vergangenheit als böse qualifizieren und Reue empfinden, als unvollkommen ansehen und sie revolutionär zu überwinden trachten, aber auch als formend und fordernd annehmen; man kann die Zukunft ablehnen utopistisch als Fortsetzung der bösen Vergangenheit, traditionalistisch als Kommen des unguten Neuen, aber auch gelassen erwarten als Aufgabe. Geschichtlichkeit meint in diesem Sinn die Verfasstheit des Menschen als Wesen in den drei Weisen der Zeit.

(2) Geschichtlichkeit kann aber auch bedeuten, dass jede menschliche Zeitgenossenschaft in einer bestimmten Konstellation der Geschichte als des Zeitenlaufes steht. Sie ist gemeint, wenn man von der „heutigen" oder von „vergangenen Generationen" spricht und an das gemeinsame Prägende jetzt oder damals denkt. Gern spricht man auch von den unterschiedlichen Lebenswelten, in denen wir existieren. Die Differenzen können beträchtlich sein und zu vollkommen anderen Beurteilungen einer Sache führen. Wer schon älter ist, kann das beispielsweise auf dem Gebiet der Sexualmoral oder der Familienethik beobachten. Vor sechzig Jahren war Homosexualität ein todeswürdiges Verbrechen, jetzt bekommt bewundernden Applaus, wer sich zu dieser Veranlagung bekennt. Zu Zeiten des ersten Kanzlers der Bundesrepublik Deutschland bedeutete Schei-

dung Auszug aus dem Kabinett; würde man jetzt so verfahren, gäbe es einen ernsten Personalnotstand in der ersten Riege der Politiker. Mit solchen Feststellungen ist noch keine Wertung verbunden; eine solche hat anderswo anzusetzen. Sie zeigen aber, dass tatsächlich in den verschiedenen Zeitabschnitten voneinander z. T. erheblich abweichende Denkformen, Wertmaßstäbe, Lebenspraktiken, existentielle Befindlichkeiten bestehen. Leicht einzusehen ist nun, dass auch religiöse und theologische Anschauungen höchst abweichend voneinander nicht nur sein können, sondern sind, ob einer das will oder nicht. Denn sie werden notwendigerweise immer in einer bestimmten (philologischen wie übertragen gemeinten) Sprache aus einem bestimmten lebensweltlich geformten Denken unter Verwendung bestimmter zeitgenössischer Einsichten (z. B. naturwissenschaftlicher Art) zu Wort und Papier gebracht – und alle diese „Bestimmtheiten" ändern sich (vgl. Kap. 49 zur Erbsünde). Weil man diese Dimension der Geschichtlichkeit am Beginn der Neuzeit nicht recht erkannte, kam es zu den unrühmlichen Auseinandersetzungen zwischen Kirche und Naturwissenschaften, die das Verhältnis beider noch jetzt belasten.

(3) Geschichtlichkeit bedeutet im Zusammenhang mit dem eben Erkannten ferner eine Seite des christlichen Glaubens, die für ihn in besonderer Weise charakteristisch ist. Er versteht sich nicht wurzelhaft gebunden an irgendwelche Lehren und Weisungen, die Gott irgendwann einmal mittels des Religionsstifters erlassen hat und die nun abgesehen von den Banden der Pietät von dieser Vermittlung weitgehend gelöst sind und eherne Geltung besitzen, sondern lebt aus der bleibenden und unauflöslichen Angebundenheit an Jesus von Nazaret, der für immer die Gemeinschaft mit Gott hergestellt *hat*, als Erhöhter beim Vater *herstellt* und als der in Zukunft Kommende endgültig vollenden *wird*. Damit ist der Glaube ein für allemal auch an jene Vergangenheit, an jene Stunde der Geschichte geknüpft, die er als die Achse der Zeit, als die Mitte der Geschichte schlechthin ansieht. Im Zentrum des christlichen Glaubensbekenntnisses steht: Gottes *eingeborener Sohn* „hat Fleisch angenommen durch den Heiligen Geist von der Jungfrau Maria und ist Mensch geworden. Er wurde für uns gekreuzigt unter Pontius Pilatus ...". Die beiden Personen, die genannt werden, die Mutter Maria (Kap. 14) und der Vertreter der Staatsautorität Pilatus, stehen für historische Personen. Sie sind eigentlich Zeitangaben, die sichern: Jesus ist nicht ein frommer Mythos, eine Chiffre für das Edle und Gute, sondern eine geschichtliche Person, ein Mensch, wie jeder andere in die Zeit-Dimensionen einbeschrieben. Zugleich ist er aber wesentlich mehr als das: Man kann sich nicht so auf ihn zurückberufen wie auf eine beliebige Gründer- oder Stifterfigur,

252

die längst verwest ist, von der allenfalls der „Geist", die Absicht oder Ausrichtung gegenwärtig bewahrt werden mag. Der christliche Glaube bekennt Jesus als den Erhöhten, als den Lebendigen, als den jetzt für uns beim Vater Bittenden. Der Geist, der uns mit ihm verbindet, ist kein vages Wollen, keine bloße Richtungsbewahrung, sondern der Heilige Geist, „der Herr ist und lebendig macht, der aus dem Vater und dem Sohn hervorgeht" (Großes Glaubensbekenntnis). Sein Werk ist die Kirche, die auf dem Weg durch die Zeit ist (3. Hochgebet der Messe) und die darin ihrem Herrn begegnet, der endlich „kommen wird zu richten die Lebenden und die Toten". Geschichtlichkeit bedeutet nun: Für die Christinnen und Christen gibt es keinen Zeit-Punkt, der ausschließliche Geltung besäße, vielmehr ist grundsätzlich jede Zeit, jede Epoche, jeder Augenblick unmittelbar zu Gott. Jeder Moment kann Eröffnung der Gottbegegnung werden – für den Einzelnen wie für die ganze Kirche.

Sachgemäß und zeitgerecht — unser Glaube

Das macht das Christsein nicht unbedingt leicht. Unser Glaube kann sich nie lösen vom Ursprung und der zeitlichen Ursprungsvermittlung, die Tradition heißt (Kap. 3), aber er darf auch die Zeitverhaftung der eigenen Existenz nicht als lästige Last abschütteln. Mehr noch: Er hat stets prospektiv zu denken, d. h. er muss sich selber als zukunftsfähig und zukunftsträchtig erweisen. In allen drei Zeitdimensionen zugleich hat er zu existieren und darf von vornherein keiner einzigen den Vorzug geben. Christinnen und Christen sind traditionell, aber nicht traditionalistisch, modern, aber nicht modernistisch, zukunftsoffen, aber nicht utopistisch. Sie haben die Sache zu wahren und nicht den Buchstaben – sachgemäß ist christlicher Glaube. Sie müssen der Zeit und ihren Absichten Gerechtigkeit widerfahren lassen und können sich nicht in sie verlieren – zeitgerecht ist Christenglaube.

48. Schuld und Sühne

Die Sieben Todsünden, Hieronymus Bosch. Von unten gegen den Urzeigersinn: Zorn, Stolz, Wollust, Trägheit, Völlerei, Geiz, Neid. In der Bildmitte Christus als Schmerzensmann.

Angst und Narretei

Hieronymus Bosch (1450–1516) und Sebastian Brant (1457–1521), die dieses Kapitel des Werkes illustrieren, waren Zeitgenossen, spätmittelalterliche Menschen, und teilten auf ihre Weise die hellsichtigen Ängste eines etwas jüngeren Generationskollegen: Auch die Reformation war aus der Furcht des jungen Martin Luther vor dem schrecklichen Gott und seinem Befreiungserlebnis von der Liebe dieses Gottes geboren (Kap. 21). Die vernichtenden Mächte von Sünde und Schuld, die letzthin vergeblich erscheinenden Versuche, sie

> Der schmiert sich wohl mit Eselsschmalz
> Und hat die Büchse an dem Hals,
> Wer sprechen darf, dass Gott der Herr,
> Barmherzig sei und zürn nicht sehr,
> Wenn man auch manche Sünd vollbringe,
> Und wägt die Sünden so geringe,
> Dass er sie für ganz menschlich nimmt.
>
> S. Brant, Das Narrenschiff 14: Von Vermessenheit gegen Gott, Stuttgart 1998, 57.

zu sühnen, die Dialektik von Gerechtigkeit und Barmherzigkeit Gottes waren den Menschen damals hautnahe Erfahrungen, die sie existentiell umtrieben. Bosch vermittelt die Vielfalt des Bösen in den sieben Haupt- oder Todsünden: Von unten gegen den Uhrzeiger gelesen veranschaulicht er Zorn, Stolz, Wollust, Trägheit, Völlerei, Geiz und Neid. In der Mitte steht der Schmerzensmann Jesus Christus. Die Medaillons zeigen links oben eine Sterbeszene, daneben rechts die Sammlung zum Gericht am Letzten Tag, unten links eine Höllenszene, rechts die himmlische Herrlichkeit. Es gibt also gewiss den Erbarmergott, aber der gleiche Gott drängt rigoros auf Ein- und Erhaltung der (ge)rechten Ordnung. In diese Kerbe schlägt auch der Dichter des „Narrenschiffes", des erfolgreichsten deutschen Buches vor Goethes „Werther". In der Tradition der Narrensatire geißelt er die menschlichen Laster als Dummheiten, die sich am Ende gegen den Urheber selber wenden. Töricht ist vor allem, wer Schuld und Sünde klein zu reden sucht: Er macht sich zum unbedarften Esel, sagt Brant.

Die Christinnen und Christen heute leiden im Allgemeinen nicht unter Sündenpein und Höllenangst – und bedenkt man den Missbrauch, der damit getrieben worden ist, kann man nur dankbar sein (Kap. 24). Aber laufen sie nicht vielleicht Gefahr, die Narrenschelle an den Hals zu bekommen, wenn sie dazu neigen, das Kind gleich mit dem Bad auszuschütten und aus lauter Angst vor der Angst den Lieben Gott nur einen guten Mann sein zu lassen wie der Brant'sche Narr? Gewiss haben auch wir ein Gefühl dafür, wieviel in unserer Welt nicht recht ist, dass es zuhauf Böses gibt, dass dieses nicht allein von Tatvergehen einzelner Individuen herrührt, sondern auch die Strukturen verdorben sein können und uns verderben (man denke an das Armutsproblem der Dritten Welt). Doch bringen wir das Üble in irgendeine Beziehung mit unserem Verhalten zu Gott? Die Frage ist schon deswegen wichtig, weil uns Menschen das Bestreben einwohnt, das Unrechte recht zu machen, das Perverse (lat. Verdrehte) einzurichten, weil wir, mit einem Wort, auf das Gute aus sind. In sich vermag der Wille auf nichts anderes, auf das Böse also, gerichtet zu sein, stets ist sein Ziel das Gute. Das Problem liegt darin, dass nicht selten das Gute *für mich* das Schlechte *in sich* und aus diesem Grund erst Sünde ist.

Mit Schuld und Sünde ist engstens verknüpft der Gedanke der Sühne, d. h. der Wiedergutmachung, der Versöhnung. Wer etwas verbrochen hat, haftet für die Folgen und muss nach Kräften den angerichteten Schaden beheben. Das ist manchmal im eigentlichen Sinn unmöglich (ein Ermordeter bleibt tot), je und je außergewöhnlich problematisch und trotzdem stets erforderlich.

Sünde: Sonderung und Krankheit

Was ist Sünde eigentlich? Das Wort steht in der deutschen Sprache immer schon in religiösem Zusammenhang. Gewöhnlich bezeichnet man damit Einzelvergehen gegen irgendwelche Vorschriften oder Weisungen, gegen die Gebote etwa. Da kann man endlose Sünden-Listen aufstellen, wie sie manchmal in den Gebetbüchern als so genannte *Beichtspiegel* stehen. Im grundlegenden theologischen Sinn ist jedoch damit nicht eine Un-*Tat,* sondern ein Un-*Verhalten,* eine prinzipiell negative Beziehung zu Gott gemeint. *Sünde* (Einzahl) in dieser Perspektive ist eine Einstellung, aus der die *Sünden* (Mehrzahl) als Entfaltungen und Konkretisierungen der bösen Grundbeziehung in den individuellen Verhaltensweisen sich ergeben.

Versucht man diese Negativität zu orten, stößt man sehr schnell darauf, dass Sünde in diesem Fundamentalverständnis eine *Absonderung* darstellt. Der Sünder lehnt für sich die Weltordnung ab, die getragen ist vom Gesetz der Gemeinschaft in der dreifachen Form der Zuwendung zu Gott, zur Umwelt und zur Mitwelt, die ihrerseits aufruht auf der richtigen Einstellung zu sich selber als Glied der dreigestalteten Gemeinschaft. Er sieht nicht mehr die Dinge, wie sie sind, denn er ist gleichsam auf sich selbst als einzigen Fixpunkt gewendet und vermag alles übrige nur mehr unter dem Selbst-Bezug zu sehen. Der Bankräuber z. B. will seine Geldnot oder seine Geldgier beheben, denkt aber nicht daran, dass er möglicherweise sowohl das Leben anderer bedroht als auch andere Menschen in die prinzipiell gleiche Lage bringt, in der er steht (kein Geld), und dass er darüber hinaus das menschliche Zusammenleben nachhaltig bedroht. Er denkt allein an sich. Im Mittelalter wurde daher der Sünder als *homo incurvatus in seipsum* beschrieben, als der in sich selbst verkrümmte Mensch. *Krümmen* ist das Grundwort für *Krankheit* (vgl. Kap. 52). Sünde ist also wesentlich eine Störung des Menschseins, die unterschiedliche Grade haben kann – bis zum vernichtend tödlichen Ausgang des menschlichen Geschicks (Kap. 22), aber stets dem gleichen Muster gehorcht.

Dann aber ist der Gegenbegriff und die Gegenwirklichkeit zu Sünde *Liebe* als die Form und Weise jeder Vergemeinschaftung. Weil aber Liebe im vollen Sinn Umschreibung für die Wirklichkeit Gottes ist („Gott *ist* die Liebe", 1 Joh 4,9), ist jede Sünde als Liebesverstoß gegen Gott gerichtet. Dabei ist es ziemlich gleichgültig, wer oder was das unmittelbare Objekt des Fehlverhaltens ist. Denn der Gott, der die Liebe ist, hat aus Liebe alles Nichtgöttliche geschaffen und ist ihm daher liebend verbunden. Der Feind seiner Freunde ist daher auch sein Feind. Der gute Mensch ist daher nicht schon der Fromme, der viel betet und noch mehr Gottesdienste mitfeiert, sondern erst wer als Agent der Gottesliebe (auch ohne ausdrückliches Bewusstsein von dieser Zeugenschaft) handelt, wann und wo jemand Liebe, Gemeinschaft, Zuwendung braucht. Der nominelle Atheist kann dann weniger Sünder sein als der wortreiche Beter.

Das genau ist die Lehre Jesu in der berühmten Szene des Weltgerichts (Mt 25,31–46). Die guten wie die schlimmen Leute, Schafe und Böcke werden sie genannt, stehen vor ihrem Herrn. Zu ihrem Erstaunen hören sie, dass dessen Machtanspruch und seine Anerkennung belanglos sind. Der Richter registriert allein das Sozialverhalten der Menschen: Haben sie der Mitmenschen Hunger und Durst gestillt, ihre Not gelindert, ihre Armut (Nacktheit) behoben – ja oder nein? Denn was sie Menschen geleistet oder ihnen gegenüber unterlassen haben, war in jedem Augenblick gottbezogen. Menschendienst *ist* Gottesdienst, Menschenverachtung *ist* Gottesverachtung, kurz: Sünde. Denn die Menschen sind des Richters Geschwister so sehr, dass er sich mit ihnen abstrichlos identifiziert: Was dem Geringsten von ihnen widerfahren ist, ist *ihm selber* geschehen. In unserer heutigen Situation werden wir auch Fehlverhalten bezüglich der Umwelt, die Vernichtung des Ökosystems, unter diesem Horizont sehen müssen. Luft und Wasser sind für alle da; wer sie schädigt, schädigt wiederum die Geschwister des Richters …

Frieden schaffen

Das Schreckliche der Sünde besteht, so sehen wir nun deutlich, nicht darin, dass Gott sie mit zur Sünde äußerlichen Strafen rächt, so wie der menschliche Richter Vergeltungs- oder Zweckstrafen von der Rechtsordnung des Staates her verhängt, sondern dass die Sünde in sich und aus sich selbst heraus schon immer Strafe ist. Denn wo keine Liebe ist, da ist keine Gemeinschaft, wo keine Gemeinschaft ist, gibt es keinen Frieden: wo kein Friede ist, gibt es auch kein Glück. Was aber ist schlimmer als Unglück haben, im Unglück zu sein?

Im Bedenken solcher Zusammenhänge wird klar, wie Versöhnung, Sühne also zustande kommt. Die Lösung ist verblüffend einfach: Indem aus dem Sünder der Liebende wird, aus dem Verkrüppelten der rechte, gerade Mensch. Umso schwerer ist die Tatumsetzung. Wie der Kranke (Verkrümmte) den Arzt, braucht der Sünder Gott, um die Kehre (Be-Kehrung) zu schaffen. Die Trostbotschaft der Bibel: Gott ist so bei und mit uns, dass *er* uns gerade macht. Im Kreuzestod Jesu von Nazaret konzentriert sich alle Schuld: Der Angriff auf Gott als Tiefengrund jeder Sünde wird am Karfreitag an die Oberfläche gespült in der Hinrichtung dessen, der Gottes Sohn ist. Insofern dieser sich aus freien Stücken seinem Schicksal stellt und es liebend erduldet, hat er ein für alle Male das Krumme gerichtet – in des Wortes doppelter Bedeutung: Das Kreuz ist Gericht über das Böse und Rechtfertigung der Bösen (Kap. 21).

49. Erbsünde

Ecce Homo, Honoré Daumier, um 1850

Können sich Dogmen ändern?

Die Frage wird dem Dogmatiker oft gestellt: Die Lehre von der Erbsünde ist ein sehr geeignetes Anschauungsmaterial für die Antwort. In der Bibel findet sie sich nicht; in der Ostkirche findet sie sich nicht; in den ersten vier Jahrhunderten sucht man sie auch in der westlichen Kirche vergebens. Sie ist das Werk des hl. Augustinus († 430) – und weil dieser Großmeister der Sprache und des Denkens auf die Folgezeit einen unüberschätzbaren Einfluss nahm, stieg sie zu einer Grundaussage des abendländischen Christentums auf. In der damals gewordenen Form aber lässt sie sich nicht mehr halten. Was wiederum nichts aussagt über die Berechtigung ihres Kerns. Aber setzen wir Schritt vor Schritt.

> Der Mensch erfährt sich, wenn er in sein Herz schaut, auch zum Bösen geneigt und verstrickt in vielfältige Übel, die nicht von seinem guten Schöpfer herkommen können. Oft weigert er sich, Gott als seinen Ursprung anzuerkennen; er durchbricht dadurch auch die geschuldete Ausrichtung auf sein letztes Ziel, zugleich aber auch seine ganze Ordnung hinsichtlich seiner selbst wie hinsichtlich der anderen Menschen und der ganzen Schöpfung.
> So ist der Mensch in sich selbst zwiespältig.
> Zweites Vatikanisches Konzil, Pastorale Konstitution „Gaudium et spes", Nr. 13.

Warum muss man Säuglinge taufen?

fragte sich der afrikanische Bischof, wo doch in der Bibel steht, dass Taufe zur Vergebung der Sünden ist, die solche Winzlinge aber gewiss nicht hatten. In seinem lateinischen Neuen Testament (mit seinem Griechisch stand es nicht zum Besten) las er die Lösung. „Durch einen einzigen Menschen kam die Sünde in die Welt und durch die Sünde der Tod und auf diese Weise gelangte der Tod zu allen Menschen …", übersetzt den Urtext von Röm 5,12 die deutsche Einheitsübersetzung, ähnlich auch die lateinische Bibel Augustins. Dann heißt es weiter in der deutschen Ausgabe: „… *weil alle sündigten*" entsprechend dem Original „ep'ho". Im Lateinischen steht „in quo", was sowohl *aufgrund dessen* oder *weil* wie auch *in dem* heißen kann und sich im zweiten Fall auf den „einzigen Menschen", d. h. auf Adam beziehen würde. Genau das tat Augustinus und hatte seine Antwort, die er weiter ausbauen konnte: Adam war der Stammvater aller Menschen, in seinem Samen ist die ganze kommende Menschheit enthalten.

Damit überträgt sich seine Sünde und Schuldverfallenheit vor Gott auf sie alle; diese Übertragung geschieht durch die Zeugung, die immer von in sich sündhafter sexueller Lust begleitet ist. So wird im Moment seines Entstehens jeder Erdenbürger in diese Adamsuntat einbezogen, bekommt Anteil an ihr, wird durch sie behaftet noch vor jeder persönlichen Schuld in späterem Lebensalter. Augustinus nannte diesen Einbezug im Unterschied zur personalen Sünde *peccatum originale*, d. h. wörtlich *Ursprungssünde*. Dabei ließ sich sowohl an die als historisch angesehene Tat des Stammvaters Adam (und der Stammmutter Eva) wie auch an den Moment der „Beteiligung" beim Entstehen eines jeden Menschen denken.

Gilt Augustinus heute noch?

Vom 5. Jahrhundert bis ins vorige hinein wurden diese Thesen von der Westkirche übernommen, ausgebaut, lehramtlich gesichert, protestantisch verschärft. Auf dem Hintergrund der Rechtfertigungsproblematik (Kap. 21) mit ihrer profilierten Herausschälung des Gegensatzes von Freiheit und Gnade erschien sie ziemlich folgerichtig. Das änderte sich in der Neuzeit und führte dann im 20. Jahrhundert zu lebhaften Diskussionen. Wesentliche Grundlagen und Hintergründe der Erbsündentheorie gerieten in die Krise: Die Adamsgeschichte des Buches Genesis erwies sich als nicht historisch; die paläontologischen Forschungen machten einen paradiesischen Unschuldszustand unwahrscheinlich; ob tatsächlich die Menschheit von einem einzigen Paar abstammt, ist theologisch nicht entscheidbar; für das Übel in der Welt muss die Evolutionstheorie in Betracht gezogen werden (Kap. 8) – nicht zuletzt schließlich ist der augustinische Sexualpessimismus unhaltbar vor den Erkenntnissen der Anthropologie. Es schien selbst vielen Theologen am besten, sich mit einem scharfen, wenn auch sicher schmerzhaften Schnitt von diesem Überbleibsel überholter Welt- und Gottessicht zu trennen. Andere versuchten, mit gelegentlich gewagten Manövern zu retten, was von der weit reichenden traditionellen Ansicht zu retten war.

Lässt sich die Welt ohne „Erbsünde" erklären?

Diese Frage kristallisierte sich bei den vielen Versuchen pro und contra scharf heraus. Die Feststellungen, wie sie beispielsweise das Zweite Vatikanische Konzil, ohne nähere Diskussion des Fragestandes freilich, gemacht hat (Kastentext), lassen sich schwerlich in Abrede stellen. Sie entsprechen leider nur zu sehr unserer Erfahrung. Wo immer wir hinschauen: Seit eh und je erscheint die ganze Welt in einem allgemeinen Zusammenhang von Schuld und Sünde, der bis an die Wurzeln der Menschheit und ihrer Geschichte reicht. Wer immer in sie hineingeboren wird, gerät sofort in dieses Gestrüpp; alsbald verfängt er sich darin mit seiner persönlichen Sünde. Mit ihr hinwiederum trägt er bei zum gottwidrigen Zustand der Menschheit, der vom ersten Sünder, wer immer es war, bis zur chronologisch gerade letzten Untat immer mehr anwächst und in geballter Form dem gerade Geborenen begegnet.

Einige Beispiele erläutern, was gemeint ist. Inzwischen lebt in Deutschland kaum noch jemand, der für die Verbrechen an den Juden während des „Dritten Reiches" vor siebzig Jahren Verantwortung hat, aber alle Deutschen gehören nun für immer einem Volk an, das einmal den Holocaust in Gang gesetzt hat. Es ist schon sehr lange her, dass die letzte Hexe verbrannt worden ist, aber den christlichen Kirchen hängt für immer an, dass in ihrem Namen solch Schreckliches geschah – noch 2000 muss sich der Papst für seine Kirche entschuldigen. Offenbar haben sich in Nordirland oder in Palästina heillose Strukturen von Hass und Gewalttat verfestigt, aus denen keine Generation, bislang wenigstens, herausgefunden hat, obwohl die Anfänge in grauer Zeit liegen und fast alle Leute den Frieden ersehnen. Es scheinen Strukturen zu wachsen, die stärker sind als das Wollen der Individuen, das sich ihnen so wenig entziehen kann wie der Ertrinkende dem Sog des Strudels.

Man kann, wenn man den Diskussionsstand der ernsthaften Theologie wirklich kennt, nicht mehr unbefangen sagen, dass die Sünde vererbt wird wie die Augenfarbe oder eine Eigenschaft des Charakters. Sie gehört sicher nicht zum Gen-Bestand! Doch muss man nicht sagen, dass sie zu unserem Erbe gehört, *Sünde im Erbe der Menschen* also ist, so wie die Geschichte der eigenen Familie, des eigenen Volkes zum tatsächlichen, wenn natürlich nicht genetisch bedingten Erbe eines jeden Individuums gehört? Keiner hat daran aktiv Anteil, jeder aber ist von ihr geprägt, ihr geradezu unterworfen. Wie eine Macht kommt sie uns vor, mit der jeder von Anbeginn an konfrontiert, von der er überwältigt wird. Genau das aber ist die Perspektive, die Paulus im Römerbrief eingenommen hat, die Augustinus nur nicht richtig verstehen konnte aufgrund seiner Zeiteingebundenheit und nicht zuletzt seiner persönlichen Lebensgeschichte, die auch die Biographie der Sünde im Erbe dieses spätantiken Mannes mit seinen vielen Irrungen und Wirrungen ist, bis er endlich in Gott die Herzensruhe gefunden hatte.

„Gnade soll herrschen!"

So nochmals Paulus im gleichen 5. Römerbriefkapitel (V. 21), das man jetzt einmal ganz lesen sollte. Denn wie immer es um die Universalität und Radikalität der Sünde in der Geschichte steht, sie wird überboten durch die Radikalität und Universalität der Heilstat Christi. Sie ist im Bild von H. Daumier eindrucksvoll angedeutet. Der Text Joh 19,4 ist dargestellt – Pilatus bietet den Herrn der Menge feil: „Was für ein Mensch!" Diese Menge, ein Gewirr nackter Leiber, umgreift dessen erhaben-einsame Gestalt wie ein gefräßiges Maul. Die Sünde schnappt auch nach ihm. Aber er ist unangreifbar und eben darin hat er sie ein für alle Male und für alle Menschen überwältigt in genau dem Moment, da er ihr in der Hinrichtung am gleichen Tage noch erlag. Die Macht des Bösen existiert nach wie vor – das braucht man niemandem mühsam zu erklären; jeder erfährt es. Die Über-Macht der Liebe Gottes jedoch befreit die Menschen zu ihrer schöpfungsbedingten Freiheit, so dass sie dem Übel nicht mehr hilflos ausgeliefert sind: Die Erblast der Sünde kann man abwerfen.

Die Erbsündenlehre ist ungeachtet aller historisch bedingten Einzelzüge ihrem Mark nach eine immerwährende tröstliche Predigt: Es steht schlimm um die Welt, es regiert nur allzu oft das Böse, in seinem Strudel scheinen wir zu ertrinken. Aber in Wirklichkeit herrschen nicht mehr Schuld und Sünde, sondern Rechtfertigung und Gnade. Christen dürfen Optimisten sein: „Der Lohn der Sünde ist der Tod, die Gabe Gottes aber ist das ewige Leben in Christus Jesus, unserem Herrn" (Röm 6,23). Durch die Taufe, weiß der Apostel, sind wir einbezogen in das Erbe der Christus-Erlösung. Sie macht die Erbschuld zunichte.

50. Wie wird man ein Heiliger und was ist man dann?

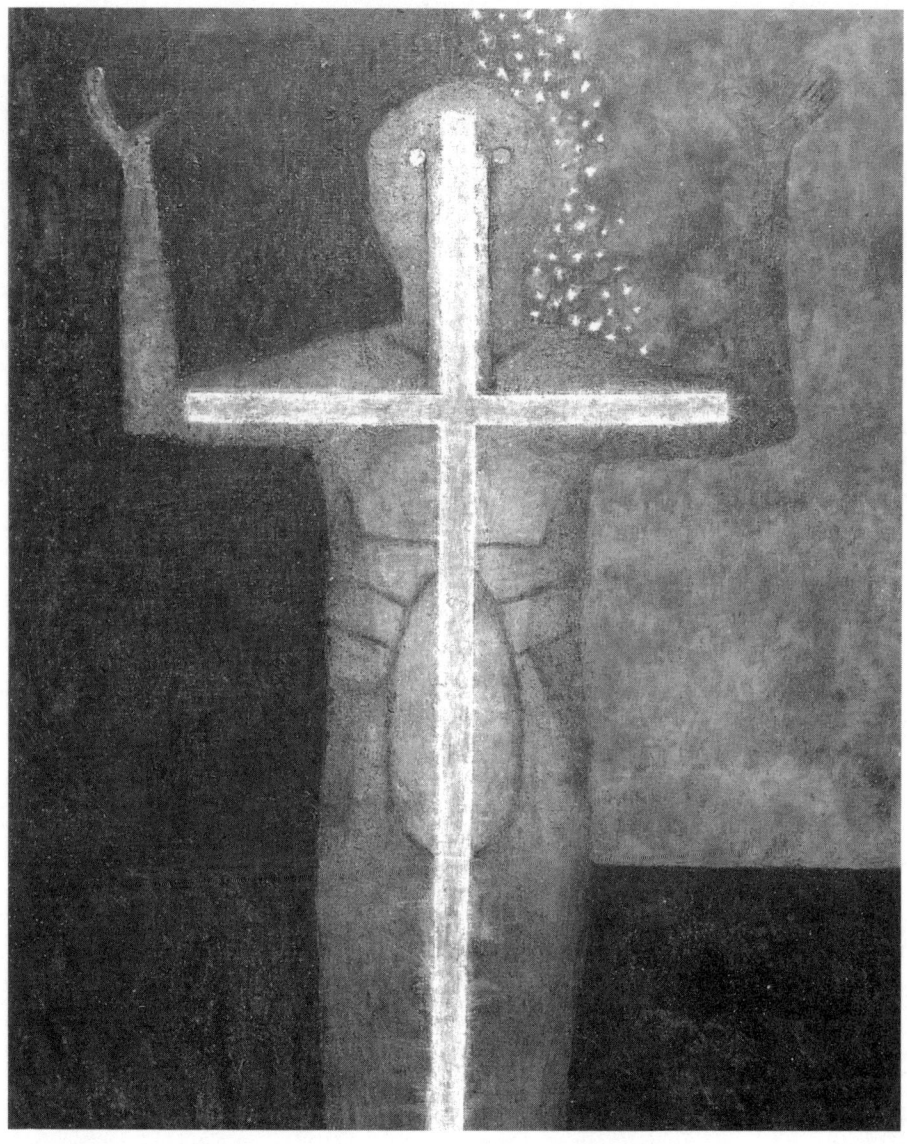

Der Mensch und das Kreuz, Rufino Tamayo, 1975
(Monumenti Musei e Gallerie Pontificie, Città del Vaticano)

In der orthodoxen und katholischen Welt wimmelt es von Heiligem und Heiligen – so sehr, dass seinerzeit die Reformatoren glaubten, angesichts mancher Übertreibungen äußerste Zurückhaltung anempfehlen zu müssen. In den meisten anderen Religionen steht es nicht viel anders: Überall beinahe gibt es heilige Gegenstände, Räume, Zeiten, Zahlen, Handlungen, Worte, Schriften, Gemeinschaften. Und vor allem: Heilige Menschen. Als solche gelten Priester und Lehrer, Mönche und Nonnen, Seher und Propheten, Mystiker und Märtyrer. In vielen Religionen war und ist die Frau als minderwertig angesehen und von Kultfunktionen weitgehend ausgeschlossen. Immer aber und überall ist sie gleichberechtigt in der Kategorie des Heiligen. Offenbar gilt: Wo Religion konkret wird, begegnet uns das/der Heilige. So lohnt die Nachfrage der Überschrift unserer Betrachtung.

> Das Himmelreich ist in uns. – Es hat seinen Sitz in einem freien Willen, in einer Zustimmung zur Gnade, die uns antreibt. Reich: Unterwerfung unter eine bejahte „Ver-Ordnung". Sie besteht aus der wiederhergestellten Ordnung der Schöpfung, welche sich ihrem Schöpfer und ihrer Stellung gefügt hat und an dessen Leben teilnimmt. Dein Wille geschehe. Daher lernt man die katholische Wahrheit am besten nicht theoretisch durch Zuhören und Betätigung des Kopfes allein, sondern praktisch, indem wir unsere ganze Person wie ein Wort, das an die rechte Stelle gesetzt wird, richtig einordnen, durch die Ausrichtung auf unsere Lage, durch den Dienst im Leibe der Kirche.
>
> Paul Claudel, Abriss der gesamten christlichen Lehre (1955), in: Gesammelte Werke VI, Heidelberg u. a. 1962, 48f.

Ausflug in die Wörterkunde

Neben unserer Muttersprache sind vom Verlauf der christlichen Geschichte her besonders das Lateinische, das Griechische und die hebräische Sprache interessant für die Deutung. *Heilig* leitet sich von einem altgermanischen Stamm her, der *Eigentum* bedeutet. In den beiden klassischen Sprachen der Antike wecken die Worte *sanctus* und *hagios* die Vorstellung des Abgegrenzten und Ausgesonderten. *Heilig* ist z. B. der Tempel (*fanum*) als Ort der Götter; was vor dem Tempel ist, heißt *pro-fanum*, woher unser Wort „profan" kommt. Am weitesten führt uns die Sprache des Ersten Testaments: Der Wortstamm *qds* deutet das Transzendente, das Göttliche an. Bekannt ist die Vision des Propheten Jesaja (6,1–13): In jeder Eucharistiefeier wiederholen wir die Worte

265

der Serafim: „Heilig, heilig, heilig ist der Herr der Heere"; sie bedeuten schlicht und einfach: Gott allein ist heilig.

Jetzt wird ziemlich klar, was mit dem Heiligen gemeint ist: Es bedeutet negativ den Gegensatz zum Allzumenschlichen, positiv den Einbezug in das Reich Gottes und hat durch diese Dialektik die Fähigkeit, zwischen beidem zu vermitteln. Die Bedeutung des Begriffs kann mit zweimal drei Worten erschöpfend umrissen werden. Was ist heilig? *Nichts – außer Gott.* Daraus ergibt sich logisch die zweite Antwort auf die Frage, was heilig sei: *in Gott – alles.*

Die gewöhnlichen und die ungewöhnlichen Heiligen

So vermögen auch Menschen dieses Beiwort zu tragen. Von ihnen ist nachstehend die Rede. Für den gelernten Katholiken sind die Heiligen immer *außerordentliche Menschen* (um das Wort *„anormale"* Christinnen und Christen zu umgehen). Seine Ansicht ist durch das Herkunftswörterbuch gedeckt, allerdings nur teilweise. *Gott* ist wohl stets außerhalb der erfahrenen Realität, aber man kann dennoch *in Gott* sein, mit ihm in engster denkbarer Verbindung stehen. Religiöse Menschen haben das wieder und wieder erfahren. Wer jedoch ist *in Gott*? Da haben sich die Ansichten gewandelt. Paulus titulierte die Christen, an die er seine Briefe richtete (z. B. in Achaia), aus deren Gemeinde er sie schrieb (z. B. die Makedonier), unbefangen als *Heilige* (2 Kor 1,1; 13,13). Waren sie denn nicht durch die Taufe gottgehörig, christusgläubig, geisterfüllt, *in Gott* mithin – Heilige, kurz gesagt? Und worin sollte denn mehr Auszeichnung und Außerordentlichkeit liegen als in dieser Wirklichkeit?

Als im 4. Jahrhundert die Kirche erst anerkannt, dann Staatsreligion geworden war, wurde Christwerden alltäglich, Christsein Routine, bei der man sich nicht mehr allzu viel Theologisches dachte. Interessant wurden jetzt die Leute, welche das noch taten, die sich der Außerordentlichkeit ihrer Berufung in die Nachfolge Christi nach wie vor bewusst waren oder wurden. In erster Linie waren dies die *Blutzeugen*, die ihren Meister in das Todesdunkel von Golgota begleiteten. Aber auch andere Wege ungewöhnlichen Glaubenslebens öffneten sich: der des *Einsiedlers*, der eine Schuld abbüßen wollte, des *Mönches*, der als Aussteiger aus dem antiken Dolce vita ein Leben des Gebetes und des Meditierens wählte, des *Bischofs*, der sich ohne Rücksicht auf sich selber für seine

266

Kirche einsetzte, etwa gegen Irrlehren oder moralischen Verfall, zugunsten der Armen und Verfolgten.

Ehrfurcht vor solcher Entscheidung zur Nachfolge seitens der Mitchristinnen und Mitchristen führte sehr bald zur *Verehrung* dieser außergewöhnlichen Gottesleute als (außerordentlicher) *Heiliger*. Bald erwies es sich als förderlich, Kriterien und Regeln für die Anerkennung dieser Eigenschaft wie für die Weisen des Kultes aufzustellen. Ende des 10. Jahrhunderts wurde der Papst als Letztinstanz dafür erkannt: Der Augsburger Bischof Ulrich war 993 der erste feierlich (von Johannes XV.) zur *Ehre der Altäre* erhobene („kanonisierte") Heilige. Weil es erfreulicherweise eine wachsende Zahl von Menschen gab, die außerordentliche Lebemeister des Evangeliums waren, musste man für einen solchen feierlichen Akt einen Auswahlmaßstab finden. Als solcher diente die Vorbildfunktion für die Kirche, die als ganze schon im Glaubensbekenntnis „Gemeinschaft der Heiligen" (*communio sanctorum*) heißt. In einem aufwändigen Verfahren, das noch heute wie ein Strafprozess strukturiert ist (mit dem Teufelsadvokaten als „Staatsanwalt"), wurde solches festgestellt und in einem zweistufigen Verfahren, der *Seligsprechung* und der gegebenenfalls folgenden *Heiligsprechung*, vom Papst gebilligt. Liturgische Feste, Wallfahrten zu den Gräbern, Kirchenpatrozinien, Reliquienverehrung, Namenstagsfeiern bildeten sich als Formen kirchlich gestatteter wie (gelegentlich mühsam) kontrollierter Heiligenverehrung heraus.

Heilige der Unscheinbarkeit

Mit diesem Begriff bezeichnete der Religionsphilosoph Romano Guardini 1956 in dem Aufsatz „Der Heilige in unserer Welt" das Ideal des Christusnachfolgers von heute. Unsere Zeit hat, was die Lage der Kirche anlangt, eine gewisse Ähnlichkeit mit der der frühen Kirche. Christ sein, christlich leben ist immer weniger Routineangelegenheit, wird immer mehr zwar alltäglich, doch in der Banalität des Alltags fordernde Entscheidung, gegen den Strom zu schwimmen, wider den Strich der herrschenden Moral zu bürsten, Ausgrenzung aus der Uniformität der Massenkultur zu ertragen – mit einem Wort Ansage der Realität Gottes in einer Gottes kaum mehr bewussten Welt zu werden. Besonders junge Menschen leiden, wenn sie sich als einzige ihrer Klasse oder ihres Betriebes manchmal noch zur Kirche schlagen wollen. Die *communio* mit ihr zieht die *Exkommunikation* aus der Gesellschaft, in der jemand hier und jetzt steht, nicht selten nach sich. In der Farblosigkeit des täglichen Lebens selbstverständlich den Glauben praktizieren, ist so zur Außerordentlichkeit geworden wie bei den ersten christlichen Generationen.

Wie man also ein Heiliger wird und was man dann ist, hat fast zeitgleich mit Guardini der französische Literat Claudel als Reich-Gottes-Gliedschaft in der konkreten Kirche skizziert (Kastentext), zwanzig Jahre danach der mexikanische Künstler Tamayo in dem schlichten Bild aus den Päpstlichen Sammlungen gezeichnet. Es gibt vielleicht am nachhaltigsten die Antwort auf die Titelfrage der Überschrift. Der heilige Mensch ist einer, der in seiner puren Menschlichkeit (und damit nicht angewiesen auf die Bekleidung mit irgendwelchen Insignien, aber auch keines ausschließend) hinter dem Kreuz steht. Er verkörpert im wahren Wortsinn mit seinem Leib die Gestalt des Kreuzes, das vor ihm leuchtet und zugleich ihn selber licht werden lässt. Und weil die Kreuzesbotschaft das Zentrum des Evangeliums ist, ist der heilige Mensch die beste, die lebendigste, die unmittelbar zugängliche Auslegung der Frohen Botschaft. Das geschieht scheinbar so selbstverständlich, dass die Mitmenschen kaum etwas bemerken – es sei denn „eine stille Freiheit, eine ruhige Sicherheit in Sinn und Richtung, eine Freudigkeit, trotz aller Sorgen und Beschwerden ..." (R. Guardini).

Zur Ehre der Altäre erhoben wird er wahrscheinlich nie. Keine offizielle Institution setzt sich für ihn ein; kein Sponsor übernimmt die Kosten des Verfahrens. Aber er ist vielen Mitmenschen wie ein Leuchtturm im Meer: Durch ihn wird die christliche Religion zur existentiellen Orientierung für sie.

268

51. Heilender Glaube

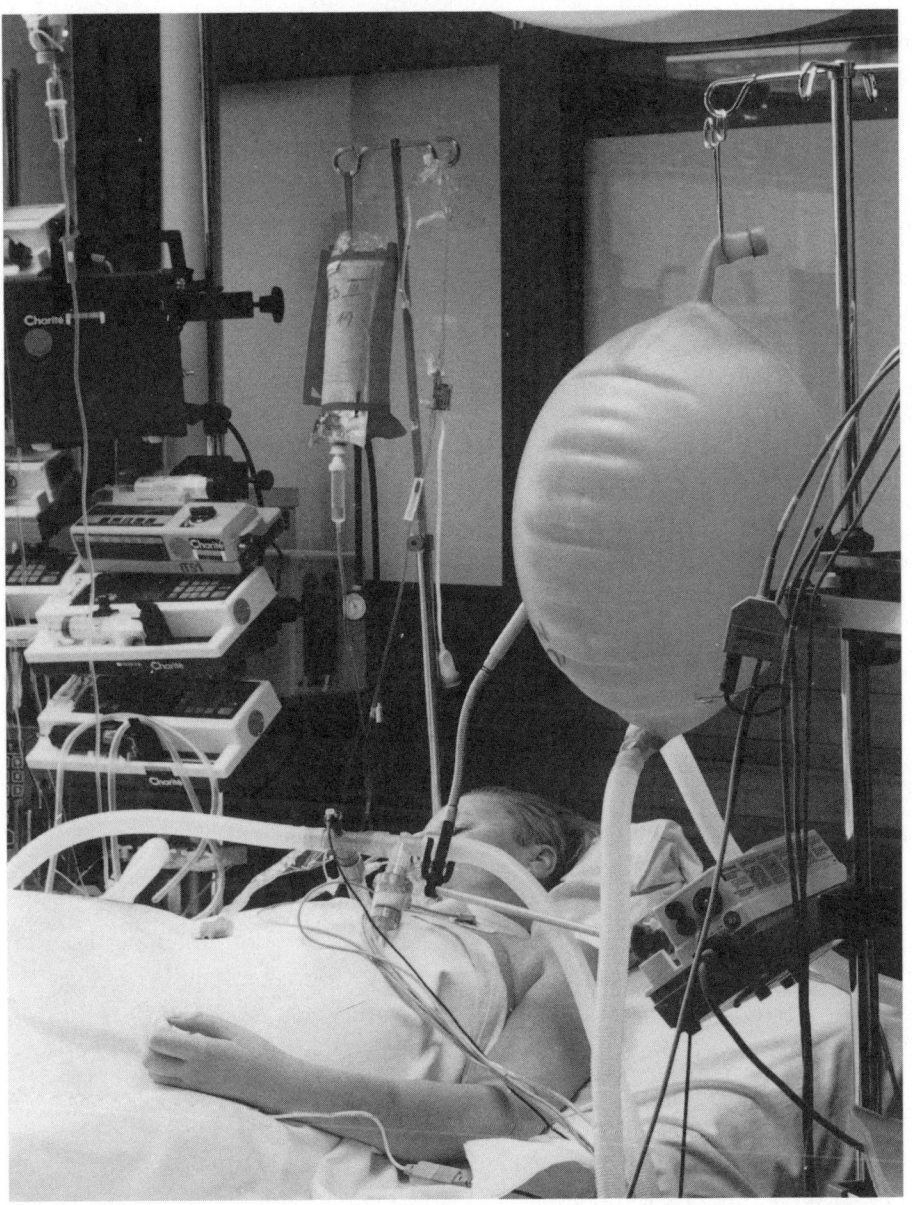

Intensivstation

An rund 600 von 30 000 heute bekannten Gesundheitsstörungen leidet ein Durchschnittsmensch während seines Lebens. Die meisten vergehen von selbst, gemeistert von den Selbstheilungskräften des Körpers. Nur an die 140 von ihnen treiben uns zum Arzt, rund 20 zu einer Spezialbehandlung oder ins Krankenhaus. Und an einer stirbt man. Krankheiten gehören zum Leben: Gesund ist nur, sagt ein Zynismus, wer noch nicht genau genug untersucht ist. Im Allgemeinen haben die Menschen bei der Krankheit die gleichen Erwartungen an den Arzt hinsichtlich des Organismus wie an den Werkstattmeister beim Stottern des Automotors: Da muss es

> Es gibt nur wenige Dinge im Leben, die den Menschen so tief treffen wie die Krankheit … Die Heilige Schrift sieht in der Bedrohung des Menschen durch sie ein Zeichen dafür, dass wir in einer Welt leben, die noch nicht unter die volle Herrschaft Gottes zurückgeführt ist. Jesus zeigt sich in den Evangelien als der große Gegner und Überwinder der Krankheit. In seinen Krankenheilungen offenbart sich Gott als das Heil aller Menschen und sagt die Wiederherstellung seiner Schöpfung an. Die Krankheit ist in der Wurzel überwunden.
>
> Kleines Rituale, Einsiedeln u. a. 1980, Nr. 147 f.: Pastorale Einführung in die Krankensakramente.

doch etwas geben, das umgehend beides wieder zum runden Lauf bringt – hier wie dort ein simpler, unkomplizierter, im ersten Fall schmerzloser Eingriff …

Der Mensch als Ganzheit

Aber so denken die Leute eigentlich erst seit Descartes, jenem Philosophen des 17. Jahrhunderts, der die Schöpfung säuberlich aufgeteilt hat in die *res cogitans* und die *res extensa*, in *Denken* und *Materie* – und der Körper gehört dem zuletzt genannten Bereich zu und ist folglich ebenso zu behandeln wie andere materielle Dinge, wie eine Maschine. Der Arzt war der Leibsorger, der Priester wurde zum Seelsorger – und beide schauten, sich nicht unnötig ins Gehege zu kommen. Der Pfarrer hatte dabei das letzte Wort: Wenn der Doktor das Sterbebett des Patienten verließ, nahm er neben ihm Platz, um der Seele den Übergang zu erleichtern …

Zuvor war es nicht so: Krankheit galt als eine Störung des ganzen Menschen in allen seinen Dimensionen, auch der seelischen. Dementsprechend war für sie die Religion zuständig als die umgreifende Sinnerhellungsinstanz, der Priester als Spezialist für das, was die Welt im Innersten zusammenhält. Bei urtümlichen Völkern ist das noch jetzt so. „Medizinmänner" und „Schamanen" sind nicht brotlos geworden. Ist das primitiv?

Heute neigen wir dazu, die Frage zu verneinen: Mehr und mehr sehen wir wieder den Menschen als *Ganzheit* mit einem leiblichen (somatischen) und seelischen (psychischen) Aspekt, der darum von einer ganzheitlichen, der so genannten *psychosomatischen Heilkunde* behandelt werden muss. Ein medizinisches Werk erklärt: „Prinzipiell muss jede Krankheit als psychosomatisches Geschehen verstanden werden, weil kein körperlicher Zustand, keine Verletzung oder Krankheit ohne Einfluss auf das seelische Befinden bleibt und umgekehrt jede psychische Regung aufs engste mit körperlichen Vorgängen verbunden ist" (V. Corazza u. a., Kursbuch Gesundheit, Augsburg 2001, 226). Eine lange Latte von Störungen fernab jeder Vollständigkeit schließt sich an. Genannt werden u. a. die Abnahme der sexuellen Lust, der soziale Rückzug, langdauernde Heiserkeit, Neurodermitis, chronische Gelenkentzündung, Herzinfarkt, Depressionen ... Die Einsicht in diese Verstrickungen erklärt den Boom fernöstlicher Gesundheitssysteme auf ursprünglich religiöser Basis wie der hinduistisch inspirierten Ayurveda-Medizin.

Christus der Arzt

Es kann nicht anders sein: Auch die Bibel sieht ihrem ganzheitlichen anthropologischen Ansatz gemäß (Kap. 18) die Krankheit im theologischen Kontext. Sie erscheint im Ersten Testament als Ausdruck der tiefen Störung im gottmenschlichen Verhältnis (vgl. Gen 3,16.19). Erschütternd ist die Klage des Krank-Einsamen, der den Psalm 88 geschrieben hat, dessen tragischer Schluss lautet: „Gebeugt bin ich und todkrank von früher Jugend an ... Mein Vertrauter ist nur noch die Finsternis" (Ps 88,16.18). Die Heilige Schrift wehrt sich freilich gegen einen simplen Tun-Ergehen-Zusammenhang, nachdem Krankheit Folge der persönlichen Schuld des Patienten oder seiner Eltern sei (Joh 9,1–12). Auch die Schöpfung ist eine Ganzheit, in der jede Störung Auswirkungen auf alles hat, auch wenn sich ein unmittelbarer Kausalzusammenhang nicht erweisen lässt – die ökologisch bedrohte Generation versteht das heute sehr gut in der Praxis, die moderne Chaos-Theorie erklärt die Verbindungen theoretisch.

Wenn sich Jesus als Erretter, Heiland, Erlöser versteht, muss er sich auch mit dem Phänomen der psychosomatischen Katastrophen konfrontieren lassen. Eingehend hat er das auch getan. Der oberflächlichste Leser der Evangelien weiß von den zahlreichen Krankenheilungen und Dämonenaustreibungen des Mannes aus Nazaret, einmal eingehend geschildert, dann wieder nur generisch berichtet: Er heilt *die* Kranken, *viele*, *alle*. Selbst die kritischste Interpretation der vielen Berichte gesteht ein: Mag auch manches der Redaktion der Evangelisten geschuldet sein, im Kern handelt es sich um historische Berichte (vgl. Kap. 12). Jesus war kein Mediziner – aber er war heilender Menschen-Arzt. So sehen es später die ersten kirchlichen Theologen, die ihn *Christus medicus*, Christus den Arzt titulieren und als Arzt auf Mosaiken darstellen.

Die Einsicht hat Folgen, die noch heute wirksam sind. Wenn der Christ Nachfolger Christi ist, muss auch er immer Menschen-Arzt werden. Der Herr selber hatte sie solcher Berufung versichert. Eines der Zeichen, die seine Jünger und Jüngerinnen wirken dürfen, ist: „Die Kranken, denen sie die Hände auflegen, werden gesund werden" (Mk 16,18). Das war der Impuls, der zunächst über die Mönchsorden, eine immer weiter sich verästelnde Gesundheitsvor- und -fürsorge in der christlichen Gesellschaft auslöste. Die heidnischen Römer hatten einst gesagt: Die Sechzigjährigen gehören ertränkt („Sexagenarii de ponte"). Die Christen errichteten Alten- und Pflegeheime. Der moderne Sozialstaat ist die gegenwärtige Ausfaltung der christlich inspirierten Krankheits- und Gesundheitslehre.

„Dein Glaube hat dir geholfen"

An vielen Stellen in den neutestamentlichen Heilungsberichten steht dieses Jesuswort. Das eigentliche Wunder, das er tut, ist keine „Zaubertat", sondern besteht darin, dass er es versteht, den Glauben, die absolute Ausrichtung des Menschen auf seine eigene Person (Kap. 1) zu wecken. Dieser führt in letzter Ursächlichkeit die Gesundung herbei.

Dieses Wunder ist nicht verwunderlich, bedenken wir noch einmal die psychosomatischen Zusammenhänge. Krank sein heißt eigentlich *verkrümmt* sein, die Körperhaltung annehmen, in die ein vom Pfeil Getroffener gezwungen wird. Verkrümmung erkannten wir schon als Symbol für die Sünde (Kap. 48). Der moderne medizinische Text, den wir oben angeführt hatten, erklärt: „Das Gefühl, nicht mehr zu können, nicht mehr zu wollen, von niemanden mehr angesprochen werden zu wollen, ist das deutlichste Zeichen vollständiger Überforderung." Als eines der Heilmittel nennt er *Zärtlichkeit*, also Zuwendung der Liebe. Jesus begegnet Menschen, die genau in der beschriebenen Situation sind;

er begegnet ihnen mit unendlicher Liebe und Zartheit; ganz ist er für sie da ungeachtet ihrer religiösen oder sozialen Herkunft. Ganz werden sie gesund.

Die heilende Kraft des Glaubens folgt aus dem Wesen der Krankheit als menschlicher Zerstörtheit und dem Wesen der Gesundheit als Übereinstimmung mit sich selber, der Welt und mit Gott. *Heil sein* und *im Heil sein*, die medizinische wie die religiöse Bezeichnung für den Sollzustand des Menschen gebraucht einen Begriff, der eigentlich *ganz sein* heißt. Das wird unmittelbar deutlich in der englischen Vokabel gleichen Ursprungs *whole* für *ganz*.

Wer seine eigene Krankheit so als Gebrochenheit und als geminderte Existenz zu sehen vermag, und nicht bloß als Betriebsstörung einer Maschine, hat sie als Böses erkannt, aus dem Gutes erwachsen kann. Manchmal sagt man, sie sei „ein Schuss vor den Bug" gewesen, also eine Warnung, die zu rettenden Konsequenzen einlädt. Ein Magengeschwür oder eine Herzstörung weist unmissverständlich darauf hin: Ändere dein Leben, wenn du es bewahren möchtest! Man vermag unter diesem Gesichtswinkel die Erkrankung zu deuten als Vorgang der Reifung, als Weg zur Wiedergutmachung selbstverschuldeter Verkrüppelung, als Chance zur Findung des eigenen Selbst.

Letzteres ist Krankheit vor allem dann, wenn sie erfahren wird als Krankheit zum Tode – und eine ist es einmal unausweichlich. Und weil der Christ ein Glied des Leibes Christi, der Kirche, ist, kann es ihm in Gottes Gnade sogar gelingen, sich in die erlösende Todeskrankheit des Gekreuzigten zu begeben, um in ihr, durch sie an der Gesundung der Schöpfungsverfallenheit mitzuwirken. In der tödlichen Auflösung nimmt der Mensch teil an der lebenschaffenden Erlösung.

52. Christliches Beten

Betendes Paar, Detail aus der Elisabethlegende, Tafelbild, 2. Hälfte des 15. Jh.
(Schloß Bruck)

Theologie ist eine praktische Wissenschaft

– so meinte schon Thomas von Aquin. In der Tat ist sie nur sinnvoll und fruchtbar, versteht man sie als Wendepunkt einer Bewegung, die von dem sich in der Offenbarung selber mitteilenden dreieinen Gott ausgeht. Mit liebendem Glauben erschließt sich der Mensch dem An-Spruch Gottes. In der theologischen Reflexion bedenkt er ihn, um sich endlich im Zu-Spruch des Lobens und Dankens, des Preisens und Bittens in die Gemeinschaft Gottes zu begeben. Glauben nach christlichem Verstehen ist also ein Dialog, eine Begegnung, eine Mit-Teilung Gottes und der Menschen. Die wesentliche Schnittstelle ist die Theologie, die „Aufstieg der Seele zu Gott" (so ein Buchtitel des Franziskanertheologen Bonaventura) als Fortschreiten vom Wissen über Gott (*scientia*) zum Verkosten Gottes in der Weisheit des Herzens (*sapientia*) ist (vgl. Kap. 6).

Dein Schweigen
ist wie das lichte Lächeln
der Mondharfe auf
dem Samtgrund
des dunklen Nachthimmels
Ihr Klingen
ruft wortlos das
Geheimnis der Liebe aus
von dir zu mir

Dein Schweigen
ist wie der Lavendelduft der
betörend das Land erfüllt und
den Liebenden auf
die hohe Zinnen
der Sehnsucht führt
Die Ausschau des Herzens ist
das stumme Signal
der neuen Geburt

Dein Schweigen
ist wie der rote Mohn
im grünen Geflecht
der reifenden Ähren
Sein leuchtender Kopfschmuck
lädt lautlos zum Tanz
der voll Übermut
und heiterer Freude
das Sterben besingt

Dein Schweigen
ist wie ein offenes Tor
in das ich bisweilen
blindlings trete
und ahnungslos
wohin es führt

Drutmar Cremer, Gedichte und Gebete, Limburg 1982, 188f.

Die Bewegungsphase von der Theologie zu Gott ist das Gebet. Es ist, so nochmals der Aquinate, der eigentliche Akt der Religion (Summa theol. II–II, 83, 3). Beten ist, so lässt sich kurz sagen, *Glaube, der lebt*. Mit innerer Folgerichtigkeit steht also am Beschluss dieses Glaubensbuches eine Betrachtung über das Gebet, sollte das Beten selber die Fortsetzung der Lektüre sein.

Die Weisen des Betens

Beten ist als Glaubens-Akt ein Grundlebensvollzug der Kirche, sofern sie die Gemeinschaft der Glaubenden ist. Er geschieht denn auch an beinahe allen Punkten der Existenz der Glaubenden einzeln und in Gemeinschaft. Wir kennen das tägliche Privatgebet, das dreimalige Gebet zum Gedenken an die Menschwerdung ("Angelus"), den Rosenkranz als Meditationsgebet, das Vaterunser zu Beginn oder Beschluss kirchlicher Zusammenkünfte – und vor allem die Liturgie mit den beiden Hauptsträngen des Stundengebetes (vor allem der Mönche, Nonnen und Priester) und der Eucharistiefeier, deren Zentrum der Kanon (Hochgebet) ist (Kap. 37).

In den vielen Weisen des Gebetes kommen drei Grundformen zum Austrag: Es kann sein anbetendes *Lob* Gottes, Ausdruck der *Dankbarkeit* für seine Liebe, *Bitte* um Hilfe und Schutz. Alle drei zusammen begegnen uns in vielleicht deutlichster Ausprägung in den verschiedenen Hochgebeten der Messe. Betrachten wir der Kürze halber den 2. Kanon.

Wie alle Hochgebete hebt er mit einer feierlichen Präfation an, die dem einleitenden Ruf des Priesters zufolge *Dankgebet* ist. Es mündet immer in *anbetendem Lobpreis* der Gemeinde, die sich mit allen Geschöpfen Gottes (Engel und Heilige) vereint im Dreimalheilig (Sanctus), das nur Gott gebührt (vgl. Kap. 50). Der Zelebrant nimmt es sofort wieder auf, um dann ein *Bittgebet* um die Herabkunft des Heiligen Geistes zu sprechen. Die Rezitation des Einsetzungsberichtes, der Akt der Konsekration der Opfergaben, wird durch die Gemeinde abgeschlossen: "Deinen Tod, o Herr, verkünden wir, und deine Auferstehung *preisen* wir, bis du kommst in Herrlichkeit." Nun wechseln sich ab der *Dank* für das Heilswerk Jesu und die *Bitte* für die Kirche und ihre Glieder in den vier Gebeten nach der Wandlung. Das Hochgebet endet mit der *Doxologie*, d. h. der *preisenden Anbetung* (griech. *doxa*, Verherrlichung, Lobpreis) des dreifaltigen Gottes ("Durch ihn und mit ihm …").

Die drei Formen wechseln sich ab. Keine scheint besonders privilegiert zu sein. Immer ist der Adressat des Gebetes *Gott*. Im eucharistischen Hochgebet ist das genau gesprochen der Vater; die Kirche richtet jedoch auch Gebete an den Sohn (sehr oft in den Mess-Fürbitten) und, freilich nicht so oft, an den Heiligen Geist.

Von der Hochform des Betens zu Gott ist zu unterscheiden das Gebet zu den Heiligen. Es besitzt eine andere Qualität, sofern man sie nicht anbeten (d. h. als Gott bekennen) kann und sofern jedes Lob ihres Lebens und ihrer Taten nur das Preisen der göttlichen Gnade sein kann, das in diesen Menschen sichtbar wird (Kap. 50). Es ist im Wesentlichen Bitte um Fürsprache, wie wir sie auch an lebende Menschen richten („Beten Sie bitte für mein krankes Kind"), welche uns in Glaube und Zuneigung verbunden sind.

„Doppelt betet, wer singt", meint ein Sprichwort: Der jüdische Psalmengesang bildete das Vorbild für die Kirchenmusik, in der in allen ihren oft reich entwickelten Formen das Gebet vertont bzw. das Tongefüge als Gebetsanleitung gesehen wird. Während lange offizielle Anerkennung nur die liturgiebegleitende Musik fand, hat das Zweite Vatikanische Konzil auch dem Volksgesang liturgische Qualität zuerkannt. Das hat vor allem die Kirchenmusik in den außereuropäischen Ländern angeregt.

Kommt unser Gebet an?

Gebet ist Moment eines Gespräches. In dieser Definition ist in einem begründet der Segen des Gebetes, sofern wir durch es unmittelbaren Zugang zu Gott erhalten, und die ganze verzweifelte Not des Gebetes. Hört dieser Gott denn zu, wenn wir beten? In besonderem Maß stellt sich diese brennende Frage im Fall des Bittgebetes. Unübergehbar ist die Erfahrung, die jeder Betende einmal, nein oft und oft macht: Man kann rufen und schreien, flehen und betteln – es ist Wort ins Schweigen, es scheint in den Hohn des Selbstgesprächs zu vergehen. Kein Wort Jesu ist offenkundig so intensiv und so oft Lügen gestraft worden wie seine Versicherung absoluter Erhörung (Mt 7,7–11: „Wer bittet, der empfängt").

Wie Theologietreiben ist auch Beten kein spontaner Akt, den man eben einmal setzt. Beide haben eine Antwortstruktur, wie eingangs schon angedeutet wurde. Das bringt es mit sich, dass sie nur dann richtig, sachentsprechend sind, wenn sie dem Wort des Rufenden entsprechen. Nun ist dieser der lebendige und unendlich erhabene und zugleich der grenzenlos die Menschen liebende Gott. Beiden Dimensionen muss das Gebet entsprechen: Es ist Anbetung seiner Größe und Tat der Liebe. Beide Dimensionen aber weisen darauf, dass alles Bitten nichts anderes sein kann als ein Sich-Einlassen auf, ein Sich-Hineinbegeben in den Willen Gottes, der gewiss Liebe ist, aber nicht gewiss identisch sein muss mit der Liebe zu uns selber oder zu unseren Mitmenschen. Wie Eltern einem Kind gelegentlich etwas gerade aus Liebe zu ihm abschlagen müssen, obwohl das dem Kind unsinnig, grausam sogar dünkt, so ist auch davon auszugehen, dass unsere

Gedanken und Wege nicht auch schon gleich Gottes Wege und Gedanken sein müssen, der allemal mehr sieht und weiß als der Bittende.

So ist Beten wahrlich nicht selten ein Ruf ohne Antwort, ein Laut ins Schweigen. Der Benediktinermönch Drutmar Cremer kann aus der Erfahrung des geistlichen Lebens verständlich machen, wie vieldeutig und auch wie erfüllend das Schweigen sein, wie sehr es also die Struktur von Antwort und Erhörung haben kann. Muss man nicht in letzter Betrachtung des gott-menschlichen Dialogs sogar sagen: Gottes Antwort ist schon immer dergestalt in seinem Wort enthalten, dass er uns überhaupt anredet, dass er sich uns mitteilt, *communio* hält? Von seiner Seite gibt es nicht einen einzigen zwingenden Grund, solches zu tun. Was aber kann ein kleiner Mensch mehr bekommen als Gottes Gemeinschaft? Sie ist die eigentliche und die in jedem Fall geschehende Erhörung des Betens.

Die Offenbarung selber mithin ist bereits die Einlösung aller denkbaren und erfüllbaren Bitten der Geschöpfe. Alle Handlungen und Momente, die sie freisetzt, auch das theologische Denken und das Beten sind entgegenkommende, bergende Güte und Erfüllung dessen, was immer ersehnbar ist. Denken und Beten in Gottes Angesicht wecken als Erfüllung des Bittens dankbaren Lobpreis bei dem, der beides wagt. Das ist das Ende aller theologischen Arbeit: „Lasset uns beten …!"

Schlagwortverzeichnis

Pfingsten 84, 93, 95, 190
Philosophische Propädeutik 38
Pietisten 210
Pilatus, P. 252
Pius X. 104, 164
Pius XI. 174 ff.
Pius XII. 176
Platon 40, 149, 241
Platonismus 140, 242
Pneumatologie 39
Prädestination → Vorherbestimmung
Priester 160, 184, 199, 270
Priestermangel 160, 184, 199
Primat 215
Professio fidei 164
Prozession 199
Pseudo-Dionysius 43
Psychosomatik 271 f.
Purgatorium 125, 133
Pythagoräer 241

Quäker 210

Raineeesh, S. 245
Ratzinger, J. 18, 155
Rechtfertigung 49, 113–116, 241, 243, 261
Reformatoren 17, 78, 149, 203
Reinkarnation 120, 237, 240–243, 247 f.
Religionslehrer 160
Religionspädagogik 38
Religionswissenschaft 38
Rembrandt 82
Rezeption 32, 165
Rifkin, J. 108
Rilke, R. M. 78

Sakramentalien 200, 204
Sakramente/Sakrament Kirche 39, 45, 114, 143–146, 155, 174, 180, 202–205
Sakramentenlehre 39
Samsara 236, 240 f.
Sanyasin 184
Saramago, J. 68
Scharia 230
Scheele, P.-W. 212
Schema Jisrael 225
Schiller, F. 163
Schiva 247
Schopenhauer, F. 235

Schöpfung 48 f., 50, 52–56, 60, 149, 156, 174
Schöpfungslehre 39, 236
Schmidt-Rottluff, K. 72
Schuld 255–258, 263
Schuldbekenntnis 146
Schutz, R. 183
Scientology 241
Segensfeier 200
Sexualität 140, 184, 186, 261
Sexualmoral 179, 230, 251
Siddharta Gautama Buddha 236
Simmel, G. 169
Siqueiros, D. A. 62
Sonntag, Feier des 191, 196
Spieltheorie 59
Stadler, Chr. 35, 38
Stalin, J. 103
Stephanus (Diakon) 89
Storm, Th. 123
Streiten in der Kirche 169–172
Stundengebet 199, 276
Subsidiarität 174–177, 215
Sufismus 184, 231
Sühne 255–258
Sünde 144, 255–258
sunna 229
Synagoge 224
synderesis 109
syneidesis 108 ff.
Synode von Elvira 185

Taizé 184
Tamayo, R. 264
Tanak 224
Talmud 224
Taufe 33, 95, 144, 203, 205, 208, 242, 260 f.
Taufe Christi (Fest) 192
Teilhard de Chardin, P. 174, 250
Teufel 13, 28, 169
Theodizee 48–50
Theodoros Metochites 68
Theokratie 230
Theologie 33, 36–40, 53 f., 111, 275
Theologie der Befreiung 40
Theologische Anthropologie 39, 98–101, 113 f., 138–141, 236 f., 246, 261

Bildnachweis

S. 11, 34:   Presse-Bild Poss, Siegsdorf
S. 15:   Bildarchiv Preußischer Kulturbesitz, Berlin
S. 20:   Dombibliothek Hildesheim
S. 25:   aus: Die Welt aber soll erkennen, hg. von Bertram Otto, Borromäusverein, Bonn 1963
S. 30:   aus: Gabi und Erich Hauer, Un(d)endlich leben. Zur Firmung und über den Tag hinaus, Herder, Freiburg
S. 35:   Kath. Akademie in Bayern, München.
S. 41:   Monumenti Musei e Gallerie Pontificie, Città del Vaticano (© VG Bild-Kunst, Bonn 2002)
S. 46, 97, 167:   © VG Bild-Kunst, Bonn 2002
S. 51:   Astrofoto / Van Ravenswaay, Sörth

S. 57:   dpa-Fotoreport; S. 107 dpa-Bildfunk; S. 228 dpa-Bildarchiv; S. 269 dpa / ZB
              (Foto: Hubert Link)
S. 62; 264:   Monumenti Musei e Gallerie Pontificie, Città del Vaticano
S. 67:   aus: Fatih Cimok, Erlöserkirche in Chora. A Turizm Yayinlari, o. J.
S. 72:   Ulmer Museum (© VG Bild-Kunst, Bonn 2002)
S. 77, 222:   AKG, Berlin
S. 82:   aus: Das Leben Jesu in Bildern, Witten und Berlin 1963
S. 87, 157, 249: aus: Sieger Köder / Herbert Leroy, Und mit deinem Geist. Die Fenster der
              Heilig-Geist-Kirche in Ellwangen, Kirchengemeinde Hl. Geist Ellwangen 1992
              (Druck: Schwabenverlag, Ellwangen)
S. 92:   Foto Berger, Prien a. Chiemsee
S. 102:   Brüder Grimm-Gesellschaft e. V., Kassel
S. 112, 127, 137, 201, 254, 259: Bildarchiv Foto Marburg
S. 117:   aus: Wolfgang Beinert, Tod und jenseits des Todes, Topos plus Verlagsgemein-
              schaft, 2000
S. 122:   aus: H. Becker/B. Einig/P.-O. Ullrich (Hgg.), Im Angesicht des Todes. Ein
              interdisziplinäres Kompendium I, St. Ottilien 1987
S. 132:   Buch-Kunstverlag, Ettal
S. 142:   Staatsbibliothek Bamberg
S. 147, 206, 211: aus: Das Christentum, hg. von Henry Chadwick und G.R. Evans, 1987,
              1991 by Andromeda Ltd., Oxford
S. 152:   aus: Der Vatikan und das christliche Rom, Liberia Editrice Vaticana 1975
S. 162:   aus: Alltag im Spätmittelalter, hg. von Harry Kühnel, Graz-Wien-Köln 1984
S. 173:   Regensburger Bistumsblatt (Foto: Markus Detter)
S. 183:   Communauté de Taizé
S. 189:   aus: Anton Hellmann, Als Ministrant durchs Kirchenjahr, Freiburg i. Br. [3]1985
S. 195:   ars liturgica Kunstverlag Maria Laach (Foto: Oswald Kettenberger)
S. 217:   KNA-Bild (Foto: Oppitz)
S. 234:   Quelle unbekannt
S. 239:   Hutchinson Library
S. 244:   Foto: D.G. Archeology in India (Government of India, Archaelogical Survey
              of India)
S. 274:   Fotosammlung des Instituts für Realienkunde des Mittelalters und der Frühen
              Neuzeit, Krems a. d. Donau

Zum Autor

Prof. Dr. Wolfgang Beinert, geboren in Breslau 1933, Studium in Bamberg, Rom (Promotion), Tübingen und Regensburg (Habilitation), 1959 Priesterweihe, pastoraler Dienst in der Erzdiözese Bamberg (Ebrach, Schnaittach, Nürnberg) von 1963 bis 1966, Professor für Dogmatik in Bochum 1972 bis 1978, Ordinarius für Dogmatik und Dogmengeschichte in Regensburg 1978 bis 1998.

Verfasser bzw. Herausgeber zahlreicher Werke, darunter „Lexikon der katholischen Dogmatik", „Glaubenszugänge, Lehrbuch der katholischen Dogmatik" (3 Bände), „Texte zur Theologie – Sektion Dogmatik" (10 Bände), „Handbuch der Marienkunde" (mit H. Petri, 2 Bände), „Das Christentum". Herausgeber der Reihe TOPOS plus positionen.

Topos ^{plus} positionen

Taschenbücher zu Themen des Glaubens
Hg. von Wolfgang Beinert

Wolfgang Beinert, **Maria**
Spiegel der Erwartungen Gottes und der Menschen
Band 407, 168 Seiten, € (D) 8,90, ISBN 3-7867-8407-8

Eberhard Schockenhoff, **Krankheit – Gesundheit – Heilung**
Wege zum Heil aus biblischer Sicht
Band 406, 171 Seiten, € (D) 8,90, ISBN 3-7867-8406-X

Klaus Müller, **Gott erkennen**
Die Abenteuer der Gottesbeweise
Band 405, 140 Seiten, € (D) 8,90, ISBN 3-7867-8405-1

Günter Koch, **Sakramentale Symbole**
Grundweisen des Heilhandelns Gottes
Band 404, 142 Seiten, € (D) 8,90, ISBN 3-7867-8404-3

Wolfgang Klausnitzer, **Jesus von Nazaret**
Lehrer – Messias – Gottessohn
Band 381, 144 Seiten, € (D) 8,90, ISBN 3-7867-8381-0

Sabine Demel, **Mitmachen – Mitreden – Mitbestimmen**
Grundlagen, Möglichkeiten und Grenzen in der katholischen Kirche
Band 379, 172 Seiten, € (D) 8,90, ISBN 3-7867-8379-9

Judith Müller, **Im Dienste der Kirche Christi**
Zum Verständnis der kirchlichen Amtes heute
Band 358, 135 Seiten, € (D) 8,90, ISBN 3-7867-8358-6

Peter Lüning, **Ökumene an der Schwelle zum dritten Jahrtausend**
Band 357, 168 Seiten, € (D) 8,90, ISBN 3-7867-8357-8

Dietrich Wiederkehr, **Zeugen der Freiheit**
Bewährung christlicher Glaubwürdigkeit
Band 356, 112 Seiten, € (D) 8,90, ISBN 3-7867-8356-X

Wolfgang Beinert, **Tod und jenseits des Todes**
Band 355, 148 Seiten, € (D) 8,90, ISBN 3-7867-8355-1

Verlag Friedrich Pustet
D-93008 Regensburg